12
anos de
escravidão

narrativa de
SOLOMON NORTHUP

12 anos de escravidão

Um cidadão de Nova York, sequestrado em Washington em 1841, e resgatado em 1853, em uma plantação de algodão próxima ao rio Vermelho, na Louisiana.

tradução
Luciane Gomide

Lafonte

Título – *12 Anos de Escravidão*
Copyright da tradução © Editora Lafonte Ltda. 2019

ISBN: 85-8186-352-8

Todos os direitos reservados.
Nenhuma parte deste livro pode ser reproduzida por quaisquer meios existentes sem autorização por escrito dos editores e detentores dos direitos.

DIREÇÃO EDITORIAL	*Ethel Santaella*
TRADUÇÃO	*Luciane Gomide*
REVISÃO	*Rita del Monaco*
TEXTOS DE CAPA	*Dida Bessana*
DIAGRAMAÇÃO	*Demetrios Cardozo*
IMAGEM DE CAPA	*John Gomez / shutterstock*
ILUSTRAÇÕES	*Frederick M. Coffin / commons*

```
Dados Internacionais de Catalogação na Publicação (CIP)
           (Câmara Brasileira do Livro, SP, Brasil)

       Northup, Solomon, 1808-1863
          Doze anos de escravidão / Solomon Northup ;
       tradução Luciane Gomide. -- São Paulo : Lafonte,
       2019.

          Título original: Twelve Years a Slave
          Bibliografia.
          ISBN 85-8186-352-8

          1. Africano-americanos - Biografia 2. Escravidão -
       Louisiana - História - Século 19 3. Escravos -
       Estados Unidos - Biografia 4. Escritos de escravos
       americanos 5. Northup, Solomon, 1808-1863? I. Título.

19-26427                              CDD-306.362092
              Índices para catálogo sistemático:

       1. Northup, Solomon : Escravidão : Sociologia :
          Biografia    306.362092

       Cibele Maria Dias - Bibliotecária - CRB-8/9427
```

Editora Lafonte

Av. Profª Ida Kolb, 551, Casa Verde, CEP 02518-000, São Paulo-SP, Brasil
Tel.: (+55) 11 3855-2100, CEP 02518-000, São Paulo-SP, Brasil
Atendimento ao leitor (+55) 11 3855-2216 / 11 – 3855-2213 – *atendimento@editoralafonte.com.br*
Venda de livros avulsos (+55) 11 3855-2216 – *vendas@editoralafonte.com.br*
Venda de livros no atacado (+55) 11 3855-2275 – *atacado@escala.com.br*

Impressão e acabamento:
Gráfica Oceano

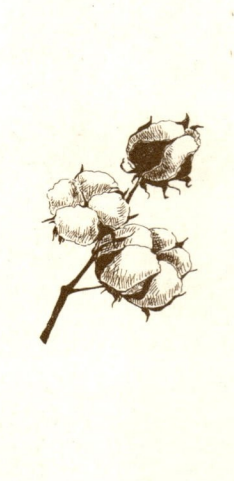

A Harriet Beecher Stowe, cujo nome é mundialmente relacionado à Grande Reforma, respeitosamente dedico esta narrativa que corrobora A Cabana do Pai Tomás.

"É uma coincidência ímpar que Solomon Northup tenha sido levado para uma fazenda na cidade do rio Vermelho – mesma região em que se passou o cativeiro de Pai Tomás –, e o modo como ele descreve a fazenda, a vida ali e alguns incidentes, proporciona um paralelo surpreendente para esta história."

Key to Uncle Tom's Cabin, p. 174
(Chave para a Cabana do Pai Tomás)

prefácio da primeira edição

Quando o editor começou a preparação desta narrativa, não imaginava que ela chegaria a este volume. No entanto, para apresentar todos os fatos que lhe foram comunicados, pareceu necessário estender a obra ao seu tamanho atual.

Muitas das declarações destas páginas são corroboradas por diversas evidências — outras baseiam-se inteiramente nas afirmações de Solomon. Se elas se relacionam de fato à verdade, pelo menos o editor, que teve a oportunidade de detectar qualquer contradição ou discrepância em suas declarações, está bem satisfeito. Solomon invariavelmente repetiu a mesma história sem se desviar no menor detalhe, e também leu cuidadosamente o manuscrito, fazendo alguma alteração onde houvesse qualquer imprecisão.

Solomon teve sorte, durante o seu cativeiro, de pertencer a vários senhores. A forma como ele foi tratado em Pine Woods mostra que, entre os senhores de escravos, há homens voltados para a humanidade e outros para a crueldade. Alguns deles são mencionados com gratidão – outros, com amargura. Acredita-se que sua experiência em Bayou Boeuf, narrada a seguir, mostra a verdadeira imagem da escravidão, em todas as suas luzes e sombras, como agora existe nesse local. Imparcial, como ele concebe, sobre quaisquer predisposição ou preconceitos, o único objetivo do editor foi oferecer a história fiel da vida de Salomon Northup, como ele a recebeu de seus lábios.

No desempenho dessa tarefa, ele acredita ter tido sucesso, não obstante as numerosas falhas de estilo e de linguagem que podem ser encontradas na narrativa.

David Wilson, editor
Whitehall, NY, maio de 1853.

sumário

012   *capítulo um*

022   *capítulo dois*

032   *capítulo três*

044   *capítulo quatro*

054   *capítulo cinco*

064   *capítulo seis*

074   *capítulo sete*

088   *capítulo oito*

100   *capítulo nove*

112   *capítulo dez*

124   *capítulo onze*

138 *capítulo doze*

150 *capítulo treze*

162 *capítulo quartoze*

176 *capítulo quinze*

188 *capítulo dezesseis*

200 *capítulo dezessete*

212 *capítulo dezoito*

224 *capítulo dezenove*

236 *capítulo vinte*

244 *capítulo vinte e um*

262 *capítulo vinte e dois*

capítulo um

Introdução – Antepassados – A Família Do Norte
Nascimento E Ascendência – Mintus Northup
Casamento Com Anne Hampton – Boas Decisões
Canal Champlain – Viagem Ao Canadá – Fazenda
O Violino – Cozinha – Ida A Saratoga – Parker E Perry
Escravos E Escravidão – Os Filhos – O Começo Da Dor

T endo nascido livre e por mais de trinta anos gozado as bênçãos da liberdade em um estado livre – e tendo no final desse período sido sequestrado e vendido como escravo, como permaneci, até ser felizmente resgatado em janeiro de 1853, depois de doze anos de escravidão –, foi sugerido que um relato de minha vida e infortúnios não seria desinteressante para o público.

Desde meu retorno à liberdade, não deixei de perceber o crescente interesse em todos os Estados do Norte pelo assunto escravidão. Obras de ficção, que pretendem retratar suas características mais agradáveis, assim como os mais repugnantes aspectos, circularam como nunca antes e, para mim, criaram um tópico rico de comentários e discussões.

Eu só posso falar sobre a escravidão sob meu próprio ponto de vista – apenas sobre o que conheço e experimentei. Meu objetivo é dar uma declaração sincera e fiel dos fatos: repetir minha história, sem exageros, permitindo que os outros determinem se as páginas de ficção mostram uma injustiça mais cruel ou uma servidão mais severa.

Até o que pude recuar no tempo para averiguar, meus antepassados do lado paterno foram escravos em Rhode Island. Eles pertenciam a uma família de nome Northup. Um deles mudou-se para o Estado de Nova York, para Hoosic, no Condado de Rensselaer. E com ele foi Mintus Northup, meu pai. Com a morte desse cavalheiro, que deve ter ocorrido cerca de cinquenta anos atrás, meu pai se tornou livre, e foi alforriado em virtude de uma orientação em seu testamento.

Henry B. Northup, cavalheiro de Sandy Hill, um ilustre homem da lei, e a quem, graças à Providência, sou grato pela minha atual liberdade e pelo retorno à convivência com minha esposa e meus filhos, é um parente da família para a qual meus antepassados serviam e da qual pegaram o nome que hoje uso. Pode-se atribuir a esse fato o intenso interesse que ele teve a meu favor.

Algum tempo depois da libertação de meu pai, ele foi para a cidade de Minerva, no Condado de Essex, Nova York, onde eu nasci, em julho de 1808. Não sei dizer com certeza quanto tempo ele permaneceu neste último local. De lá, mudou-se para Granville, em Washington, perto de um lugar conhecido como Slyborough, onde, por alguns anos, trabalhou na fazenda de Clark Northup, também um parente de seu antigo senhor. Então foi para a fazenda Alden, na rua Moss, a uma curta distância ao norte da aldeia de Sandy Hill. Depois foi para a fazenda hoje propriedade de Russel Pratt, na estrada que leva de Fort Edward para Argyle, onde morou até a sua morte, em 22 de novembro de 1829. Ele deixou a esposa e dois filhos – eu e Joseph, meu irmão mais velho. Este último ainda vive no Condado de Oswego, perto da cidade de mesmo nome; minha mãe morreu durante o meu cativeiro.

Embora nascido escravo, e trabalhando sob as desvantagens a que minha desafortunada raça é submetida, meu pai era um homem respeitado por sua sagacidade e integridade, como muitos ainda vivos bem se lembram e podem testemunhar. Ele passou toda a vida no pacífico ofício da agricultura, sem nunca ter procurado emprego nas mais humildes posições, que parecem ser especialmente atribuídas aos filhos da África. Além de nos ter dado uma educação superior àquela normalmente oferecida a crianças como nós, ele adquiriu, por sua diligência e economia, bens suficientes que o habilitaram ao direito ao voto. Ele sempre falava conosco sobre sua vida;

e, embora em todos os momentos demonstrasse fortes emoções de bondade e até mesmo de afeto para com a família para a qual havia servido, não compreendia o sistema de escravidão e revelava tristeza pela degradação de sua raça. Ele se esforçou por imbuir em nossa mente sentimentos de moralidade, e para nos ensinar a confiar n'Aquele que considera tanto o mais humilde, como as mais altas de suas criaturas. Quantas vezes desde essa época lembro de seus conselhos paternos, como quando estava em uma cabana de escravos nas regiões distantes e insalubres da Louisiana, sofrendo com as feridas imerecidas que um mestre desumano havia me infligido e ansiando apenas pela sepultura para também me proteger do chicote do opressor. No pátio da igreja em Sandy Hill, uma modesta pedra marca o local onde ele repousa, depois de ter realizado com dignidade os deveres concernentes à esfera humilde em que Deus o havia designado andar.

Até esse período, eu estava envolvido principalmente nos trabalhos da fazenda com meu pai. As horas de lazer que tinha as empregava geralmente em meus livros, ou tocando violino – uma diversão que foi a paixão de minha juventude. Ele também tem sido minha fonte de consolo desde então, proporcionando prazer às pessoas simples com quem eu dividia meu quinhão e muitas vezes aliviando meus próprios pensamentos da dolorosa contemplação do meu destino.

No Natal de 1829, casei-me com Anne Hampton, uma moça negra que vivia nas proximidades da nossa casa. A cerimônia foi realizada em Fort Edward pelo cavalheiro Timothy Eddy, um magistrado e cidadão proeminente do lugar. Ela residira muito tempo em Sandy Hill, com o sr. Baird, proprietário da Eagle Tavern e também com a família do reverendo Alexander Proudfit, de Salem. Por anos esse senhor presidiu a sociedade presbiteriana local, e era muito conhecido por seu conhecimento e piedade. Anne ainda mantém em grata lembrança a elevada bondade e os excelentes conselhos daquele bom homem. Ela não é capaz de determinar exatamente sua descendência, mas o sangue de três raças se mistura em suas veias. É difícil dizer se o indígena, o branco ou o negro predomina. A união de todos eles em sua origem, no entanto, deu-lhe uma feição singular e agradável, tal como raramente é vista. Embora se pareça um pouco, ela não pode ser propriamente chamada de mestiça, classe à qual, não cheguei a mencionar, pertencia minha mãe.

Eu tinha acabado de sair da minoridade e atingido os vinte e um anos no mês de julho anterior. Privado do conselho e da assistência de meu pai, com uma esposa que necessitava de meu apoio, resolvi trabalhar na indústria; e, não obstante a dificuldade da cor e a consciência de minha humilde classe, entreguei-me a sonhos agradáveis de um futuro por vir, quando a posse de uma residência simples, de alguns poucos acres, recompensasse meus trabalhos e me trouxesse felicidade e conforto.

Desde meu casamento até hoje, meu amor pela minha esposa tem sido sincero e inabalável; e somente aqueles que já sentiram a ternura radiante que um pai tem pelos sucessores pode compreender minha afeição pelos amados filhos que nossa união gerou. Considero apropriado e necessário dizer isso, de modo que aqueles que leem estas páginas entendam a pungência dos sofrimentos a que fui condenado suportar.

Imediatamente após o nosso casamento, começamos a manutenção da casa amarela, situada na extremidade sul da aldeia de Fort Edward, e que desde então tem sido transformada em uma mansão moderna e ultimamente foi ocupada pelo capitão Lathrop. É conhecida como Fort House. Nessa casa, após a organização do condado, ocorreram alguns julgamentos. Ela também foi ocupada por Burgoyne, em 1777, uma vez que era próximo do antigo forte na margem esquerda do Hudson.

No inverno fui contratado para trabalhar na reforma do Canal Champlain, sob a supervisão de William Van Nortwick. David

McEachron era o responsável pelos homens com os quais eu trabalhava. Quando o canal abriu na primavera, eu consegui, com as economias de meu salário, comprar um par de cavalos e outras coisas necessárias para o negócio de navegação.

Tendo contratado várias pessoas eficientes para me ajudar, fechei contratos para o transporte de grandes jangadas de madeira do lago Champlain para Troy. Dyer Beckwith e um tal de sr. Bartemy, de Whitehall, foram comigo em várias viagens. Durante a temporada fiquei perfeitamente familiarizado com a arte e os mistérios das jangadas – um conhecimento que depois me permitiu prestar um serviço lucrativo a um senhor respeitoso e surpreender os lenhadores nas margens do Bayou Boeuf.

Em uma das viagens pelo lago Champlain, fui induzido a fazer uma visita ao Canadá. Em direção a Montreal, conheci a catedral e outros locais de interesse nessa cidade, de onde continuei minha excursão a Kingston e outros locais, ganhando informações sobre lugares, o que também me ajudou depois, como verá no final desta narrativa.

Tendo completado meu trabalho no canal satisfatoriamente – tanto para mim como para meu empregador –, e como não queria ficar ocioso agora que a navegação do canal havia sido novamente suspensa, firmei outro contrato com Medad Gunn, para cortar uma grande quantidade de madeira. Ocupei-me com esse trabalho durante o inverno de 1831-32.

Com o retorno da primavera, Anne e eu concebemos o projeto de termos uma fazenda na vizinhança. Eu estava acostumado desde a juventude aos trabalhos agrícolas, e foi uma ocupação agradável para mim. Assim, fiz um acordo para parte da antiga fazenda Alden, em que meu pai havia morado. Com uma vaca, um porco, dois ótimos bois que havia comprado de Lewis Brown, em Hartford, e outros bens e objetos pessoais, fomos para a nossa nova casa em Kingsbury. Naquele ano, plantei vinte e cinco acres de milho, semeei extensos campos de aveia e comecei a cultivar a terra numa escala tão grande quanto meus meios permitiam. Anne foi diligente com os assuntos domésticos, enquanto eu trabalhava arduamente no campo.

Moramos nesse lugar até 1834. No inverno eu era várias vezes chamado para tocar violino. Onde quer que os jovens se juntassem para dançar, eu sempre estava lá. Meu violino era conhecido nas aldeias da vizinhança. Anne, também, durante o longo tempo em que morou na Eagle Tavern, tornou-se famosa como cozinheira. Durante as semanas de audiência e em ocasiões públicas, ela era contratada com altos salários para trabalhar na cozinha da Sherrill's Coffee House.

Nós sempre voltávamos para casa depois desses serviços com dinheiro em nossos bolsos; de modo que tocar, cozinhar e trabalhar a terra logo nos levou à abundância e, de fato, a uma vida feliz e próspera. Bem, de fato teria sido assim se tivéssemos ficado na fazenda em Kingsbury, mas havia chegado o momento de dar o próximo passo que me levaria em direção ao destino cruel que me aguardava.

Em março de 1834 nos mudamos para Saratoga Springs. Nós ocupamos uma casa que era de Daniel O'Brien, ao norte da rua Washington. Naquela época, Isaac Taylor mantinha uma grande pensão, a Washington Hall, na extremidade norte da Broadway. Ele me contratou para conduzir uma carruagem, serviço que prestei para ele por dois anos. Depois disso, eu geralmente era contratado na temporada de visitas, assim como Anne, no United States Hotel e outros estabelecimentos públicos locais. Nos períodos de inverno, eu contava com meu violino, embora tenha trabalhado muito durante a construção da ferrovia entre Troy e Saratoga.

Em Saratoga, eu costumava comprar os artigos necessários para minha família nas lojas do sr. Cephas Parker e do sr. William Perry, senhores pelos quais tenho forte consideração em razão de seus muitos atos de bondade. Foi por esse motivo que, doze anos depois, lhes enviei a carta, transcrita adiante, a qual foi o meio, nas mãos do sr. Northup, de minha libertação afortunada.

Quando morava no United States Hotel, muitas vezes encontrava escravos acompanhando seus senhores vindos do Sul. Eles sempre estavam bem vestidos e cuidados, o que fazia parecer que levavam uma vida tranquila, com apenas alguns problemas cotidianos para os preocupar. Muitas vezes eles conversavam comigo sobre escravidão. Descobri que quase invariavelmente eles demonstravam um desejo secreto de liberdade. Alguns expressavam a mais ardente vontade de fugir e me perguntavam sobre qual a melhor forma para isso. Mas o medo da punição, que eles sabiam que certamente viria depois de sua captura e seu retorno, era suficiente para dissuadi-los da tentativa. Como toda a minha vida respirei o ar livre do Norte e sabia que tinha os mesmos sentimentos e afetos que habitam o peito de um homem branco, e, além disso, que tinha uma inteligência igual à de pelo menos alguns homens de pele mais clara, eu era muito ignorante, talvez muito independente, para conceber que alguém se contentasse em viver na condição abjeta de escravo. Eu não era capaz de compreender a justiça dessa lei, ou daquela religião, que defendia ou reconhecia o princípio da escravidão; e nunca, tenho orgulho de dizer, deixei de aconselhar qualquer um que tenha vindo a mim à procura de uma oportunidade de se lançar à liberdade.

Morei em Saratoga até a primavera de 1841. As promessas sedutoras, sete anos antes, de nossa tranquila casa de fazenda, no lado leste do Hudson, não se haviam realizado. Mesmo que estivéssemos sempre em condições confortáveis, não havíamos prosperado. A sociedade e as relações estabelecidas naquela cidade mundialmente conhecida não foram bem pensadas para preservar os hábitos simples da diligência e da economia com os quais eu estava acostumado, pelo contrário, faziam tender à instabilidade e extravagância.

Naquela época, tínhamos três filhos – Elizabeth, Margaret e

Alonzo. Elizabeth, a mais velha, estava com dez anos; Margaret era dois anos mais nova e o pequeno Alonzo tinha acabado de completar cinco anos. Eles enchiam nossa casa com alegria. A voz deles era música para nossos ouvidos. Construímos muitos castelos de ar para os pequenos inocentes. Quando não estava trabalhando, sempre caminhava com eles, vestidos com seus melhores trajes, pelas ruas e pelos bosques de Saratoga. A presença deles era meu deleite; e eu os agarrava ao meu peito com um amor tão terno e carinhoso como se a pele deles fosse branca como a neve.

Até agora, minha história não tem nada de incomum – nada além de esperanças e amores e trabalhos rotineiros de um obscuro homem negro trilhando seu humilde progresso no mundo. Mas nesse momento eu havia chegado a um ponto de virada na minha vida – havia alcançado o limiar da intraduzível injustiça, da tristeza e do desespero. Eu havia me aproximado de uma nuvem escura, entrado na densa escuridão na qual logo desapareceria, para, então, ser ocultado dos olhos de todos os meus familiares e excluído da doce luz da liberdade, por muitos e cansativos anos.

capítulo dois

Dois Desconhecidos – O Circo – Partida De Saratoga
Ventriloquismo E Prestidigitação – Viagem Para Nova York
Documentos De Liberdade – Brown E Hamilton
Pressa Para Encontrar O Circo – Chegada A Washington
Funeral De Harrison – A Doença Súbita
O Tormento Da Sede – Insensibilidade – Correntes E Trevas

Uma manhã, quase no final de março de 1841, como não havia nenhum negócio em particular atraindo minha atenção, andava pela aldeia de Saratoga Springs, pensando onde poderia conseguir um emprego até a temporada começar. Anne, como era habitual, foi até Sandy Hill, a pouco mais de trinta quilômetros, para tomar conta da cozinha da Sherrill's Coffee House, durante as sessões do tribunal. Acho que Elizabeth a acompanhou. Margaret e Alonzo estavam com a tia deles em Saratoga.

Na esquina da rua Congress com a Broadway, perto da taverna do sr. Moon na época, e acho que ainda hoje, encontrei dois senhores de aparência respeitável, e totalmente desconhecidos para mim. Tenho a impressão de que eles me foram apresentados por algum conhecido, do qual não consigo me recordar, que lhes disse que eu era perito no violino.

De qualquer forma, logo começaram a falar sobre o assunto, fazendo inúmeras perguntas sobre minha proficiência no violino. Como minhas respostas pareceram agradar a eles, propuseram contratar meus serviços por um curto período, informando, também, que eu era exatamente a pessoa para o que precisavam. Como soube depois, o nome deles eram Merrill Brown e Abram Hamilton, embora eu tenha fortes razões para duvidar se era verdade. O primeiro aparentava quarenta anos de idade, um pouco baixo e atarracado, com um semblante indicando astúcia e inteligência. Estava usando uma sobrecasaca e um chapéu pretos, e disse que residia tanto em

Rochester como em Syracuse. O outro era um jovem de pele clara e olhos claros e, acredito eu, não tinha mais de vinte e cinco anos. Ele era alto e esbelto, e estava vestindo um casaco marrom, chapéu acetinado e um colete elegante. Todo o seu vestuário estava na moda. A aparência dele era um pouco efeminada, era cativante e parecia receptivo, mostrando que se dava bem com o mundo. Eles me informaram que estavam ligados com uma companhia circense que estava em Washington e que estavam a caminho de lá, depois de uma breve viagem para conhecer o norte do país, e estavam pagando as despesas com algumas apresentações. Eles também comentaram que estava difícil encontrar músicos para os acompanhar e que, se eu fosse com eles até Nova York, me dariam um dólar por dia de trabalho e mais três dólares para tocar à noite em suas apresentações, e ainda pagariam as despesas para que eu voltasse de Nova York para Saratoga.

Aceitei na mesma hora aquela oferta tentadora, tanto pelo pagamento quando pelo meu desejo de conhecer a metrópole. Eles estavam ansiosos para viajar. Como imaginei que minha ausência seria breve, não achei necessário escrever para Anne sobre para onde iria; imaginava, na verdade, que eu voltaria até mesmo antes dela. Então, peguei uma muda de roupa e meu violino; eu estava pronto para partir. A carruagem veio até nós – ela era coberta e puxada por um par de cavalos baios, formando, juntos, um elegante arranjo. A bagagem dos dois homens, que consistia de três grandes baús, estava guardada no interior e, sentado no assento do condutor, enquanto eles tomaram lugar na parte traseira, saí de Saratoga pela estrada para Albany, exultante com minha nova posição, e feliz como nunca estivera na minha vida.

Passamos por Ballston, pegamos a estrada do despenhadeiro, como é chamada, se minha memória está boa, e fomos direto para Albany. Chegamos a essa cidade antes de escurecer e ficamos em um hotel ao sul do museu.

Nessa noite pude assistir a uma de suas performances – a única durante todo o tempo em que estive com eles. Hamilton ficou parado ao lado da porta; eu era a orquestra, enquanto Brown era responsável pela apresentação. Ela consistia em jogar bolas, dançar em uma corda, fritar panquecas em um chapéu, fazer com que porcos invisíveis guinchassem, e outros feitos de ventriloquismo e prestidigitação. A plateia era muito esparsa e também não era muito seleta, e Hamilton disse que os ganhos daquela noite eram como uma "caixa de esmolas vazia".

No início da manhã seguinte retomamos a viagem. A conversa deles agora girava em torno da ansiedade de se juntar ao circo logo. Eles estavam com pressa de seguir adiante, sem fazer mais paradas para apresentações e, depois de certo tempo, chegamos a Nova York e nos acomodamos em uma casa a oeste da cidade, em uma rua que ia da Broadway até o rio. Eu imaginei que minha jornada estava chegando ao fim e esperava que em um dia ou dois voltaria para meus amigos e familiares em Saratoga. Brown e Hamilton, no entanto, começaram a insistir para que eu continuasse com eles até Washington. Disseram que, tão logo chegássemos, agora que o verão se aproximava, o circo partiria para o norte. Eles me prometeram serviço e um bom salário se eu fosse junto. Eles falaram muito sobre as vantagens que eu teria, e as representações que fizeram eram tão lisonjeiras, que aceitei a oferta.

Na manhã seguinte, eles sugeriram que, como estávamos prestes a entrar em um estado escravagista, seria aconselhável adquirir os papéis que atestassem minha liberdade antes de sair de Nova York. A ideia me pareceu prudente, embora dificilmente eu tivesse pensado nisso, se eles não o tivessem dito. Fomos imediatamente para o que eu entendia ser a alfândega. Eles fizeram um juramento sobre certos fatos que atestavam que eu era um homem livre. Foi redigido um documento que nos foi entregue com a orientação de que levássemos ao escriturário. Fizemos isso, e o escriturário adicionou algo a ele, pelo qual recebeu seis xelins, e voltamos para a alfândega. Com mais algumas formalidades tudo estava feito e, depois de pagar dois dólares ao oficial, guardei os papéis no bolso, e fui com meus amigos para o hotel. Nessa época, confesso, achei que os documentos mal valiam o custo – já que nunca havia notado algum perigo para a minha segurança pessoal. O escriturário, para o qual fomos enviados, lembro-me, registrou algo em um livro grande, que, presumo, ainda está no escritório. Uma consulta aos registros de final do mês de março a 1º de abril de 1841, não tenho dúvida, pode esclarecer o incrédulo, pelo menos sobre essa transação em particular.

Com a comprovação de liberdade em mãos, no dia seguinte a nossa chegada a Nova York, pegamos a balsa para Jersey City e seguimos para a Filadélfia. Ficamos uma noite na Filadélfia, e continuamos até Baltimore no início da manhã. No devido tempo, chegamos ao nosso destino, e nos hospedamos em um hotel perto da estrada de ferro, mantido por um sr. Rathbone e conhecido como Rathbone House. Todo o caminho desde Nova York, a ansiedade deles para chegar ao circo parecia crescer mais e mais. Deixamos a carruagem em Baltimore e entramos nos vagões até Washington, aonde chegamos ao anoitecer, na noite anterior ao funeral do general Harrison, e nos hospedamos no Gadsby's Hotel, na avenida Pensilvânia.

Depois do jantar, eles me chamaram para o quarto deles e me pagaram quarenta e três dólares, mais do que eu estava acostumado a receber; essa generosidade foi consequência, eles disseram, de não terem se apresentado tantas vezes desde que saímos de Saratoga. Eles também disseram que a companhia circense queria partir de Washington na manhã seguinte, mas que, por causa do funeral, haviam decidido ficar mais um dia. Eles estavam sendo, assim como desde nosso primeiro encontro, extremamente gentis. Nunca deixaram de se dirigir a mim com aprovação; por outro lado, eu sempre demonstrava muita predisposição a favor deles. Dei-lhes minha confiança sem reservas, e sem dúvida confiaria neles em qualquer ocasião. As conversas e a maneira como agiam comigo – a sugestão de adquirir os papéis de minha condição como homem livre e outros inúmeros pequenos atos, que não preciso repetir – indicavam que realmente eram meus amigos e estavam de fato preocupados com meu bem-estar. Não sei, mas parecia que sim. Não sei se eram inocentes da grande perversidade da qual agora acredito que sejam culpados. Se eles foram só peças acessórias para meus infortúnios – monstros argutos e desumanos na forma de homens – intencionalmente me atraindo para longe de casa e de minha família e de minha liberdade, por causa de ouro – quem lê estas páginas terá os mesmos meios que eu de determinar. Se eles eram inocentes, meu súbito desaparecimento deve ter sido de fato incompreensível; mas revolvendo na mente todas as circunstâncias, nunca consegui lhes dar tão caridosa suposição.

Depois de receber o dinheiro, que eles pareciam ter em abundância, me aconselharam a não sair às ruas naquela noite, já que eu não estava familiarizado com os costumes da cidade. Prometi lembrar desses conselhos e os deixei, então logo um funcionário negro me conduziu para um quarto na parte de trás do hotel, no piso térreo. Deitei para descansar, pensando na minha casa, na minha esposa, nos meus filhos e na grande distância entre nós, até que adormeci. Mas nenhum bom anjo veio ao meu leito mandando-me voar – nenhuma voz de misericórdia veio me avisar em meus sonhos das provações que eu iria enfrentar.

No dia seguinte, houve um grande cortejo em Washington. O bramido de canhões e as badaladas dos sinos enchiam o ar, e muitas casas estavam envolvidas por crepe e as ruas estavam negras de gente. À medida que o dia avançou, a procissão se fez, vindo devagar pela avenida, carruagem após carruagem, em longa sucessão, enquanto milhares e milhares seguiam a pé – todos se movendo ao som de música melancólica. Eles estavam acompanhando o corpo de Harrison para a sepultura.

Desde o início da manhã, estive sempre na companhia de Hamilton e Brown. Eles eram as únicas pessoas que eu conhecia em Washington. Ficamos juntos durante a passagem da pompa do funeral. Eu me lembro perfeitamente do vidro das janelas quebrando e caindo no chão após cada estrondo do canhão no cemitério. Fomos ao Capitólio e andamos bastante por seus jardins. À tarde, eles foram para a Casa do Presidente e me mantiveram perto deles o tempo todo apontando vários locais de interesse. Até esse momento, não tinha visto nada do circo. Na verdade, eu pensei nisso, mas pouco, se é que foi tanto, em meio a toda excitação do dia.

Muitas vezes à tarde, meus amigos entravam nos bares para beber. No entanto, eles não tinham o hábito, pelo que pude notar, de ceder ao excesso. Nessas ocasiões, depois de se servirem, eles serviam um copo para mim. Eu não cheguei a me embriagar, o que se pode imaginar pelo que ocorreu depois. Ao cair da noite, e logo depois de participar de uma dessas libações, comecei a sentir sensações muito desagradáveis. Eu me senti muito mal. Minha cabeça começou a doer – uma dor chata, pesada, inexprimivelmente desagradável. À mesa da ceia, estava sem apetite; a visão e o sabor da comida me enjoavam. Quando já era noite, o mesmo empregado me levou para o quarto que eu tinha ocupado na noite anterior. Brown e Hamilton me aconselharam a me recolher, amavelmente compadecidos de minha situação, e esperançosos de minha melhora pela manhã. Depois de tirar apenas o casaco e as botas me joguei na cama. Era impossível dormir. A dor de cabeça continuou a aumentar, até se tornar quase insuportável. Logo senti sede. Meus lábios estavam secos. Eu não conseguia pensar em nada além de água – lagos e rios fluidos, riachos nos quais me inclinava para tomar água, baldes transbordando com o fresco néctar das águas profundas de um poço. Perto da meia-noite, o mais próximo que pude inferir, levantei, incapaz de suportar tanta sede. Eu era um estranho na casa e nada conhecia de seus cômodos. Como pude observar, não havia mais ninguém acordado. Tateando aleatoriamente, não sabia onde, finalmente encontrei o caminho para uma cozinha no porão. Dois ou três empregados negros estavam lá, um dos quais era uma mulher, a qual me deu dois copos de água. Isso me proporcionou alívio momentâneo, mas, ao voltar para meu quarto, o mesmo desejo ardente por água e a mesma sede atormentadora haviam retornado. A sede foi ainda mais torturante do que antes, assim como era a dor de cabeça excruciante, se é que algo assim era possível. Eu estava aflito – numa agonia lancinante! Eu parecia estar à beira da loucura! A lembrança daquela noite de horrível sofrimento me seguirá até a sepultura.

Uma hora ou mais depois que voltei da cozinha, notei que alguém estava entrando no meu quarto. Parecia ser várias pessoas – uma mistura de diversas vozes –, mas quantas, ou quem eram, não posso afirmar. Se Brown e Hamilton estavam entre elas, é uma mera conjectura. Eu só me lembro, com alguma distinção, que me disseram ser necessário ir a um médico e tomar um medicamento, e que, colocando minhas botas, mas sem vestir meu casaco e o chapéu, eu os segui através de um longo corredor, ou beco, até uma rua aberta. Essa rua cortava a avenida Pensilvânia. No lado oposto havia uma luz acesa em uma janela. Minha impressão é de que havia três pessoas comigo, mas isso é muito indefinido e vago, como a recordação de um sonho doloroso. Minha última lembrança vívida é de caminhar em direção à luz, que eu imaginei ser de um consultório médico, e que parecia diminuir à medida que eu avançava. A partir desse momento eu fiquei inconsciente. Quanto tempo permaneci nessa condição – se apenas essa noite, ou muitos dias e noites – eu não sei; mas quando recobrei a consciência, estava sozinho, em total escuridão e acorrentado.

A dor na minha cabeça havia diminuído em certa medida, mas eu me sentia muito cansado e fraco. Eu estava sentado em um banco baixo, de tábuas ásperas, e sem casaco ou chapéu. Eu estava algemado. Em torno dos meus tornozelos também havia um par de pesados grilhões. Uma extremidade da corrente estava presa a um grande gancho no chão, a outra, aos grilhões nos meus tornozelos. Tentei em vão ficar de pé. Despertando desse transe tão doloroso, levei algum tempo até que pudesse organizar os pensamentos. Onde eu estava? Qual era o significado dessas correntes? Onde estavam Brown e Hamilton? O que eu tinha feito para merecer a prisão em uma masmorra? Eu não conseguira compreender. Eu tinha um período em branco na mente até despertar naquele lugar solitário, e não era capaz de recordar mesmo com o maior esforço da minha memória os eventos que faziam parte desse trecho de memória. Apurei os ouvidos em busca de algum sinal ou som de vida, mas nada quebrou o silêncio opressivo, a não ser o tilintar de minhas correntes, sempre que por acaso eu me movia. Falei em voz alta, mas o som da minha voz me assustou. Apalpei os bolsos, no limite do que os grilhões me permitiam – o suficiente, de fato, para verificar que não só tinham roubado minha liberdade, assim como meu dinheiro e os documentos que atestavam minha situação como um homem livre! Então, a ideia, ainda indistinta e confusa, de que eu tinha sido sequestrado começou a surgir em minha mente. Mas para mim isso era impossível. Devia ter havido algum mal-entendido – algum erro infeliz. Um cidadão livre de Nova York, que não havia feito mal a ninguém, nem violado nenhuma lei, não deveria ser tratado assim desumanamente. Quanto mais eu analisava minha situação, no entanto, mais confirmava minhas suspeitas. Era um pensamento desolador, de fato. Senti que não podia confiar ou ter misericórdia de homens sem sentimentos; e pedindo ao Deus dos oprimidos, inclinei a cabeça sobre minhas mãos acorrentadas e chorei amargamente.

capítulo três

Meditações Dolorosas – James H. Burch
Senzala De Williams Em Washington – O Lacaio Radburn
Afirmando Minha Liberdade – A Raiva Do Comerciante
O Remo E O Gato – O Chicote – Novos Entendimentos
Ray, Williams E Randall
Chegada Da Pequena Emily E Sua Mãe À Senzala
Dores Maternas – A História De Eliza

Permaneci durante três horas sentado no banco baixo, absorvido em meditações dolorosas. Finalmente ouvi o canto de um galo, e logo um som estrondoso distante, como de carruagens correndo pelas ruas, chegou aos meus ouvidos, e eu sabia que o dia começara. Nenhum raio de luz, no entanto, penetrou na minha prisão. Finalmente, ouvi passos logo acima, como de alguém caminhando de um lado para o outro. Ocorreu-me, então, que eu devia estar em um local subterrâneo, e os odores de umidade e mofo confirmaram minha suspeita. O barulho acima continuou por pelo menos uma hora, quando, finalmente, ouvi passos se aproximando. Uma chave fez barulho na fechadura – uma porta pesada girou sobre as dobradiças, permitindo uma inundação de luz, e dois homens entraram e se posicionaram diante de mim. Um deles era grande e forte, cerca de quarenta anos de idade, com cabelos castanhos ligeiramente grisalhos. Seu rosto era cheio, a pele ruborizada, as feições grosseiras, expressando nada além de crueldade e astúcia. Tinha cerca de um metro e oitenta e vestia um traje completo, e, sem preconceito, devo dizer, sua aparência era sinistra e repugnante. O nome dele era James H. Burch, como descobri depois – um conhecido traficante de escravos de Washington; e àquela época, ou mais tarde, tinha negócios, como sócio, com Theophilus Freeman, de New Orleans. A pessoa que o acompanhava era um simples lacaio, chamado Ebenezer Radburn, que agia meramente como carcereiro. Ambos ainda vivem em Washington, ou viviam, quando voltei a passar por essa cidade depois da escravidão, em janeiro passado.

A luz que passava através da porta aberta me permitiu observar o local onde estava confinado. Tinha cerca de doze metros quadrados – com sólidas paredes de concreto. O chão era de tábua pesada. Havia uma pequena janela, com grossas barras de ferro e um postigo, fortemente fechado.

Uma porta de ferro levava a uma cela adjacente, ou câmara, totalmente destituída de janelas, ou de qualquer meio que permitisse a entrada de luz. A mobília do local onde eu estava consistia do banco de madeira em que estava sentado e um fogão sujo e antiquado, além disso, nas celas, não havia nem cama, nem cobertor, nem qualquer outra coisa. A porta, pela qual Burch e Radburn entraram, conduzia através de uma pequena passagem, até um lance de escadas que dava num pátio, cercado por um muro de tijolos de três ou três metros e meio de altura, logo atrás de uma construção com o mesmo tamanho. O pátio se estendia cerca de nove metros para trás da casa. Em uma parte do muro havia uma porta muito pesada que se abria para uma passagem estreita e coberta, que levava ao longo da lateral da casa até a rua. O destino do homem negro sobre o qual essa porta que conduz por essa passagem estreita se fechasse estava selado. O topo do muro suportava as extremidades de um telhado, que subia internamente, formando uma espécie de galpão aberto. Debaixo desse telhado havia um sótão circular onde os escravos, se assim se dispusessem, podiam dormir à noite ou, em condições adversas, procurar abrigo contra a tempestade. Em muitos aspectos, o local parecia um curral de fazenda, embora tenha sido assim construído para que o mundo nunca pudesse ver o gado humano que era arrebanhado ali.

A construção anexa ao pátio tinha dois andares, em frente a uma rua de Washington. Por fora, parecia apenas uma residência particular tranquila. Alguém que olhasse para ela nunca sonharia com seus usos execráveis. Por mais estranho que possa parecer, era possível avistar dessa mesma casa, de sua imponente altura, o Capitólio. As vozes dos representantes patriotas gabando-se para falar de liberdade e igualdade e o barulho das correntes dos pobres escravos se misturavam. Uma senzala bem à sombra do Capitólio!

Tal é a descrição correta da senzala de Williams, em Washington, em 1841, em cuja uma das celas estive inexplicavelmente confinado.

"Bem, meu rapaz, como se sente agora?", perguntou Burch, quando entrou pela porta aberta. Respondi que estava doente e perguntei por que estava preso. Ele respondeu que eu era escravo dele – que havia me comprado e que estava prestes a me mandar para New Orleans. Afirmei em voz alta e corajosamente que eu era um homem livre – residente de Saratoga, onde tinha esposa e filhos, que também eram livres, e que meu nome era Northup. Reclamei amargamente do estranho tratamento que havia recebido e ameacei que, quando liberto, buscaria satisfação pelo erro cometido. Ele negou que eu fosse livre, e enfaticamente declarou que eu vinha da Geórgia. Eu disse várias vezes que não era escravo de homem algum e insisti que ele tirasse minhas correntes imediatamente. Ele se esforçou para me calar, como se temesse que minha voz fosse ouvida. Mas eu não me calaria e denunciaria os autores da minha prisão, quem quer que fossem, de completos vilões. Notando que não conseguiria me calar, lançou-se numa cólera violenta. Com blasfêmias, chamou-me de negro mentiroso, fugitivo da Geórgia e de todos epítetos vulgares e profanos que a imaginação mais indecente poderia conceber.

Durante esse tempo, Radburn ficou em pé e em silêncio. Seu trabalho era supervisionar aquele estábulo humano, ou seja, desumano, recebendo os escravos, alimentando-os e açoitando-os, a uma taxa de dois xelins por cabeça. Virando-se para ele, Burch ordenou que trouxesse o remo e o gato. Ele desapareceu e logo retornou com esses instrumentos de tortura. O remo, como é denominado pelos escravos, ou pelo menos como o conheci e o nome que agora emprego, era uma peça de madeira, com quarenta e cinco a cinquenta centímetros de comprimento, moldado na forma de um remo comum. A parte achatada, que era do tamanho de duas mãos abertas, tinha pequenos furos em vários lugares. O gato era uma corda grande com muito fios – os fios se estendiam com um nó na extremidade de cada um.

Assim que esses formidáveis açoites apareceram, fui tomado pelos dois homens e praticamente despido. Meus pés, como já disse, estavam presos ao chão. Depois de me colocar no banco com o rosto virado para baixo, Radburn posicionou seu pesado pé sobre os grilhões entre meus pulsos, segurando-os dolorosamente no chão. Com o remo, Burch começou a me bater. Golpe após golpe foi infligido ao meu corpo nu. Quando seu braço implacável se cansou, ele parou e perguntou se eu ainda insistia que era um homem livre. Eu insisti, e os golpes recomeçaram, mais rápidos e mais enérgicos, se possível, do que antes. Quando se cansava, ele repetia a pergunta, e recebendo a mesma resposta, continuava seu cruel trabalho. Durante todo o tempo, o diabo encarnado proferiu os mais diabólicos xingamentos. Finalmente o remo quebrou, deixando o cabo inútil na mão dele. Ainda assim eu não me rendi. Todos os seus golpes brutais não podiam forçar meus lábios a mentir que eu era um escravo. Lançando com força o cabo da pá quebrada no chão, ele agarrou a corda. Isso foi muito mais doloroso ainda. Eu lutei com toda a minha força, mas foi em vão. Rezei por misericórdia, mas minha oração só foi respondida com imprecações e mais golpes. Pensei que morreria sob o açoite do bruto amaldiçoado. Mesmo agora minha carne estremece sobre meus ossos, quando me lembro da cena. Eu estava todo em chamas. Meus sofrimentos eu posso comparar com nada menos do que as agonias flamejantes do inferno!

Por fim, fiquei em silêncio com suas repetidas perguntas. Eu não daria nenhuma resposta. Na verdade, eu quase não conseguia mais falar. Ainda assim ele movia o chicote sobre meu pobre corpo, até parecer que a carne lacerada era arrancada de meus ossos a cada

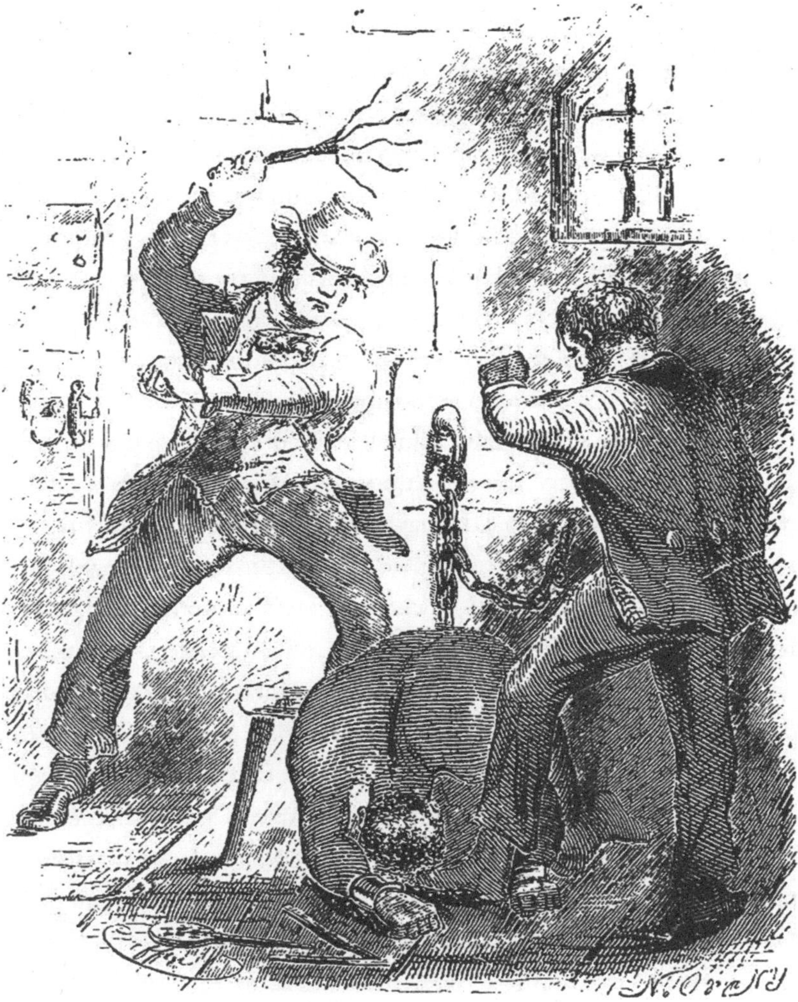

golpe. Um homem com uma centelha de misericórdia na alma não espancaria nem mesmo um cachorro tão cruelmente. Por fim, Radburn disse que era inútil me açoitar mais – que eu já estava machucado o suficiente. Então, Burch desistiu, dizendo, enquanto agitava o punho diante de meu rosto e assobiava palavras através dos dentes cerrados, que, se eu ousasse dizer novamente que tinha direito à minha liberdade, que eu tinha sido sequestrado, ou qualquer coisa do tipo, o castigo que havia acabado de receber seria nada em comparação com o que ainda aconteceria. Ele jurou que me dominaria ou me mataria. Com essas palavras consoladoras, os grilhões foram tirados dos meus pulsos, meus pés ainda ficaram presos ao gancho no chão; o postigo da pequena janela gradeada, que tinha sido aberto, foi novamente fechado, e eles saíram, trancando a porta atrás deles e deixando-me na escuridão como antes.

Depois de uma hora, talvez duas, meu coração foi parar na garganta, quando a chave rangeu na porta novamente. Eu, que estava me sentindo tão solitário e desejava por ver alguém, não me importava quem, agora estremecia com a ideia da aproximação de um homem. Um rosto humano me dava medo, especialmente um branco. Radburn entrou, trazendo com ele, em um prato de lata, um pedaço murcho de carne de porco frita, uma fatia de pão e um copo de água. Ele me perguntou como eu me sentia e comentou que eu havia sido açoitado gravemente. Ele me reprovou quanto ao meu direito de declarar minha liberdade. De modo paternal e confidencial, me aconselhou que, quanto menos falasse sobre o assunto, melhor seria para mim. O homem evidentemente se esforçou para parecer gentil – se tocado pela visão de minha triste condição ou com o intuito de me silenciar, não é necessário agora conjecturar. Ele tirou os grilhões dos meus tornozelos, abriu o postigo e partiu, deixando-me novamente sozinho.

A essa altura, meu corpo se tornara rígido e dolorido; estava coberto de bolhas e sentia muita dor e dificuldade para me mover.

Da janela eu não pude ver nada além do teto sobre o muro adjacente. À noite eu me deitei no chão duro e úmido sem qualquer travesseiro ou coberta que fosse. Pontualmente, duas vezes por dia, Radburn entrava com toucinho, pão e água. Eu tinha pouco apetite, embora a sede contínua me atormentasse. Minhas feridas não me deixavam ficar na mesma posição mais que alguns minutos; então, passei os dias e as noites sentado ou de pé, ou andando devagar e em círculos. Eu estava doente e triste. Pensamentos sobre minha família, minha esposa e meus filhos ocupavam continuamente minha mente. Quando o sono me dominava, eu sonhava com eles – sonhava que estava novamente em Saratoga, que podia ver o rosto deles e ouvir suas vozes me chamando. Quando despertava dos fantasmas agradáveis do sono para a amarga realidade em torno de mim, só podia gemer e chorar. Ainda assim meu espírito não estava abalado. Eu me permitia antecipar minha liberdade, e rápido. Era impossível, pensei, que os homens pudessem ser tão injustos detendo-me como escravo, quando a verdade do meu caso era conhecida. Burch, quando verificasse que eu não era fugitivo da Geórgia, certamente me deixaria ir. Embora as suspeitas de Brown e Hamilton não fossem pouco frequentes, eu não podia aceitar a ideia de que eles tinham sido instrumentos para minha prisão. Certamente eles me procurariam – e me libertariam da servidão. Ai! Eu não tinha aprendido ainda a medida "da desumanidade do homem para com o homem", nem a maldade ilimitada que um homem pode ter pelo amor ao dinheiro.

Ao longo de vários dias a porta de minha cela foi aberta, permitindo-me ir ao pátio. Lá encontrei três escravos – um deles era um garoto de dez anos, os outros dois tinham cerca de vinte ou vinte e cinco anos. Não demorei muito a conhecê-los e saber seus nomes e suas histórias.

O mais velho era um homem negro chamado Clemens Ray. Ele tinha vivido em Washington; tinha dirigido um arado e trabalhado em um estábulo por muito tempo. Ele era muito inteligente e compreendia plenamente sua situação. A ideia de ir para o Sul o enchia de tristeza. Burch o comprara alguns dias antes e o colocara ali até que estivesse pronto para enviá-lo para o mercado de New Orleans. Com ele, soube pela primeira vez que eu estava na senzala de Williams, um lugar do qual nunca tinha ouvido falar antes. Ele me contou para o que o lugar havia sido projetado. Repeti para ele as particularidades de minha infeliz história, mas ele só podia me oferecer sua simpatia como consolo. Ele também me aconselhou a não falar mais sobre minha condição de homem livre; pois, como conhecia a personalidade de Burch, assegurou-me que isso só me renderia novos açoitamentos. O segundo mais velho se chamava John Williams. Ele tinha sido criado na Virgínia, não muito longe de Washington. Burch o havia levado em pagamento de uma dívida, por isso sempre mantinha a esperança de que seu senhor o buscaria – o que aconteceu de fato. O garoto era uma criança alegre e respondia pelo nome de Randall. Na maioria das vezes estava brincando no pátio, mas às vezes chorava, chamando pela mãe e imaginando quando ela viria. A ausência da mãe parecia ser o grande e único pesar em seu pequeno coração. Ele era jovem demais para entender a própria condição, e quando a memória de sua mãe não ocupava sua mente, ele nos divertia com brincadeiras agradáveis.

À noite, Ray, Williams e o menino dormiam no sótão do galpão, enquanto eu permanecia trancafiado na cela. Finalmente, recebemos cobertores, como aqueles que usam no lombo dos cavalos – a única roupa de cama que me foi permitida nos doze anos seguintes. Ray e Williams me fizeram muitas perguntas sobre Nova York – como as pessoas negras eram tratadas, como podiam ter casa e família sem ninguém para perturbá-los ou oprimi-los; e Ray, em especial, ansiava continuamente por liberdade. Tais conversas, no entanto, não se davam na presença de Burch ou do carcereiro Radburn. Aspirações como essas teriam trazido de volta o açoite sobre nossas costas.

É necessário, nesta narrativa, para poder apresentar um relato completo e verdadeiro dos principais eventos da minha vida e retratar a escravidão como a vi e conheci, falar de lugares bem conhecidos e de muitas pessoas que ainda estão vivas. Eu sou, e sempre fui, um completo estranho em Washington e redondezas – a não ser Burch e Radburn, não conheço nenhum homem lá, exceto aqueles dos quais ouvi falar através de meus companheiros escravos. Se o que eu estou prestes a dizer for falso, poderá ser facilmente desmentido.

Fiquei na senzala de Williams por duas semanas. Na noite anterior à minha partida, uma mulher foi trazida chorando amargamente e segurando uma criancinha pela mão. Eram a mãe de Randall e sua meia-irmã. Ao encontrá-las, o garoto ficou muito feliz, agarrou-se ao vestido da mãe, beijou a criança, demonstrando grande satisfação. A mãe também o apertou nos braços, abraçou-o com ternura e olhou-o carinhosamente através das lágrimas, chamando-o por nomes afetuosos.

Emily, a criança, tinha sete ou oito anos de idade, pele clara e um rosto de beleza admirável. Seu cabelo caía em cachos em torno do pescoço, enquanto o estilo e a riqueza de seu vestido e o bom gosto de toda a sua aparência indicavam que ela havia sido criada em meio à fartura. Ela era uma criança doce, de fato. A mulher também estava vestida com roupas de seda, com anéis nos dedos e ornamentos de ouro nas orelhas. Sua atitude e suas maneiras, a forma correta e adequada de sua linguagem – tudo isso demonstrava, evidentemente, que ela um dia havia alcançado um nível acima do de escrava. Ela parecia surpresa em um lugar como aquele. Foi claramente um acaso inesperado que a trouxera até ali. Preenchendo o ambiente com suas queixas, ela foi levada à força, junto com as crianças e eu, para a cela. As palavras só podem expressar uma visão inadequada de suas lamentações incessantes. Jogando-se ao chão, com seus filhos nos braços, suas palavras eram tão comoventes como aquelas que só o amor e carinho maternos podem sugerir. Eles se aninharam perto dela, como se somente ali houvesse segurança ou proteção. Finalmente dormiram com a cabeça apoiada sobre o colo da mãe. Enquanto eles dormiam, ela acariciou o cabelo deles e falou com eles a noite toda. Ela os chamou de queridos – seus doces bebês – pobres coisinhas inocentes, que não conheciam a miséria a que estavam destinados. Logo eles não teriam mãe para confortá-los – eles seriam tirados dela. O que seria deles? Oh! Ela não poderia viver longe de sua pequena Emmy e de seu amado menino. Eles sempre foram bons filhos e tão amorosos. Isso iria quebrar seu coração, Deus era testemunha, ela dizia, se eles fossem tirados dela; e sabia que pretendiam vendê-los e, talvez, separá-los, e assim nunca mais poderiam se ver. Ouvir os lamentos daquela mãe desolada e furiosa era o suficiente para derreter um coração de pedra. Seu nome era Eliza; e esta é a história de sua vida, como ela depois relatou:

Ela era escrava de Elisha Berry, um homem rico, que vivia nas redondezas de Washington. Ela nasceu, acho que ela disse, em sua fazenda. Anos antes, ele havia tido hábitos esbanjadores, e brigou com a esposa. De fato, logo após o nascimento de Randall, eles se separaram. Ele deixou a esposa e a filha na casa onde sempre moraram e construiu uma nova ali perto, na mesma propriedade. Berry levou Eliza para essa casa; e, com a condição de que ela viveria com ele, ela e os filhos deveriam ser emancipados. Ela morou nove anos com ele nessa residência, com servos para atendê-la e todo conforto e luxo. Emily era sua filha! Finalmente, a jovem senhora de Eliza, que sempre permanecera com a mãe na propriedade, casou-se com o sr. Jacob Brooks. Por fim, por algum motivo (como pude concluir), contra a vontade de Berry, a propriedade foi dividida. Eliza e os filhos ficaram na parte do sr. Brooks. Durante os nove anos que ela viveu com Berry, em consequência da posição que ela foi obrigada a ocupar, ela e Emily se tornaram objeto de ódio e antipatia da sra. Berry e sua filha. Eliza descrevia o próprio Berry como um homem de coração naturalmente gentil, que sempre lhe prometera sua liberdade, e que, ela não tinha dúvida, a concederia a ela se ele pudesse. Tão logo passaram à posse e ao controle da filha dele, tornou-se muito evidente que não viveriam muito tempo juntos. A presença de Eliza parecia detestável para a sra. Brooks; tampouco conseguia olhar para a criança, sua meia-irmã e linda como era!

No dia em que ela chegou à senzala, Brooks a tinha levado para a cidade sob o pretexto de que havia chegado a hora de providenciar-lhe os papéis de sua liberdade, em cumprimento à promessa de seu senhor. Exultante com a perspectiva de liberdade imediata, ela e a pequena Emmy se vestiram com suas melhores roupas e o acompanharam com o coração alegre. Quando chegaram à cidade, em vez de serem batizadas na família de homens livres, elas foram entregues ao comerciante Burch. O papel ali lavrado era uma nota de venda. A esperança alimentada por anos acabou em um breve momento. Nesse dia ela caiu da mais exultante felicidade para as profundezas da infelicidade. Não é de admirar que ela chorou e encheu a senzala de lamentações e aflição angustiante.

Eliza está morta agora. Lá longe no rio Vermelho, onde ele derrama suas águas vagarosamente pelas terras baixas e insalubres da Louisiana, ela descansa em seu túmulo – o único lugar de descanso do pobre escravo! Como todos os seus medos se realizaram – como ela lamentou dia e noite sem qualquer consolo – e de que forma, como ela previra, seu coração fora realmente quebrado com o fardo da tristeza materna, veremos na narrativa que prossegue.

capítulo quatro

Tristeza De Eliza – Preparação Para O Embarque
Condução Pelas Ruas De Washington – Salve, Colúmbia
O Túmulo De Washington – Clem Ray
Café Da Manhã No Barco A Vapor – O Pássaro Feliz
Aquia Creek – Fredericksburgh – Chegada A Richmond
Goodin E Sua Senzala – Robert, De Cincinnati
David E Sua Esposa – Maria E Lethe – O Retorno De Clem
Sua Subsequente Fuga Para O Canadá
O Brigue Orleans – James H. Burch

A intervalos constantes, durante a primeira noite de encarceramento de Eliza na senzala, ela reclamou amargamente de Jacob Brooks, o marido de sua jovem senhora. Ela disse que, se soubesse o que ele iria fazer, nunca a teria conseguido levar até lá viva. Eles aproveitaram a ausência do sr. Berry na fazenda certa vez para levá-la embora. Ele sempre foi gentil com ela. Ela queria poder vê-lo, mas sabia que nem mesmo ele poderia ajudá-la agora. Então, ela começava a chorar novamente – beijando as crianças enquanto dormiam –; falava primeiro com um, depois com o outro, durante o sono inconsciente, com a cabeça no colo da mãe. Desse modo se passou a longa noite; e quando amanheceu e a noite chegou novamente, ela continuou chorando, sem consolo.

Por volta da meia-noite do dia seguinte, a porta da cela se abriu e Burch e Radburn entraram trazendo lanternas nas mãos. Burch, com uma imprecação, ordenou que enrolássemos nossos cobertores sem demora e nos preparássemos para ir a bordo de um barco a vapor. Ele jurou que nos deixaria se não andássemos logo. Ele acordou as crianças com um chocalhão grosseiro, e disse que estavam sonolentas, pareceu. A caminho do pátio chamou Clem Ray e ordenou que saísse do sótão e fosse até a cela levando seu cobertor. Quando Clem apareceu, ele nos colocou lado a lado e nos prendeu com algemas – minha mão esquerda com a direita dele. John Williams tinha sido levado um ou dois dias antes; seu mestre o havia readquirido, para sua felicidade. Então, ordenaram que Clem e eu andássemos, depois Eliza e as crianças. Fomos conduzidos ao pátio, e dali para a passagem coberta e então para um lance de escada que atravessava uma porta lateral para o cômodo acima, onde eu tinha ouvido passos de um lado para o outro. A mobília ali consistia de um fogão, algumas cadeiras velhas e uma longa mesa, coberta de papéis. O local era pintado de branco, sem tapete, e parecia uma espécie de escritório. Em uma das janelas, lembro-me, estava pendurada uma espada enferrujada, o que chamou minha atenção. O baú de Burch estava lá. Obedecendo a suas ordens, peguei uma das suas alças com a minha mão livre e ele segurou a outra, então saímos pela porta da frente em direção à rua na mesma ordem em que saímos da cela.

A noite estava escura. Tudo estava quieto. Eu podia ver luzes ou o reflexo delas na direção da avenida Pensilvânia, mas não havia ninguém, nem mesmo um andarilho. Eu estava quase decidido a tentar fugir. Se eu não estivesse algemado à mão de meu companheiro, certamente teria tentado, independente de qual seria a consequência. Radburn vinha logo atrás, carregando um longo bastão e apressando as crianças a andarem tão rápido quanto podiam. Então caminhamos algemados e em silêncio pelas ruas de Washington – a capital de uma nação, cuja teoria de governo, dizem-nos, se fundamenta no direito inalienável do homem à vida, à liberdade e à felicidade! Salve! Colúmbia, terra feliz, de fato!

Quando chegamos ao barco a vapor, fomos logo levados ao porão, entre barris e caixas de mercadorias. Um criado negro trouxe uma lâmpada, o sino tocou e rapidamente o navio começou a descer o Potomac, levando-nos não sabíamos para onde. Os sinos tocaram quando passamos pelo túmulo de Washington! Burch, sem dúvida, tirou o chapéu e curvou-se em reverência às cinzas sagradas do homem que dedicou sua vida ilustre à liberdade de seu país.

Nenhum de nós dormiu naquela noite, a não ser Randall e a pequena Emmy. Pela primeira vez Clem Ray parecia totalmente derrotado. Para ele, a ideia de ir para o Sul era terrível ao extremo.

Ele estava deixando os amigos e seus relacionamentos da juventude – tudo o que lhe era querido e precioso – e havia grandes probabilidades de nunca mais retornar. Ele e Eliza juntaram suas lágrimas e lamentaram seu destino cruel. Eu, por mais difícil que fosse, me esforcei para manter o astral. Revolvia em minha mente centenas de planos de fuga, e estava determinado a tentar um deles na primeira chance desesperada que tivesse. Eu já havia me convencido, no entanto, de que a minha verdadeira opção era não dizer mais nada sobre eu ter nascido um homem livre. Isso apenas me exporia a maus-tratos e diminuiria minhas chances de libertação.

No outro dia, após o nascer do sol, fomos chamados ao convés para o café da manhã. Burch tirou nossas algemas e nos sentamos à mesa. Ele perguntou a Eliza se ela aceitaria um trago. Ela recusou, agradecendo-lhe com educação. Durante a refeição ficamos todos em silêncio – não trocamos nenhuma palavra. Uma mulher mulata que servia à mesa pareceu interessada em nós – disse-nos para nos animarmos e não ficarmos tão abatidos. Depois do café da manhã fomos algemados novamente, e Burch nos mandou à popa do barco. Nós nos sentamos juntos em algumas caixas, ainda sem proferir uma palavra na presença de Burch. Ocasionalmente um passageiro saía e vinha aonde estávamos, nos olhava por um tempo, e silenciosamente retornava.

Estava uma manhã muito agradável. Os campos ao longo do rio estavam cobertos de verde, bem antes do que eu estava acostumado a ver naquela estação do ano. O sol brilhava calorosamente; os pássaros cantavam nas árvores. Pássaros felizes – eu os invejei. Desejei asas como as deles, para poder cortar o ar até onde meus passarinhos estivessem esperando, em vão, pela chegada do pai, na região mais fria do Norte.

De manhã o vapor chegou a Aquia Creek. Lá os passageiros tomaram diligências – Burch e seus cinco escravos ocuparam uma sozinhos. Ele ria com as crianças e em uma parada chegou a comprar a elas um pedaço de biscoito de gengibre. Ele me disse para levantar a cabeça e me endireitar. Que eu poderia, talvez, conseguir um bom senhor se me comportasse bem. Eu não respondi. Seu rosto era detestável para mim e não suportava olhar para ele. Sentei-me em um canto, guardando no coração a esperança, ainda não extinta, de algum dia encontrar aquele tirano em minha terra natal.

Em Fredericksburgh fomos transferidos da diligência para um coche, e antes do anoitecer chegamos a Richmond, principal cidade da Virgínia. Nessa cidade nos tiraram dos coches e nos levaram pelas ruas à senzala, entre o depósito da ferrovia e o rio, mantida por um tal de sr. Goodin. Essa senzala é semelhante à de Williams em Washington, mas um pouco maior; além disso, havia duas pequenas casas em cantos opostos do pátio. Essas casas são geralmente encontradas nos pátios das senzalas e eram utilizadas como salas para exame de bens humanos pelos seus compradores antes de concluir a compra. Uma enfermidade em um escravo, bem como em um cavalo, diminuía materialmente seu valor. E se não havia nenhuma garantia, um exame atento tinha particular importância para o comerciante de escravos.

Fomos recebidos à porta do pátio de Goodin pelo próprio cavalheiro – um homem baixo e gordo, com um rosto redondo e rechonchudo, cabelos e bigodes pretos, e uma pele quase tão escura quanto a de alguns de seus escravos. Seu olhar era duro e severo, e talvez tivesse uns cinquenta anos de idade. Burch e ele se cumprimentaram com bastante cordialidade. Evidentemente eram velhos amigos. Sacudindo um ao outro calorosamente pelas mãos, Burch comentou que havia trazido companhia e perguntou a que horas o brigue sairia, ao que lhe foi respondido que sairia no dia seguinte por volta daquela mesma hora. Goodin então voltou-se para mim, segurou meu braço, me virou e me olhou rispidamente com semblante de quem se considera um bom avaliador de mercadorias e como se estimasse em mente quanto eu valia.

"Bem, rapaz, de onde você veio?"

Esquecendo-me por um momento, respondi: "De Nova York".

"Nova York! O que estava fazendo por lá?", foi sua pergunta espantada.

Observando Burch nesse momento, olhando para mim com uma expressão de raiva a qual não foi difícil de entender, imediatamente disse: "Ah, só andei um pouco por lá", de modo a dizer que, embora pudesse ter estado em Nova York, claramente não pertencia a esse estado livre, nem qualquer outro.

Goodin então se voltou para Clem e depois para Eliza e as crianças, examinando-os severamente e fazendo-lhes várias perguntas. Ele ficou satisfeito com Emily, como todo mundo que via o doce rosto da criança. Ela não estava tão arrumada como na primeira vez que a vi; seu cabelo agora estava um pouco desgrenhado; mas, com sua aparência natural e sua delicadeza, ainda brilhava um pouco de sua beleza extraordinária. "No geral, éramos um bom grupo – bom até demais", disse ele, enfatizando sua opinião com mais de um adjetivo enfático que não se pode encontrar no vocabulário cristão. Então nós fomos para o pátio. Um grande número de escravos, talvez até trinta deles, caminhavam por ali ou estavam sentados sob o galpão. Todos estavam bem vestidos – os homens de chapéu, as mulheres com lenços em volta da cabeça.

Burch e Goodin, depois de nos deixarem, subiram as escadas atrás da construção principal e sentaram-se no peitoril da porta. Começaram a conversar, mas eu não conseguia ouvir sobre o quê. Então, Burch desceu para o pátio, tirou minhas algemas, e me levou para uma das pequenas casas.

"Você falou para aquele homem que veio de Nova York", disse ele.

Eu respondi: "Disse a ele que havia ido a Nova York, sim, mas não que eu sou de lá, nem que sou um homem livre. Eu não quis prejudicar ninguém, senhor Burch. Eu não teria dito se tivesse pensado melhor".

Por um momento, ele me olhou como se estivesse pronto para me devorar, depois se virou e saiu. Em poucos minutos voltou: "Se eu ouvir você dizer uma palavra sobre Nova York novamente, ou sobre sua liberdade, você estará morto – eu vou te matar; pode acreditar nisso", ele exclamou ferozmente.

Não duvido de que ele entendeu melhor do que eu os perigos e qual era a punição para quem vende um homem livre como escravo. Ele sentiu necessidade de calar minha boca contra o crime que sabia que estava cometendo. Claro que minha vida não teria peso maior do que o de uma pena em qualquer emergência em que ele tivesse que se sacrificar. Sem dúvida, ele disse exatamente o que queria.

No galpão de um lado do pátio, foi construída uma mesa, e acima estava o sótão onde os escravos dormiam – igual à senzala de Washington. Depois de jantar a essa mesa nossa refeição de toucinho e pão, fui algemado a um homem grande e amarelado, bastante robusto e corpulento, com um semblante que expressava profunda melancolia. Ele era um homem inteligente e informado. Acorrentados um ao outro, não demorou para que conhecêssemos nossas histórias. O nome dele era Robert. Como eu, havia nascido livre e tinha esposa e dois filhos em Cincinnati. Disse que tinha ido ao Sul com dois homens que o haviam contratado em sua cidade. Sem os papéis que comprovassem sua liberdade, foi capturado e preso em Fredericksburgh, e espancado até aprender, assim como eu, a necessidade de manter silêncio. Ele estava na senzala de Goodin fazia três semanas. Eu me liguei muito a esse homem. Nós nos simpatizávamos um com o outro e nos entendíamos. Foi com lágrimas nos olhos e o coração apertado que, não muitos dias depois, eu o vi morrer e olhei pela última vez seu corpo sem vida!

Robert e eu, assim como Clem, Eliza e seus filhos, dormimos naquela noite sobre nossos cobertores, em uma das pequenas casas no pátio. Havia mais quatro pessoas conosco na casa, todas da mesma fazenda, que tinham sido vendidas e estavam agora a caminho do Sul. David e a esposa, Caroline, ambos mulatos, estavam muito assustados. Eles temiam a ideia de ser colocados nos campos de cana-de-açúcar e algodão; mas estavam ainda mais preocupados em ser separados. Mary, uma menina alta e esperta, de cabelos negros, era apática e aparentemente indiferente. Como muitos de sua classe, mal conhecia a palavra liberdade. Criada sob a ignorância de um homem bruto, ela tinha pouco mais que a inteligência de um bruto. Ela é daquelas pessoas, das quais há muitas, que nada temem além do chicote de seu senhor e que não conhecem mais nenhum dever a não ser obedecer à voz dele. A outra era Lethe. Ela tinha uma personalidade completamente diferente. Tinha cabelos longos e lisos e se aproximava mais da aparência de uma indígena do que de uma mulher negra. Ela tinha olhos afiados e rancorosos, e continuamente dava voz a seu ódio e vontade de vingança. Seu marido havia sido vendido. Não sabia nem onde ela mesma estava. Uma troca de senhores, ela sabia, não poderia ser pior. Ela não se importava para onde poderiam levá-la. Apontando para as cicatrizes em seu rosto, aquela criatura desesperada não via a hora de chegar o dia em que poderia limpá-las com o sangue de um homem!

Enquanto conhecíamos a história de desgraça um do outro, Eliza ficou sentada em um canto sozinha cantando hinos e rezando para seus filhos. Cansado em virtude da ausência de sono, eu não pude mais resistir aos avanços daquele "doce restaurador" e me deitei ao lado de Robert, no chão; logo esqueci meus problemas e dormi até o amanhecer do outro dia.

De manhã, depois de varrer o pátio e nos lavarmos, sob a vigilância de Goodin, foi-nos ordenado que enrolássemos nossos cobertores e nos preparássemos para continuar a viagem. Clem Ray foi informado de que ele não iria conosco, pois Burch, por alguma razão, decidiu levá-lo de volta a Washington. Ele ficou muito feliz. Apertando as mãos, nós nos separamos na senzala em Richmond e nunca mais o vi. Mas, para minha surpresa, quando retornei, soube que ele havia escapado da servidão e, a caminho da terra livre do Canadá, hospedou-se uma noite na casa do meu cunhado em Saratoga, informando a minha família onde eu estava e a condição em que ele havia me deixado.

À tarde fomos dispostos, dois a dois, Robert e eu primeiro, e nessa ordem Burch e Goodin nos levou do pátio pelas ruas de Richmond até o brigue Orleans. Ele era um navio de tamanho respeitável, bem equipado, e carregava principalmente tabaco. Às cinco horas todos estávamos a bordo. Burch trouxe uma caneca de lata e uma colher para cada um de nós. Havia quarenta de nós no brigue, sendo que todos, exceto Clem, estavam na senzala.

Com um pequeno canivete que não havia sido tirado de mim, comecei a escrever as iniciais de meu nome na caneca. Os outros logo reuniram-se em volta de mim, pedindo-me para que eu fizesse o mesmo para eles. Depois de um tempo, agradei todos eles, o que, parece, eles esqueceram.

À noite, éramos levados ao porão e a porta era trancada. Nós nos acomodávamos em cima de caixas, ou onde houvesse espaço suficiente para esticar nossos cobertores no chão.

Burch não nos acompanhou além de Richmond, voltando para a capital com Clem. Foi só doze anos depois, em janeiro passado, na delegacia de polícia de Washington, que coloquei meus olhos sobre seu rosto novamente.

James H. Burch era um comerciante de escravos – que comprava homens, mulheres e crianças a preços baixos e os vendia com valores mais altos. Ele era um especulador de carne humana – de má reputação – muito considerado no Sul. Por hora, ele desaparecerá das cenas narradas aqui, mas voltará no fim desta história, não como um tirano que açoita homens, mas preso como um criminoso em um tribunal, que falhou em lhe fazer justiça.

capítulo cinco

Chegada A Norfolk – Frederick E Maria
Arthur, O Homem Livre – Jim, Cuffee E Jenny
A Tempestade – Bahamas – A Calmaria
A Conspiração – O Longo Bote – A Varíola
A Morte De Robert – O Marinheiro Manning
O Encontro No Castelo De Proa – A Carta
Chegada A New Orleans – Resgate De Arthur
O Consignatário Theophilus Freeman – Platt
Primeira Noite Na Senzala De New Orleans

Com todos a bordo, o brigue Orleans desceu o rio James. Passando por Chesapeake Bay, chegamos no dia seguinte ao outro lado de Norfolk. Enquanto estávamos ancorados, uma balsa se aproximou trazendo mais quatro escravos da cidade. Frederick, um garoto de dezoito anos, tinha nascido escravo, assim como Henry, que era alguns anos mais velho. Os dois tinham sido empregados domésticos na cidade. Maria era uma menina de aparência refinada, uma figura impecável, mas ignorante e extremamente vaidosa. A ideia de ir a New Orleans a agradava. Ela tinha uma opinião forte demais sobre os próprios atrativos. Altiva, ela declarou aos seus companheiros que, logo que chegássemos a New Orleans, ela não tinha dúvidas, algum cavalheiro rico de bom gosto a compraria imediatamente!

No entanto, o mais proeminente dos quatro era um homem chamado Arthur. Durante a aproximação da balsa, ele lutou fortemente contra seus carcereiros. Apenas sob muita força ele foi arrastado a bordo do brigue. Ele protestou em voz alta contra o tratamento que estava recebendo, e exigiu ser libertado. Seu rosto estava inchado e coberto de feridas e hematomas; um dos lados estava em carne viva. Ele foi empurrado, com pressa, pela porta que levava ao porão. Tive um vislumbre de sua história enquanto ele era levado, a qual depois ele completou, e era assim: Ele morou por muito tempo em Norfolk e era um homem livre. Tinha família lá e era pedreiro de profissão. Como ficou no trabalho até mais tarde, estava voltando tarde da noite para casa no subúrbio da cidade, quando foi atacado por um grupo de pessoas numa rua pouco movimentada. Ele lutou até esgotar suas forças. Finalmente dominado, foi amordaçado e amarrado com cordas e depois espancado até ficar inconsciente. Eles o mantiveram na senzala de Norfolk por vários dias – um estabelecimento muito comum, parece, nas cidades do Sul. Na noite anterior, ele havia sido levado de lá e subido a bordo da balsa, que, um pouco longe da costa, esperava nossa chegada. Ele continuou seus protestos por mais algum tempo, totalmente implacável. Por fim, no entanto, ficou em silêncio. Afundou-se em um humor sombrio e pensativo, e parecia conversar consigo mesmo. Em seu rosto determinado havia algo que sugeria desespero.

Ao sairmos de Norfolk, nossas algemas foram retiradas e durante o dia podíamos permanecer no convés. O capitão escolheu Robert para ser garçom e eu fui nomeado para supervisionar a cozinha e a distribuição de comida e água. Tive três assistentes, Jim, Cuffee e Jenny. Jenny preparava o café, que consistia em farinha de milho torrada em uma chaleira, que depois era fervida e adoçada com melaço. Jim e Cuffee assavam o pão e cozinhavam o toucinho.

De pé junto a uma mesa, formada por uma tábua larga apoiada em barris, cortei e entreguei um pedaço de carne e um pão a cada um, além de uma caneca de café servida da chaleira de Jenny. Não havia pratos, e os dedos faziam a função de facas e garfos. Jim e Cuffee eram muito detalhistas e atentos ao trabalho e estavam de certa forma orgulhosos na função de assistentes de cozinha, e sem dúvida achavam que tinham uma grande responsabilidade sobre os ombros. Eu era chamado de mordomo – nome que o capitão me deu.

Os escravos eram alimentados duas vezes ao dia, às dez e às cinco horas – sempre recebendo o mesmo tipo e quantidade de comida da maneira como descrito. À noite éramos levados para o porão e acorrentados firmemente.

Mal tínhamos perdido a terra de vista, fomos atingidos por uma violenta tempestade. O brigue balançou e mergulhou até temermos que iríamos afundar. Alguns ficaram enjoados, outros se ajoelharam para orar, e alguns se abraçavam, paralisados de medo. O enjoo tornou o lugar onde estávamos confinados nojento e repugnante. Teria sido uma felicidade para a maioria de nós – nos salvaria da agonia de muitas centenas de chicotadas e, por fim, mortes miseráveis – se o mar compassivo nos arrebatasse naquele dia das garras de homens sem remorso. Pensar em Randall e na pequena Emmy afundando entre os monstros das profundezas é mais agradável do que pensar neles agora, talvez, levando uma vida de trabalho sem qualquer retorno.

Quando avistamos as Bahamas, em um lugar chamado Old Point Compass, ou Buraco na Parede, passamos três dias de calmaria. Lá mal havia uma lufada de ar. As águas do golfo tinham uma aparência singularmente branca, como água caiada.

Seguindo a ordem dos acontecimentos, chego agora a um ocorrido do qual nunca poderia lembrar se não com arrependimento. Agradeço a Deus – que desde então me permitiu escapar da escravidão – que por meio de sua intervenção misericordiosa fui impedido de embeber minhas mãos no sangue de suas criaturas. Não deixe que aqueles que nunca tenham passado por circunstâncias semelhantes me julguem duramente. Até que tenham sido acorrentados e espancados – até que estejam na mesma situação que estive, sem casa e família indo em direção a uma terra de escravidão –, que se abstenham de dizer o que não fariam pela liberdade. Não é necessário especular agora quão justificado eu poderia ter sido aos olhos de Deus e do homem. É suficiente dizer que posso me orgulhar do fim inofensivo de um caso que ameaçou, por um tempo, ter sérios resultados.

Próximo da noite, no primeiro dia de tranquilidade, Arthur e eu estávamos na proa do navio, sentados no molinete. Conversávamos do provável destino que nos esperava e lamentávamos nossos infortúnios.

Arthur disse, e concordei com ele, que a morte era muito menos terrível do que a perspectiva de vida que tínhamos. Durante muito tempo conversamos sobre nossos filhos, nosso passado e sobre as probabilidades de fuga. Um de nós sugeriu assumir o controle do brigue. Discutimos se seríamos capazes, em tal caso, de chegar ao porto de Nova York. Eu não entendia quase nada de bússola, mas discutimos com ansiedade a ideia de nos arriscarmos. Examinamos todas as chances, a favor e contra, se houvesse um confronto com a tripulação. Discutimos várias vezes quem poderia estar do nosso lado ou não, a hora certa e o modo de atacar. A partir do momento que essa ideia surgiu, comecei a ter esperança. Revolvia isso constantemente em minha mente. Com tantas dificuldades aparecendo, alguma solução pronta sempre estava à mão, mostrando como poderiam ser superadas. Enquanto os outros dormiam, Arthur e eu aprimorávamos nossos planos. Por fim, com muita cautela, Robert foi aos poucos informado de nossas intenções. Ele as aprovou imediatamente e tomou seu lugar em nosso plano com um espírito zeloso. Não havia outro escravo em quem confiar. Criados com medo e na ignorância como eram, difícil saber quão servilmente eles se retrairiam ao olhar de um homem branco. Não era seguro confiar um segredo tão ousado a qualquer um deles, assim resolvemos assumir sozinhos a responsabilidade temerosa da tentativa.

À noite, como já foi dito, éramos levados para o porão e a porta era trancada. Assim, de que modo chegar ao convés foi nossa primeira dificuldade. Na proa do brigue, no entanto, eu havia observado um bote ancorado. Ocorreu-me que, se nos escondêssemos nele, não perceberiam nossa falta quando fôssemos levados ao porão à noite. Fui escolhido para fazer uma tentativa a fim de saber se esse feito seria possível. Na noite seguinte, depois do jantar, conforme combinamos, me escondi rápido debaixo do bote. Deitado bem próximo do convés, podia ver o que estava acontecendo ao meu redor sem que ninguém me visse. De manhã, quando todos subiram, eu saí de meu esconderijo sem ser notado. O resultado foi totalmente satisfatório.

O capitão e o imediato dormiam na cabine. Com a ajuda de Robert, que pôde várias vezes, na sua função de garçom, observar aquele alojamento, verificamos a posição exata das camas. Ele ainda nos informou que sempre havia duas pistolas e uma espada em cima da mesa. O cozinheiro da tripulação dormia na cozinha, no convés, em uma espécie de veículo sobre rodas que poderia se mover conforme a necessidade, já os marinheiros, que eram apenas seis, dormiam no castelo de proa ou em redes entre o cordame.

Finalmente concluímos todos os preparativos. Arthur e eu iríamos entrar silenciosamente na cabine do capitão, pegar as pistolas e a espada, e o mais rápido possível matar a ele e o companheiro. Robert, com um porrete, ficaria de pé ao lado da porta que ligava o convés à cabine e, se preciso fosse, acertaria os marinheiros, até que pudéssemos correr para ajudá-lo. Então, continuaríamos conforme as circunstâncias exigissem. Se o ataque fosse tão repentino e bem-sucedido que evitasse a resistência, a escotilha deveria permanecer fechada; caso contrário, os escravos seriam chamados, e, na multidão, com a pressa e a confusão, recuperaríamos nossa liberdade ou morreríamos. Eu assumiria o lugar do piloto, não familiar para mim, e, em direção ao Norte, confiaríamos que algum vento da sorte nos levaria para o solo da liberdade.

O nome do imediato era Biddee e do capitão não me lembro agora, embora raramente esqueça um nome. O capitão era um homem pequeno, refinado, ereto e dedicado, com uma postura orgulhosa, e parecia a personificação da coragem. Se ele ainda estiver vivo, e se puder ver estas páginas, saberá de um fato relacionado à viagem do brigue, de Richmond a New Orleans, em 1841, que não entrou em seu diário de bordo.

Estávamos todos preparados, e esperando impacientemente por uma oportunidade de colocar em prática nossos planos, quando fomos frustrados por um triste imprevisto. Robert ficou doente. Logo anunciaram que estava com varíola. Ele piorou mais e, quatro dias antes de chegarmos a New Orleans, ele morreu. Um dos marinheiros o costurou em seu cobertor, com uma grande pedra do lastro em seus pés, e, em seguida, colocando-o em cima de uma tábua elevada no parapeito, o corpo inanimado do pobre Robert foi entregue às águas brancas do golfo.

Ficamos todos em pânico com o surgimento da varíola. O capitão ordenou que fosse espalhada cal pelo porão e que se tomassem outras precauções. A morte de Robert, no entanto, e a presença da doença me oprimiram tristemente, e comecei a olhar para a imensidão de águas com um espírito de fato desconsolado.

Uma noite ou duas depois do enterro de Robert, eu estava encostado na escotilha perto do castelo de proa, repleto de pensamentos desanimadores, quando um marinheiro me perguntou gentilmente por que eu estava tão abatido. O tom e o modo do homem me passaram segurança, e respondi que estava assim porque era um homem livre e tinha sido sequestrado. Ele comentou que era o suficiente para desanimar qualquer um e continuou a me fazer perguntas até conhecer todos os detalhes de minha história. Ele estava evidentemente muito interessado em mim, e, na fala direta de um marinheiro, prometeu me ajudar no que pudesse, até "romper o casco". Eu pedi a ele caneta, tinta e papel, para que pudesse escrever para alguns amigos. Ele prometeu consegui-los – mas como eu poderia usá-los sem ser descoberto era uma dificuldade. Se pelo menos pudesse entrar no castelo de proa sem ser observado e enquanto os outros marinheiros dormissem, talvez conseguisse. Pensei imediatamente no pequeno bote. Ele achava que não estávamos longe de Balize, na foz do Mississippi, e era necessário que eu escrevesse a carta logo ou perderia a oportunidade. Assim, como combinado, na noite seguinte consegui me esconder de novo sob o longo bote. Sua vigia terminava à meia-noite. Eu o vi passar no castelo de proa e em cerca de uma hora eu o segui. Ele estava cabeceando em cima de uma mesa, meio adormecido, sobre a qual uma luz tremulava e também havia uma caneta e uma folha de papel. Quando entrei, ele despertou, me chamou para sentar ao seu lado e apontou para o papel. Eu enderecei a carta a Henry B. Northup, de Sandy Hill – dizendo que eu havia sido sequestrado e estava a bordo do brigue Orleans, com destino a New Orleans; que era então impossível para mim imaginar meu destino final e pedindo que tomasse medidas para me resgatar. A carta foi selada e endereçada, e Manning, depois de ler, prometeu postá-la em New Orleans. Voltei para debaixo do bote e, pela manhã, quando os escravos subiram e caminhavam em volta, saí despercebido e me misturei a eles.

Meu bom amigo, cujo nome era John Manning, era inglês de nascimento e um marinheiro de nobre coração e generoso como nunca se viu num convés. Ele vivera em Boston – era um homem alto e bem construído, com cerca de vinte e quatro anos de idade, o rosto marcado pela varíola, mas de expressão caridosa.

Nada mudava a monotonia de nossa vida diária até chegarmos a New Orleans. Ao chegar ao dique e antes que o navio fosse atracado, vi Manning pular na areia e correr para a cidade. Antes de ir, ele olhou para trás por cima do ombro de forma firme, dando a entender qual era sua missão. Logo ele voltou e, passando por mim, me cutucou com o cotovelo e deu uma piscadela característica como se dissesse: "Está tudo bem".

A carta, como soube depois, chegou a Sandy Hill. O sr. Northup foi a Albany e a entregou ao governador Seward, mas, como ela não dava nenhuma informação definitiva sobre onde eu poderia estar, foi aconselhado, à época, não tomar nenhuma medida para minha libertação. Decidiu-se esperar, com a crença de que em breve se poderia descobrir meu paradeiro.

Uma cena feliz e tocante foi testemunhada logo que chegamos ao dique. Assim que Manning deixou o brigue para ir ao correio, dois homens vieram e chamaram Arthur em voz alta. Arthur, ao reconhecê-los, ficou doido de felicidade. Dificilmente ele seria impedido de saltar sobre a murada do brigue; quando eles se encontraram logo depois, ele os agarrou pela mão e segurou-as por um longo tempo. Eles eram homens de Norfolk, que haviam ido para New Orleans para resgatá-lo. Seus sequestradores, eles informaram, haviam sido presos e estavam confinados na prisão de Norfolk. Eles conversaram por alguns momentos com o capitão, e depois partiram com um alegre Arthur.

Mas na multidão que lotou o cais não havia ninguém que me conhecesse ou se importasse comigo. Ninguém. Nenhuma voz familiar chegou aos meus ouvidos, nem havia um único rosto conhecido. Em breve Arthur voltaria para sua família e teria a satisfação de ver suas injustiças vingadas: minha família, ai de mim, eu a veria de novo? Surgiu um sentimento de grande desolação em meu coração, preenchendo-o com um desespero e um pesar por eu não ter descido com Robert para o fundo do mar.

Logo em seguida, comerciantes e consignatários subiram a bordo. Um deles, um homem alto, de rosto fino, pele clara e um pouco curvado, apareceu com um papel na mão. O grupo de Burch, ou seja, eu, Eliza e seus filhos, Harry, Lethe e alguns outros que haviam se juntado a nós em Richmond, lhe foi entregue. Esse era o sr. Theophilus Freeman. Lendo o papel, ele chamou "Platt". Ninguém respondeu. O nome foi chamado de novo e de novo, mas sem resposta. Então Lethe foi chamado, depois Eliza, depois Harry, até o final da lista com cada um dando um passo à frente quando seu nome era chamado.

"Capitão, onde está Platt?", exigiu Theophilus Freeman.

O capitão não sabia dizer, uma vez que ninguém a bordo havia respondido.

"Quem embarcou *esse* crioulo?", ele novamente perguntou ao capitão, apontando para mim.

"Burch", respondeu o capitão.

"Seu nome é Platt – você atende à descrição que tenho. Por que não veio à frente?", ele exigiu de mim, em um tom irritado.

Eu o informei que esse não era meu nome; que nunca tinha sido chamado por esse nome, mas que não tinha qualquer objeção a isso.

"Bem, vou lhe ensinar seu nome", disse ele; "assim você não vai esquecê-lo...", acrescentou.

O sr. Theophilus Freeman, a propósito, não ficava muito atrás de seu parceiro Burch em matéria de blasfêmia. Na embarcação eu tinha sido chamado de "garçom", e esta tinha sido a primeira vez que fora designado como Platt – o nome com que Burch havia me mandado ao seu consignatário. Da embarcação era possível observar os escravos acorrentados trabalhando no dique. Passamos perto deles quando fomos levados para a senzala de Freeman. Essa senzala era muito semelhante à de Goodin em Richmond, exceto que o pátio era cercado por tábuas dispostas em pé e com pontas afiadas, em vez de muros de tijolos.

Contando nosso grupo, agora eram pelo menos cinquenta escravos nessa senzala. Depois de guardar nossos cobertores em uma das pequenas casas no pátio e tendo sido chamados e alimentados, fomos autorizados a passear pelo local até a noite, quando nos enrolamos em nossos cobertores e nos deitamos sob o galpão, ou no sótão, ou no pátio aberto, conforme cada um preferisse.

Naquela noite, fechei os olhos por pouco tempo. Os pensamentos ocupavam minha mente. Eu podia estar a milhares de quilômetros de casa – ter sido conduzido pelas ruas como um animal idiota – ter sido acorrentado e espancado sem piedade –, podia ainda estar junto de um monte de escravos, eu mesmo como um escravo? Os eventos das últimas semanas haviam sido de fato reais? – ou eu estava apenas passando pelas fases lúgubres de um sonho prolongado? Não era ilusão. Meu copo de tristeza estava cheio a ponto de transbordar. Então levantei as mãos a Deus, e no silêncio da noite, cercado pelas formas adormecidas de meus companheiros, implorei misericórdia para o pobre e abandonado cativo. Ao Pai Todo-Poderoso de todos nós – do homem livre e do escravo – eu derramei as súplicas de um espírito abalado, implorando por forças do alto para suportar o peso de meus problemas, até que a luz da manhã despertou os adormecidos, dando lugar a outro dia de escravidão.

capítulo seis

Insistênsia De Freeman – Limpeza E Roupas
Exibição Na Sala De Vendas – A Dança – Bob, O Violinista
Chegada Dos Clientes – Escravos Examinados
O Velho Cavalheiro De New Orleans
Venda De David, Caroline E Lethe
Partida De Randall E Eliza – Varíola – O Hospital
Recuperação E Retorno À Senzala De Freeman
O Comprador De Eliza, Harry E Platt
A Tristeza De Eliza Na Partida Da Pequena Emily

O muito amável e piedoso sr. Theophilus Freeman, sócio ou consignatário de James H. Burch, e dono da senzala de New Orleans, logo no início da manhã já estava entre seus animais. Com alguns chutes ocasionais nos homens e mulheres mais velhos e muitos estalos de seu chicote nos ouvidos dos escravos mais jovens, não demorou muito para que todos se mexessem e estivessem bem acordados. O sr. Theophilus Freeman agia de forma muito ativa, preparando a propriedade para as vendas, com a intenção, sem dúvida, de fazer um bom negócio naquele dia.

Primeiro, fomos obrigados a nos lavar bem, e aqueles que tinham barba deviam se barbear. Então nos deram roupas novas, baratas, mas limpas. Os homens receberam chapéu, casaco, camisa, calça e sapatos; as mulheres, vestido de chita e lenço para prender na cabeça. Fomos então levados para um salão na parte da frente da construção à qual o pátio se ligava, a fim de sermos devidamente treinados antes que os clientes chegassem. Os homens eram dispostos de um lado da sala e as mulheres, do outro. O mais alto ficava no primeiro lugar da fileira, depois o segundo mais alto, e assim por diante, até o mais baixo. Emily ficou ao final da fila de mulheres. Freeman ordenou que lembrássemos de nossos lugares; exortou-nos a parecermos dispostos e animados – às vezes nos ameaçando, outras vezes, nos insultando. Durante o dia, ele nos preparava na arte de "parecermos dispostos" e de nos movermos para nossos lugares com precisão.

Depois de nos alimentarmos, à tarde, éramos exibidos novamente e nos faziam dançar. Bob, um menino negro, que havia algum tempo pertencia a Freeman, tocava violino. De pé perto dele, me atrevi a perguntar se o garoto sabia tocar uma "Virginia Reel". Ele respondeu que não e me perguntou se eu sabia tocar. Respondi que sabia, e ele me entregou o violino. Eu comecei uma música e toquei-a até o final. Freeman ordenou que eu continuasse, e pareceu bem satisfeito, dizendo a Bob que eu era bem melhor do que ele – o que pareceu entristecer muito o garoto.

No dia seguinte, muitos clientes foram examinar o "novo lote" de Freeman. Esse cavalheiro era muito loquaz, insistindo muito em nossos aspectos positivos e qualidades. Ele nos fazia levantar a cabeça e andar rapidamente de um lado ao outro, enquanto os clientes apertavam nossas mãos, nossos braços e nosso corpo, nos viravam, perguntavam o que sabíamos fazer, nos faziam abrir a boca e mostrar os dentes, exatamente como um jóquei examina um cavalo antes de comprá-lo ou trocá-lo. Às vezes, um homem ou uma mulher era levado de volta para a pequena casa no pátio, e então era despido e inspecionado mais minuciosamente. Cicatrizes nas costas de um escravo eram evidências de um espírito rebelde ou indisciplinado e prejudicavam a venda.

Um velho cavalheiro, que disse precisar de um cocheiro, pareceu gostar de mim. Pela sua conversa com Burch, soube que ele morava na cidade. Desejei muito que ele me comprasse, pois achava que assim seria mais fácil escapar de New Orleans em algum navio do Norte. Freeman pediu a ele mil e quinhentos dólares. O velho cavalheiro insistiu que era muito dinheiro, pois os tempos estavam muito difíceis. Freeman, no entanto, disse que eu era são e saudável, de boa constituição e inteligente. Ele fez questão de enfatizar meus talentos musicais. O velho cavalheiro argumentou habilmente que não havia nada de extraordinário naquele crioulo e, finalmente, para meu pesar, foi embora, dizendo que voltaria uma outra vez.

Durante o dia, no entanto, ocorreram algumas vendas. David e Caroline foram comprados juntos por um fazendeiro de Natchez. Eles nos deixaram, com um sorriso amplo e um ótimo estado de espírito, uma vez que não haviam sido separados. Lethe foi vendida a um fazendeiro de Baton Rouge, e seus olhos brilharam de raiva quando foi levada embora.

O mesmo homem também comprou Randall. O garoto foi obrigado a pular, correr pelo pátio e realizar muitos outros feitos, mostrando sua vitalidade e condição física. Durante a venda, Eliza chorou alto, torcendo as mãos. Ela suplicou ao homem para que não o comprasse, a menos que também levasse Emily e ela mesma. Ela prometeu, nesse caso, ser a escrava mais fiel que já existiu. O homem respondeu que não podia pagar por todos, e então Eliza explodiu em tristeza, chorando lamentosamente. Freeman virou-se para ela, selvagemente, ergueu o chicote na mão e ordenou que ela parasse com o barulho ou a açoitaria. Ele não toleraria aquilo – aquela choradeira; e, a menos que ela parasse naquele minuto, ele a levaria para o pátio e lhe daria cem chicotadas. Sim, ele a colocaria na linha muito rápido – se ele não o fizesse, que caísse ele mesmo morto. Eliza encolheu-se diante dele e tentou enxugar as lágrimas, mas foi em vão. Ela queria estar com os filhos, disse, o pouco tempo que ainda tivesse de vida. A cara feia e as ameaças de Freeman não conseguiram silenciar completamente aquela mãe aflita. Ela continuou implorando e suplicando, lamentavelmente, que não separasse os três. Repetidas vezes, ela disse o quanto amava o filho. Muitas vezes repetiu suas antigas promessas – de quão fiel e obediente seria; quão duro trabalharia, dia e noite, até o último momento de sua vida, se ele os comprasse todos juntos. Mas não adiantou; o homem não podia pagar. A venda foi feita e Randall teve de ir sozinho. Então Eliza correu até ele, abraçou-o apaixonadamente, beijou-o várias vezes e disse-lhe para se lembrar dela – com suas lágrimas escorrendo como chuva o tempo todo no rosto do garoto.

Freeman a amaldiçoou, chamando-a de chorona escandalosa e ordenando que voltasse para seu lugar e se comportasse como alguém de respeito. Ele jurou que não suportaria esse tipo de atitude mais. Ele logo lhe daria motivo para chorar, se ela não tomasse cuidado, e ela podia acreditar *nisso*.

O fazendeiro de Baton Rouge estava pronto para partir com suas novas aquisições.

"Não chore, mamãe. Eu serei um bom menino. Não chore", disse Randall, olhando para trás, quando saíram pela porta.

O que aconteceu com o rapaz, só Deus sabe. Foi uma cena triste, de fato. Eu teria chorado, se ousasse isso.

Naquela noite, quase todos que embarcaram no brigue Orleans adoeceram. Todos se queixavam de dor violenta na cabeça e nas costas. A pequena Emily chorava o tempo todo – algo incomum para ela. De manhã, veio um médico, mas ele não conseguiu determinar a natureza de nossa queixa. Enquanto me examinava e fazia perguntas sobre os meus sintomas, disse-lhe que achava que poderia ser uma epidemia de varíola – mencionando a morte de Robert como a razão para minha opinião. Talvez fosse, ele pensou, e chamaria o médico-chefe do hospital. Logo, o médico-chefe chegou – um homem pequeno, de cabelos claros, a quem chamavam de dr. Carr. Ele diagnosticou a varíola, e houve muito alarde no pátio. Logo depois que o dr. Carr foi embora, Eliza, Emmy, Harry e eu fomos levados em uma charrete para o hospital – uma grande construção de mármore branco nos arredores da cidade. Harry e eu fomos acomodados em uma sala em um dos andares superiores. Eu fiquei muito doente. Durante três dias estive totalmente cego. Um dia, deitado nesse estado, Bob chegou dizendo ao dr. Carr que Freeman o havia enviado para perguntar como estávamos. Diga a ele, disse o médico, que Platt está muito mal, mas que, se sobreviver até as nove horas, poderá se recuperar.

Achei que fosse morrer. Embora eu tivesse pouca perspectiva

pela qual valesse a pena viver, a proximidade da morte me assustou. Pensei que poderia me resignar a entregar minha vida se estivesse no seio de minha família, mas dar o último suspiro em meio a estranhos, sob tais circunstâncias, era uma ideia amarga.

Havia um grande número de pessoas de ambos os sexos e de todas as idades no hospital. Na parte de trás do prédio, eram construídos caixões. Quando alguém morria, o sino tocava – um sinal para o agente funerário pegar o corpo e levar para a vala. Muitas vezes, dia e noite, o sino emitia seu som melancólico, anunciando outra morte. Mas minha hora ainda não havia chegado. Superada a crise, comecei a reviver e, ao fim de duas semanas e dois dias, voltei com Harry para a senzala, carregando no rosto as marcas da doença, que até hoje o desfiguram. Eliza e Emily também foram levadas no dia seguinte em uma charrete, e novamente desfilávamos pela sala de vendas, para a inspeção e o exame dos compradores. Eu ainda alimentava a esperança de que aquele velho cavalheiro em busca de um cocheiro voltasse, como prometera, e me comprasse. Se fosse o caso, acreditava que logo recuperaria minha liberdade. Mas cliente após cliente entrou, e o velho cavalheiro nunca apareceu.

Por fim, um dia, enquanto estávamos no pátio, Freeman saiu e mandou que assumíssemos nossos lugares no salão. Um cavalheiro esperava por nós quando entramos, e, como ele será frequentemente mencionado nesta narrativa, uma descrição de sua aparência e minha avaliação sobre seu caráter, à primeira vista, podem não ser despropositados.

Ele era um homem mais alto do que a média masculina e tinha o corpo um pouco inclinado para a frente. Tinha boa aparência e parecia estar na meia-idade. Não havia nada repulsivo em sua presença; por outro lado, havia algo alegre e atraente em seu rosto e em seu tom de voz. As melhores características estavam todas gentilmente misturadas em seu peito, como qualquer um podia ver. Ele andou entre nós, fazendo muitas perguntas sobre o que sabíamos fazer e com que trabalho estávamos acostumados; se gostaríamos de morar com ele, se nos comportaríamos se ele nos comprasse, e outros questionamentos parecidos.

Depois de mais algumas avaliações e conversas sobre preços, ele finalmente ofereceu mil dólares a Freeman por mim, novecentos por Harry e setecentos por Eliza. Se a varíola depreciou nosso valor, ou por que Freeman decidira me vender por quinhentos dólares a menos, não sei dizer. De qualquer forma, depois de pensar um pouco, ele aceitou a oferta.

Assim que Eliza ouviu isso, entrou em agonia novamente. Desta vez, estava abatida e com os olhos vazios por causa da doença e da tristeza. Seria um alívio se eu não tivesse de relatar a cena a seguir. Ela me traz as memórias mais pesarosas e comoventes que nenhum idioma pode retratar. Eu já havia visto mães beijarem pela última vez o rosto de seus filhos mortos; já as havia presenciado olharem para a sepultura enquanto a terra caía com um som surdo sobre seus caixões, escondendo-os de seus olhos para sempre; mas nunca havia visto um pesar tão intenso, desmedido e incontido como o de Eliza quando se separou de sua filha. Ela saiu de seu lugar na fila de mulheres, correu para onde Emily estava e pegou-a em seus braços. A criança, como se sentisse um perigo iminente, enlaçou instintivamente as mãos no pescoço da mãe e aninhou a cabecinha em seu peito. Freeman ordenou severamente que Eliza ficasse quieta, mas ela não lhe obedeceu. Ele a pegou pelo braço e puxou-a rudemente, mas Eliza só se agarrou mais à filha. Então, com uma salva de xingamentos, ele lhe deu um golpe tão cruel, que a fez cambalear para trás e quase cair. Oh! Quão piedosamente ela suplicou e orou para que elas não fossem separadas. Por que não podiam ser compradas juntas? Por que não a deixar com um de seus queridos filhos? "Misericórdia, misericórdia, senhor!", ela chorou, caindo de joelhos. "Por favor, senhor, compre a Emily. Eu não vou conseguir trabalhar se ela for tirada de mim: Eu vou morrer."

Freeman interveio novamente, mas, ignorando-o, ela implorou ainda mais, contando como Randall havia sido tirado dela – que nunca mais o veria novamente e quão ruim isso era – oh, Deus! Era muito terrível, muito cruel, separá-la de Emily – seu orgulho – seu único amor, que não sobreviveria, por ser tão jovem, sem a mãe!

Finalmente, depois de muitas súplicas, o comprador de Eliza deu um passo à frente, evidentemente comovido, e disse a Freeman que compraria Emily e perguntou-lhe qual era seu preço.

"Qual é o *preço* dela? Quer *comprá-la*?", foram as perguntas com que Theophilus Freeman respondeu. E, instantaneamente, acrescentou: "Eu não vou vendê-la. Ela não está à venda".

O homem percebeu que não precisava de alguém tão jovem – que não lhe traria proveito, mas, como a mãe era tão apegada a ela, em vez de separá-las, pagaria um preço razoável. Mas Freeman não deu ouvidos a essa proposta bastante humana. Ele não a venderia por valor nenhum. Ganharia montes de dinheiro com ela, disse, quando estivesse mais velha. Havia muitos homens em New Orleans que dariam cinco mil dólares pela mulher rara, bela e agradável que Emily se tornaria. Não, não, ele não a venderia agora. Ela era uma beleza – uma pintura – uma boneca – com sangue bom – não um de seus crioulos de lábios grossos, cabeça pequena, feitos para colher algodão – que ele morresse, se ela fosse embora.

Quando Eliza notou a determinação de Freeman em não se separar de Emily, ela ficou absolutamente transtornada.

"*Não* irei sem ela. Eles *não* vão tirá-la de mim", ela disse, com seus gritos se misturando com a voz alta e irritada de Freeman, ordenando-lhe que ficasse em silêncio.

Enquanto isso, Harry e eu tínhamos ido ao pátio e voltado com nossos cobertores. Estávamos na porta da frente, prontos para sair. Nosso comprador ficou perto de nós, olhando para Eliza com uma expressão arrependida por tê-la comprado à custa de tanta tristeza. Esperamos algum tempo, quando finalmente Freeman, sem mais paciência, arrancou Emily de sua mãe com grande força, com as duas agarradas uma à outra.

"Não me deixe, mamãe – não me deixe", gritou a criança, enquanto sua mãe era empurrava para longe. "Não me deixe – volte, mamãe", ela ainda chorava, esticando os braços em súplica. Mas ela chorou em vão. Já na rua, nos apressaram. Ainda assim, podíamos ouvi-la chamando a mãe: "Volte – não me deixe – volte, mamãe", até que a voz da criança se tornou cada vez mais fraca e aos poucos desapareceu, à medida que nos distanciávamos, e finalmente se perdeu.

Eliza nunca mais viu ou ouviu falar de Emily ou Randall. Mas dia e noite eles estavam sempre presentes em sua memória. No campo de algodão, na cabana, em toda parte, ela falava deles – muitas vezes *com* eles, como se estivessem realmente ali. Somente quando absorvida por essa ilusão, ou adormecida, tinha momentos de conforto.

Ela não era uma escrava comum, como já disse. Além de sua grande inteligência natural, Eliza ainda tinha um conhecimento geral e sabia um pouco sobre a maioria dos assuntos. Ela desfrutou de privilégios oferecidos a pouquíssimas pessoas de classes oprimidas. Havia atingido um nível de vida distinto. Liberdade – liberdade para si e sua descendência, durante muitos anos – fora sua nuvem durante o dia e seu pilar de fogo à noite. Em sua peregrinação pela selvageria da escravidão, com os olhos fixos no farol da esperança, havia finalmente ascendido ao "cume de Pisga" e contemplado "a terra prometida". Em um momento inesperado, foi completamente tomada pela decepção e pelo desespero. A visão gloriosa da liberdade desapareceu quando a levaram para o cativeiro. Agora, ela "passa a noite chorando, pelas faces correm-lhe lágrimas [...]; todos os seus amigos a traíram, tornaram-se seus inimigos".

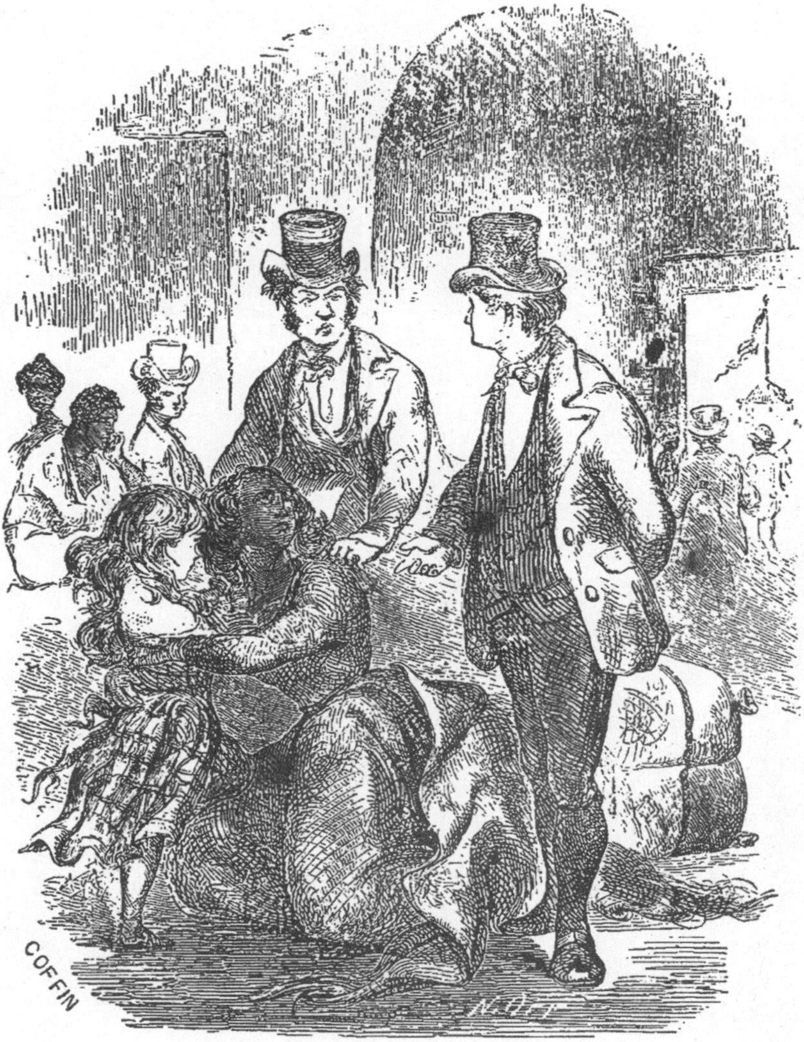
COFFIN

capítulo sete

O Vapor Rodolph – Partida De New Orleans
William Ford – Chegada A Alexandria, No Rio Vermelho
Resoluções – Pine Woods – Gado Selvagem
Residência De Verão De Martin – A Estrada Do Texas
Chegada Ao Senhor Ford – Rose – Senhora Ford
Sally E Seus Filhos – John, O Cozinheiro
Walter, Sam E Anthony – As Madeireiras De Indian Creek
Os Sábados – A Conversão De Sam – O Benefício Da Bondade
A Balsa – Adam Taydem, O Pequeno Homem Branco
Cascalla E Sua Tribo – O Violino Indígena
John M. Tibeats – A Aproximação De Tempestade

Ao deixar a senzala de New Orleans, Harry e eu seguimos nosso novo senhor pelas ruas, enquanto Eliza, chorando e olhando para trás, foi forçada por Freeman e seus homens a seguir em frente, até subirmos a bordo do barco a vapor *Rodolph*, no dique. Dali meia hora, estávamos navegando rapidamente pelo Mississippi, com destino a algum ponto do rio Vermelho. Havia um bom número de escravos a bordo além de nós três, recém-comprados no mercado de New Orleans. Lembro-me de um sr. Kelsow, que, falavam, era um grande e conhecido fazendeiro, que estava encarregado de um grupo de mulheres.

O nome do nosso senhor era William Ford. Ele morava no Great Pine Woods, na paróquia de Avoyelles, situada na margem direita do rio Vermelho, no coração da Louisiana. Hoje ele é pastor batista. Em toda a paróquia de Avoyelles, e especialmente ao longo das margens de Bayou Boeuf, onde ele é mais conhecido, Ford é considerado pelos seus concidadãos um digno ministro de Deus. Na mentalidade das pessoas do Norte, talvez, a ideia de um homem manter um semelhante em escravidão e o tráfico de pessoas possam parecer totalmente incompatíveis com suas concepções de vida moral ou religiosa. A partir das descrições de homens como Burch e Freeman, e de outros que serão aqui mencionados, as pessoas são levadas a desprezar e a execrar indiscriminadamente toda a classe de senhores de escravos. No entanto, fui seu escravo por um tempo e tive a oportunidade de compreender bem seu caráter e temperamento, e sou justo com ele quando digo que, em minha opinião, nunca houve um cristão mais bondoso, nobre e sincero do que William Ford. Suas influências e ligações o cegaram para o erro inerente em que se baseia o sistema da escravidão. Ele nunca questionou o direito moral de um homem colocar outro em sujeição. Com a visão de seus antepassados, ele via as coisas sob a mesma luz. Criado em outras circunstâncias e com outras influências, suas concepções, sem dúvida, teriam sido diferentes. No entanto, ele era um senhor modelo, trilhando seu caminho corretamente de acordo com seu próprio entendimento, e feliz o escravo que veio a estar em sua posse. Se todos os homens fossem como ele, a escravidão teria sido privada de mais da metade de sua amargura.

Estávamos dois dias e três noites a bordo do vapor *Rodolph*, tempo durante o qual nada de especial ocorreu. Eu era agora conhecido como Platt, nome que me fora dado por Burch, e pelo qual fui designado durante toda a minha escravidão. Eliza foi vendida com o nome de "Dradey" e com esse nome foi transferida para Ford, como está registrado no escritório de notas de New Orleans.

Durante a viagem, refleti constantemente sobre a minha situação e avaliei qual seria o melhor modo de fugir. Às vezes, e não só nesse momento, mas também depois, estive a ponto de revelar a Ford todos os fatos de minha história. Tendo a acreditar, agora, que isso teria me beneficiado. Essa ideia foi muitas vezes considerada, mas, com medo de falhar, nunca a coloquei em prática, até que, uma vez, minha transferência e as dificuldades financeiras de meu senhor a tornaram evidentemente perigosa. Depois, com outros senhores, ao contrário de William Ford, eu sabia muito bem que qualquer conhecimento que tivessem de minha história me levaria de uma vez para as mais remotas profundezas da escravidão. Eu era um bem precioso demais para ser perdido, e estava ciente de que seria levado mais adiante, para um lugar qualquer, na fronteira texana e, talvez, vendido; que seria descartado como o ladrão descarta seu cavalo roubado, se meu direito à liberdade fosse requerido. Então resolvi guardar o segredo no peito – nunca pronunciar uma palavra ou sílaba sobre quem ou o que eu era –, confiando na Providência e em minha própria astúcia para me libertar.

Finalmente deixamos o vapor *Rodolph* em um lugar chamado Alexandria, a várias centenas de quilômetros de New Orleans. Trata-se de uma cidade pequena na margem sul do rio Vermelho. Permanecemos lá durante a noite e pegamos o trem da manhã; logo chegamos a Bayou Lamourie, um lugar ainda menor, distante trinta quilômetros de Alexandria. Naquela época, ali acabava a ferrovia. A fazenda de Ford ficava na estrada para o Texas, a vinte quilômetros de Lamourie, no Great Pine Woods. Essa distância, nos foi dito, deveria ser percorrida a pé, pois não havia transporte público além dali. Assim, partimos na companhia de Ford. O dia estava extremamente quente. Harry, Eliza e eu ainda estávamos fracos e a sola de nossos pés estava muito sensível devido aos efeitos da varíola. Seguimos devagar, com Ford nos dizendo para irmos em nosso tempo, sentar e descansar sempre que quiséssemos – um privilégio que usamos com bastante frequência. Depois de deixar Lamourie e cruzar duas fazendas, uma do sr. Carnell e a outra de um tal sr. Flint, chegamos a Pine Woods, uma natureza selvagem que se estende até o rio Sabine.

Toda a região próxima ao rio Vermelho é baixa e pantanosa. Pine Woods, como é chamada, é relativamente alta, com alguns trechos curtos e frequentes, no entanto, percorrendo-a. O planalto é coberto de inúmeras árvores – o carvalho-branco, a castanheira-anã, que se assemelha à castanheira, mas principalmente o pinheiro amarelo. Elas são grandes, chegando a quase vinte metros de altura e são perfeitamente retas. Os campos estavam cheios de cabeças de gado, ariscas e selvagens, que corriam em rebanhos e fungavam ruidosamente à nossa aproximação. Alguns tinham marcas de ferro em brasa, o resto parecia estar em seu estado selvagem e indomável. Eles são muito menores que as raças do Norte, e o que mais me chamou a atenção foram seus chifres. Eles saem dos lados da cabeça precisamente em linha reta, como dois espetos de ferro.

Ao meio-dia, chegamos a uma clareira de mais ou menos três ou quatro acres. Nela havia uma pequena casa de madeira, sem pintura, um silo de milho – ou, como chamamos, um celeiro – e uma cozinha externa com forno a lenha a cerca de cinco metros da casa. Era a residência de verão do sr. Martin. Os fazendeiros ricos, com grandes propriedades em Bayou Boeuf, estão acostumados a passar a estação mais quente nesses bosques. Ali eles encontram água fresca e ótimas sombras. Na verdade, esses retiros são para os fazendeiros dessa parte do país o que Newport e Saratoga são para os habitantes mais ricos das cidades do Norte.

Fomos enviados para a cozinha e nos deram batata-doce, pão de milho e toucinho, enquanto o senhor Ford jantava com Martin na casa. Havia vários escravos nas instalações. Martin saiu e deu uma olhada em nós, perguntando a Ford o preço de cada um, se éramos novatos e assim por diante, e questionando em relação ao mercado de escravos em geral.

Depois de um longo descanso, partimos de novo, seguindo a estrada para o Texas, que parecia ser muito raramente usada. Ao longo de pouco mais de oito quilômetros passamos por áreas de mata contínua sem observar uma única residência. Por fim, assim que o sol estava se pondo no Oeste, entramos em outra clareira com cerca de doze ou quinze acres.

Ali havia uma casa muito maior que a do sr. Martin. Ela tinha dois andares e uma varanda na frente. Na parte de trás, também havia uma cozinha com fogão a lenha, um viveiro de aves, silos de milhos e várias cabanas para escravos. Perto da casa havia um pomar de pessegueiros e jardins de laranjeiras e romãzeiras. O espaço era inteiramente cercado por árvores e coberto por um rico e verdejante tapete. Era um lugar quieto, solitário e agradável – literalmente um ponto verde na vastidão selvagem. Essa era a residência do meu senhor, William Ford.

Quando nos aproximamos, uma garota parda – seu nome era Rose – estava de pé na varanda. Em direção à porta, ela chamou sua senhora, que veio correndo para encontrar o marido. Ela o beijou e, rindo, perguntou se ele havia comprado "aqueles negros". Ford disse que sim e pediu para que fôssemos até a cabana de Sally para descansarmos. Atrás da casa, encontramos Sally lavando roupa – com os dois filhos perto dela rolando na grama. Eles pularam e se aproximaram de nós, nos olharam por um momento como um par de coelhos, depois correram de volta para a mãe como se tivessem medo de nós.

Sally conduziu-nos para a cabana, disse-nos para deixarmos nossas coisas ali e nos sentarmos, pois tinha a certeza de que estávamos cansados. Nesse momento, John, o cozinheiro, um menino de dezesseis anos de idade e mais negro do que um corvo, veio correndo, olhou fixamente em nosso rosto e depois, virando-se, sem nem perguntar "como vão?", voltou correndo para a cozinha, rindo alto, como se a nossa chegada fosse realmente uma grande piada.

Muito cansados pela caminhada, logo que escureceu Harry e eu nos enrolamos em nossos cobertores e deitamos no chão da cabana. Meus pensamentos, como de costume, voltaram-se para minha esposa e meus filhos. A consciência de minha real situação e a falta de esperança em qualquer esforço para escapar pelas vastas florestas de Avoyelles pressionavam-me fortemente, mas meu coração ainda estava em casa em Saratoga.

Fui acordado de manhã bem cedo pela voz do senhor Ford chamando Rose. Ela correu para a casa para vestir as crianças, Sally foi para o campo ordenhar as vacas, e John estava ocupado na cozinha preparando o café da manhã. Enquanto isso, Harry e eu passeávamos pelo quintal, olhando para nossos novos aposentos. Logo depois do desjejum, um homem negro, conduzindo três parelhas de bois presos a uma carroça com uma carga de madeira, entrou na clareira. Ele era escravo de Ford, chamava-se Walton, o marido de Rose. A propósito, Rose era natural de Washington e chegara ali cinco anos antes. Nunca vira Eliza, mas ouvira falar de Berry e as duas conheciam as mesmas ruas e as mesmas pessoas, pessoalmente ou de ouvir falar. Logo se tornaram amigas e conversavam muito sobre os velhos tempos e sobre os amigos que haviam deixado para trás.

Naquela época, Ford era um homem rico. Além da propriedade em Pine Woods, ele possuía um grande estabelecimento madeireiro em Indian Creek, a pouco mais de seis quilômetros de distância, e também, por direito de sua esposa, era dono de uma grande fazenda e de muitos escravos em Bayou Boeuf.

Walton estava vindo com sua carga da madeireira de Indian Creek. Ford nos orientou a voltar com ele, e disse que iria também assim que possível. Antes de sair, a senhora Ford me chamou na despensa e me deu – como eles o chamam – um balde de lata com melado para Harry e para mim.

Eliza ainda retorcia as mãos e lamentava a perda dos filhos. Ford tentou o máximo que pôde consolá-la – disse-lhe que não precisava trabalhar muito; que ela poderia ficar com Rose e ajudar nos assuntos da casa.

Viajando com Walton na carroça, Harry e eu nos familiarizamos muito com ele bem antes de chegar a Indian Creek. Ele era escravo de "nascimento" de Ford, e falava gentil e carinhosamente dele, como uma criança fala do próprio pai. Em resposta às suas perguntas sobre minhas origens, contei-lhe de Washington. Ele ouvira muito sobre a cidade por meio de sua esposa, Rose, e durante todo o tempo me fez muitas perguntas extravagantes e absurdas.

Ao chegar à madeireira em Indian Creek, encontramos mais dois escravos de Ford, Sam e Anthony. Sam também era de Washington e havia sido trazido no mesmo grupo de Rose. Ele trabalhara em uma fazenda perto de Georgetown. Anthony era ferreiro, de Kentucky, e estava a serviço de seu atual senhor fazia dez anos. Sam conhecia Burch e, quando soube que ele que me enviara de Washington, foi impressionante como concordamos sobre sua enorme vilania. Ele também tinha sido mandado por Burch.

Quando Ford chegou à madeireira, estávamos trabalhando empilhando madeira e cortando troncos, o que fizemos durante o restante do verão.

Geralmente passávamos os domingos na clareira, dias nos quais nosso senhor reunia todos os seus escravos e lia e explicava as Escrituras. Ele procurou incutir em nossa mente sentimentos de bondade para com o outro e a confiança em Deus – mostrando as recompensas prometidas àqueles que levam uma vida reta e em oração. Sentado à porta de sua casa, cercado por seus serviçais e suas domésticas, que olhavam seriamente para o rosto daquele bom homem, Ford falava da bondade amorosa do Criador e da vida que ainda está por vir. Muitas vezes a voz da oração ascendia de seus lábios para o céu, o único som que quebrava a solidão do lugar.

Durante o verão, Sam tornou-se crente convicto e ocupou intensamente a mente com a religião. A senhora lhe deu uma Bíblia, que ele levava consigo para o trabalho. Qualquer momento de descanso que tivesse, ele a folheava, embora tivesse grande dificuldade para entender qualquer parte dela. Muitas vezes eu a lia para ele, um favor que ele me retribuiu com muitas expressões de gratidão. A piedade de Sam era frequentemente observada por homens brancos que iam à madeireira, e o comentário que geralmente surgia era de que um homem como Ford, que permitia que seus escravos tivessem a Bíblia, "não podia possuir um crioulo".

No entanto, Ford não perdia nada em virtude de sua bondade. E algo que observei mais de uma vez é que aqueles que tratavam seus escravos de maneira mais leniente eram recompensados com mais trabalho. Sei disso por experiência própria. Era um grande prazer surpreender o senhor Ford com um dia de trabalho mais produtivo do que o usual, enquanto, com outros senhores, o único incentivo para o esforço extra era o chicote do capataz.

Foi o desejo de ouvir a voz de aprovação do senhor Ford que me deu uma ideia que lhe resultou em benefício. A madeira em que estávamos trabalhando havia sido contratada para ser entregue em Lamourie. Até então o transporte se dava por terra, o que aumentava as despesas. O Indian Creek, ao norte do qual a madeireira estava situada, era um córrego estreito, mas profundo, que desaguava em Bayou Boeuf. Em alguns lugares, não chegava a quatro metros de largura, e era muito obstruído por troncos de árvores. Bayou Boeuf se conectava a Bayou Lamourie. Verifiquei que a distância da madeireira até o ponto onde nossa madeira deveria ser entregue era poucos quilômetros menor por terra do que pela água. Se o riacho pudesse ser navegado por balsas, ocorreu-me que a despesa de transporte seria significativamente menor.

Adam Taydem, um homenzinho branco que fora soldado na Flórida e agora andava por aquela região distante, era capataz e superintendente da madeireira. Ele ignorou minha ideia; mas Ford, quando lhe mostrei em que tinha pensado, recebeu-a bem e me deu permissão para tentar.

Depois de remover as obstruções, construí uma balsa estreita, composta de doze berços. Acho que fui bastante habilidoso nesse trabalho, não tendo esquecido minha experiência anos antes no canal Champlain. Trabalhei duro, e estava extremamente ansioso para obter êxito, tanto pelo desejo de agradar a meu senhor, quanto por mostrar a Adam Taydem que minha ideia não era tão visionária como ele afirmava o tempo todo. Um homem era capaz de cuidar de três berços. Eu me encarreguei dos três da frente e comecei a descer o riacho. No devido tempo entramos no primeiro afluente e finalmente chegamos ao nosso destino em menos tempo do que havia planejado.

A chegada da balsa a Lamourie causou sensação, e o sr. Ford me encheu de elogios. Por todos os lados ouvia que Platt, de Ford, era o "crioulo mais inteligente de Pine Woods" – na verdade eu era o Robert Fulton de Indian Creek. Não fui insensível aos elogios e desfrutei, especialmente, de meu triunfo sobre Taydem, cuja ridicularização quase maliciosa havia ferido meu orgulho. A partir de então, o controle do envio da madeira para Lamourie estava em minhas mãos até que o contrato fosse cumprido.

O Indian Creek, em toda a sua extensão, flui através de uma magnífica floresta. Em suas margens vivia uma tribo indígena, remanescente dos Chickasaws ou Chickopees, se bem me lembro. Eles moravam em cabanas simples, com três ou quatro metros quadrados, construídas com estacas de pinho e cobertas de cascas de árvore. Eles sobreviviam principalmente à base de carne de cervo, guaxinim e gambá, todos abundantes nessas florestas. Às vezes eles trocavam carne de cervo por um pouco de milho e uísque com os fazendeiros da região. A vestimenta habitual era calça de camurça e camisas de caça coloridas, abotoadas de cima a baixo. Eles usavam argolas de latão nos pulsos, nas orelhas e no nariz. O vestido das mulheres era muito parecido. Eles gostavam de cães e cavalos – possuíam muitos cavalos de uma raça pequena e resistente – e eram cavaleiros habilidosos. Suas rédeas, arreios e selas eram feitos de pele de animal não curtida; os estribos eram de certo tipo de madeira. Montados em seus cavalos, vi homens e mulheres saírem correndo pela mata na máxima velocidade, seguindo caminhos estreitos e sinuosos e esquivando-se de árvores, de uma maneira que ofuscava os feitos mais miraculosos do hipismo civilizado. Movimentando-se em várias direções, com a floresta ecoando seus gritos, eles retornavam na mesma velocidade com que começavam. Sua aldeia ficava às margens de Indian Creek, em uma região conhecida como Indian Castle, mas se estendia até o rio Sabine. Ocasionalmente, uma tribo do Texas ia visitá-los e, de fato, havia um carnaval no Pine Woods. O chefe da tribo chamava-se Cascalla; o segundo mais importante, John Baltese, era seu genro; fiquei conhecido dos dois, como de muitos outros da tribo, nas minhas frequentes viagens com a balsa pelo rio. Sam e eu sempre os visitávamos quando terminávamos o trabalho do dia. Eles eram obedientes ao chefe; a palavra de Cascalla era sua lei. Eles eram um povo primitivo, mas inofensivo, e desfrutavam de seu modo de vida selvagem. Eles tinham pouco interesse pelos descampados, as clareiras nas margens do rio; preferiam se esconder nas sombras da floresta. Eles adoravam o Grande Espírito, amavam uísque e eram felizes.

Em uma ocasião, estive presente em uma dança, quando um grupo do Texas acampava na aldeia. A carcaça inteira de um cervo estava assando em uma grande fogueira, que lançava sua luz a uma grande distância entre as árvores sob as quais todos estavam reunidos. Eles formaram um círculo, com os homens e as mulheres dispostos alternadamente, e uma espécie de violino indígena começou uma melodia indescritível. Era um tipo de som onduloso, contínuo e melancólico, com a menor variação possível. À primeira nota, se de fato houvesse mais de uma nota na melodia inteira, eles circulavam, trotando um após o outro, e dando vez a um ruído gutural de canto, tão indefinido quanto a música do violino. No final da terceira volta, eles paravam repentinamente, gritavam como se seus pulmões fossem estourar, depois rompiam o círculo, formando casais, homens e mulheres, cada um pulando para trás o mais longe possível do outro e depois para a frente novamente. Depois desse feito gracioso ter sido realizado duas ou três vezes, eles formaram um círculo de novo e voltaram a trotar. O melhor dançarino parecia ser aquele que conseguisse gritar mais alto, saltar mais longe e emitir o barulho mais excruciante. A intervalos, um integrante ou mais deixava o círculo de dança e ia para perto do fogo e cortava uma fatia da carne de cervo assada.

Em um buraco com a forma de um almofariz, feito no tronco de uma árvore caída, eles socavam o milho com um pilão de madeira e com o bagaço faziam pão. Alternavam-se entre dançar e comer. Assim os visitantes do Texas eram entretidos pelos filhos e filhas morenos dos Chickopees, e tal é a descrição, como eu a vi, de uma festa indígena no Pine Woods de Avoyelles.

No outono, deixei a madeireira e fui empregado na clareira. Certo dia, a senhora insistiu para Ford conseguir um tear para que Sally pudesse começar a tecer tecidos para as roupas de inverno dos escravos. Ele não sabia onde encontrar um, então eu disse que a maneira mais fácil seria fazer um tear e o informei também que eu era uma espécie de "faz tudo" e tentaria com sua permissão. Ele me concedeu a permissão muito prontamente e me autorizou a ir a uma fazenda vizinha para analisar um tear antes de começar o trabalho. Finalmente o tear ficou pronto e Sally disse que era perfeito. Ela podia facilmente tecer seus quase quatorze metros de tecido, ordenhar as vacas e ainda ter tempo de lazer todo dia. Funcionou tão bem, que continuei a produzir teares, que foram levados para a fazenda através do riacho.

Nessa época, um carpinteiro chamado John M. Tibeats chegou à clareira para fazer alguns trabalhos na casa do senhor. Fui orientado a parar com a produção de teares e ajudá-lo. Durante duas semanas fiquei na companhia dele, planejando e encaixando painéis de madeira no teto, uma vez que paredes rebocadas eram raras na paróquia de Avoyelles.

John M. Tibeats era o oposto de Ford em todos os aspectos. Ele era um homem pequeno, carrancudo, mal-humorado e rancoroso. Não tinha residência fixa de que eu tenha ouvido falar, mas passou de uma fazenda à outra, onde quer que encontrasse emprego. Ele não pertencia à comunidade e não era estimado pelos homens brancos, nem mesmo respeitado pelos escravos. Ele era ignorante, e também tinha uma disposição vingativa. Deixou a paróquia muito antes de mim e não sei se está hoje vivo ou morto. Certo é que foi um dia muito infeliz aquele que nos reuniu. Durante o tempo que vivi com o senhor Ford, eu só havia conhecido o lado bom da escravidão. Não conhecia o peso de sua mão nos oprimindo. Ele apontava para cima, e com palavras boas e animadas se dirigia a nós como seus companheiros mortais, sob o jugo, assim como ele, de nosso Criador. Penso nele com afeto e, se minha família estivesse comigo, poderia ter suportado sua gentil servidão, sem reclamar, por todos os meus dias. No entanto, nuvens se formavam no horizonte – precursoras de uma tempestade impiedosa que logo se abalaria sobre mim. Eu estava fadado a suportar provações tão amargas que só o pobre escravo conhece e a não mais levar a relativa vida feliz que levava no Pine Woods.

capítulo oito

Vergonha De Ford – A Venda A Tibeats – A Alineação Financeira
A Fazenda Da Senhora Ford Em Bayou Boeuf
Peter Tanner, Cunhado De Ford – Encontro Com Eliza
Ela Ainda Chorava Por Suas Crianças – Chapin, O Feitor De Ford
O Abuso De Tibeats – O Barril De Pregos
A Primeira Briga Com Tibeats – Sua Derrota E Castigo
A Tentativa De Enforcar-Me – Interferência E Discurso De Chapin
Reflexões Infelizes – Partida Abrupta De Tibeats, Cook E Ramsay
Lawson E A Mula Marrom – Mensagem A Pine Woods

William Ford infelizmente teve problemas financeiros. Ele recebeu uma condenação pesada por ter se tornado fiador de seu irmão, Franklin Ford, que residia no rio Vermelho, ao norte de Alexandria, e falhou em cumprir suas obrigações. Ele também devia uma quantia considerável a John M. Tibeats por seus serviços na construção da madeireira de Indian Creek, e também uma tecelagem, um silo de milho e outros trabalhos na fazenda em Bayou Boeuf, ainda não concluídos. Era, portanto, necessário, a fim de atender a essas exigências, desfazer-se de dezoito escravos, inclusive eu. Dezessete deles, contando Sam e Harry, foram comprados por Peter Compton, um fazendeiro também morador do rio Vermelho.

Eu fui vendido para Tibeats, em consequência, sem dúvida, da minha pouca habilidade como carpinteiro. Isso aconteceu no inverno de 1842. Os documentos dessa venda, como verifiquei nos registros públicos em New Orleans quando retornei, são datados de 23 de junho de 1841. Quando fui vendido para Tibeats, como o preço acordado a ser pago era maior que a dívida, Ford manteve quatrocentos dólares em alienação financeira. Devo minha vida, como verá a seguir, a essa alienação.

Despedi-me de meus bons amigos na clareira e parti com meu novo senhor Tibeats. Fomos para a fazenda em Bayou Boeuf, distante quase quarenta e quatro quilômetros de Pine Woods, para finalizar o contrato. O Bayou Boeuf é um córrego lento e sinuoso

– um daqueles corpos de água estagnados comuns naquela região, que vêm do rio Vermelho. Ele se estende de um ponto não muito longe de Alexandria, no sentido sudeste, e segue seu curso tortuoso por mais de oitenta quilômetros. Grandes plantações de algodão e açúcar cobrem suas margens, estendendo-se até a fronteiras de pântanos intermináveis. É cheio de crocodilos, o que o torna perigoso para porcos ou crianças escravas que passeiam ao longo de suas margens. Após uma curva desse riacho, a uma curta distância de Cheneyville, situava-se a fazenda da senhora Ford – seu irmão, Peter Tanner, um grande proprietário de terras, vivia na margem oposta.

Quando cheguei a Bayou Boeuf, tive o prazer de encontrar Eliza, que não via havia vários meses. Ela não tinha agradado a sra. Ford, já que ficava mais ocupada em remoer suas tristezas do que em cuidar de seu trabalho, e, assim, foi mandada para trabalhar nos campos da fazenda. Ela estava fraca e magra, e ainda chorava por seus filhos. Eliza me perguntou se eu havia me esquecido deles, e muitas vezes perguntou se eu ainda me lembrava de como a pequena Emily era bonita – quanto Randall a amava – e se questionava se eles ainda estavam vivos e onde seus queridos poderiam estar. Ela havia afundado sob o peso de uma dor excessiva. Suas formas caídas e suas bochechas murchas indicavam claramente que ela estava perto do fim de sua fatigante jornada.

O capataz de Ford nessa fazenda e único encarregado ali era um tal de sr. Chapin, um homem de disposição gentil e nascido na Pensilvânia. Como outros, não tinha muita estima por Tibeats, o que, somado à alienação de quatrocentos dólares, foi bom para mim.

Fui então obrigado a trabalhar muito duro. Desde o início da manhã até tarde da noite, não me deixavam ficar ocioso sequer por um momento. Não obstante, Tibeats nunca estava satisfeito. Ele praguejava e reclamava continuamente. Nunca falou comigo uma palavra amável. Eu era seu escravo fiel e o fazia ter grandes ganhos todos os dias, e mesmo assim voltava para a cabana toda noite, carregando insultos e xingamentos.

Tínhamos terminado o silo de milho, a cozinha e outros afazeres, e estávamos trabalhando na tecelagem, quando fui acusado de um ato que naquele estado era punível com a morte. Foi a minha primeira briga com Tibeats. A tecelagem que estávamos construindo ficava no pomar a poucos metros da residência de Chapin, ou da casa-grande, como era chamada. Uma noite, tendo trabalhado até tão tarde que já não era possível ver na escuridão, Tibeats ordenou que eu me levantasse muito cedo no outro dia e pedisse um barril de pregos a Chapin e começasse a pregas as tábuas. Eu me retirei para a cabana extremamente cansado, e tendo jantado toucinho e pão de milho, conversei um pouco com Eliza, que ocupava a mesma cabana, assim como Lawson e sua esposa Mary e um escravo chamado Bristol, e deitei-me no chão, pouco imaginando os sofrimentos que me aguardavam no dia seguinte. Antes do amanhecer eu estava no jardim da casa-grande, aguardando o capataz Chapin. Despertá-lo de seu sono e dizer por que estava ali teria sido uma ousadia imperdoável. Finalmente ele apareceu. Tirando o chapéu, informei-lhe que o senhor Tibeats tinha me orientado a pedir-lhe um barril de pregos. Ele foi até a despensa e trouxe de lá um barril de pregos e disse que, se Tibeats preferisse outro tamanho, ele tentaria arranjá-los, mas que eu poderia usar aqueles até que me pedissem novamente. Então, montando seu cavalo, que estava selado e encilhado à porta, ele partiu para o campo, onde os escravos já o haviam precedido, enquanto eu carregava o barril em meu ombro e seguia para a tecelagem, onde comecei a pregar as tábuas.

Conforme o dia começava, Tibeats saiu da casa e veio até onde eu estava trabalhando duro. Naquela manhã ele parecia ainda mais sombrio e desagradável do que o habitual. Ele era meu senhor, com direito por lei a minha carne e a meu sangue e a exercer sobre mim um controle tão tirânico quanto sua natureza pedisse; mas não havia lei que me impedisse de eu olhar para ele com intenso desprezo.

Eu desprezava tanto sua disposição quanto seu intelecto. Eu estava indo até o barril pegar mais pregos, quando ele chegou à tecelagem.

"Pensei ter dito para você começar hoje fixando as tábuas de revestimento primeiro", observou ele.

"Sim, senhor, eu já ia fazer isso", eu respondi.

"Onde?", ele perguntou.

"Do outro lado", foi a minha resposta.

Ele caminhou para o outro lado, examinou meu trabalho por um tempo, murmurando para si mesmo como se não estivesse gostando.

"Eu não lhe disse ontem à noite para pegar um barril de pregos com Chapin?", ele irrompeu novamente.

"Sim, senhor, e foi o que fiz; e ele disse que pode arranjar outro tamanho de prego, se o senhor quiser, quando ele voltar do campo."

Tibeats caminhou até o barril, olhou por um momento os pregos e depois o chutou violentamente. Vindo em minha direção, irritado, ele exclamou:

"Maldito seja você! Pensei que *soubesse* alguma coisa."

Eu respondi: "Tentei fazer como o senhor me pediu. Não queria que nada desse errado. Chapin disse que...".

Mas ele me interrompeu com uma enxurrada de xingamentos, que eu não consegui terminar a frase. Então foi em direção ao jardim da casa e pegou um dos chicotes do capataz. O chicote tinha um pequeno cabo de madeira, era trançado com couro e tinha uma ponta maior. As tiras eram de couro cru e tinham um metro de comprimento.

A princípio, fiquei assustado e tive o impulso de fugir. Não havia ninguém ali, a não ser Rachel, a cozinheira, e a esposa de Chapin, e nenhuma das duas podia ser vista. Os outros estavam no campo. Eu sabia que ele pretendia me açoitar, e era a primeira vez que alguém tentava isso desde que eu havia chegado a Avoyelles. Eu sabia, ainda, que tinha sido fiel – que não tinha feito nada de errado e merecia elogios em vez de punição. Meu medo se transformou em raiva, e, antes que ele me alcançasse, eu já havia decidido que não seria punido, viesse disso a vida ou a morte.

Enrolando o chicote ao redor da mão e segurando o pequeno cabo, ele se aproximou de mim e, com um olhar maligno, ordenou que eu me despisse.

"Senhor Tibeats", eu disse, olhando-o corajosamente no rosto, "Não vou me despir". Eu estava prestes a dizer algo mais para me justificar, mas, com um ímpeto de vingança, ele pulou em cima de mim, agarrando-me pela garganta com uma mão e levantando o chicote com a outra, pronto para me golpear. No entanto, antes que o chicote descesse, eu o peguei pela gola do casaco e o puxei para perto de mim. Abaixando-me, segurei-o pelo tornozelo e o empurrei de volta com a outra mão até derrubá-lo no chão. Coloquei um braço ao redor de suas pernas e segurei-a junto a meu peito, de modo que apenas sua cabeça e seus ombros tocassem o chão, e então coloquei meu pé em seu pescoço. Ele estava completamente em meu poder. Meu sangue ferveu. Parecia percorrer minhas veias como fogo. No frenesi de minha loucura, peguei o chicote de suas mãos. Ele lutou com toda a força; jurou que eu não viveria nem mais um dia e que arrancaria meu coração. Mas sua luta e ameaças foram em vão. Não sei dizer quantas vezes o golpeei. Golpe após golpe caíram-lhe pesados sobre o corpo, que se contorcia. Por fim, ele gritou – assassino! – e, então, o tirano blasfemo clamou a Deus por misericórdia. Mas aquele que nunca mostrava misericórdia não a recebeu. O cabo rígido do chicote dobrava em volta de seu corpo encolhido até que meu braço direito começou a doer.

Até esse momento eu estava ocupado demais para olhar ao redor. Quando parei brevemente, vi a sra. Chapin olhando da janela e Rachel em pé à porta da cozinha. A atitude de ambas mostrava grande excitação e alarde. Os gritos de Tibeats foram ouvidos no campo. Chapin vinha o mais rápido que podia. Eu ainda desferi um ou dois golpes mais, então o empurrei para longe de mim com um chute tão certeiro que os fez rolar pelo chão.

Depois de levantar-se e limpar a sujeira do cabelo, ele me fitou, pálido de raiva. Nós nos encaramos em silêncio. Nenhuma palavra foi pronunciada até Chapin chegar, a galope.

"O que está acontecendo?", ele gritou.

"O senhor Tibeats quer me chicotear por usar os pregos que o senhor me deu", respondi.

"Qual é o problema com os pregos?", ele perguntou, voltando-se para Tibeats.

Tibeats respondeu que eles eram muito grandes, prestando pouca atenção à pergunta de Chapin, mas ainda mantendo seus olhos malévolos em mim.

"Eu sou o feitor aqui", Chapin começou. "Disse a Platt para pegá-los e usá-los, e se eles não fossem do tamanho certo, eu arranjaria outros quando voltasse do campo. Não é culpa dele. Além disso, forneço os pregos que eu quiser. Espero que entenda, senhor Tibeats."

Tibeats não respondeu, mas, rangendo os dentes e sacudindo o punho, jurou que tiraria satisfação disso tudo e que o assunto não estava encerrado. Então, foi embora e entrou na casa, seguido pelo feitor, que lhe falava o tempo todo em um tom baixo e com gestos rígidos.

Eu permaneci onde estava; não sabia se era melhor sair dali ou esperar a consequência de meu ato, qualquer que fosse ela. Tibeats logo saiu da casa e, selando seu cavalo, sua única propriedade além de mim, partiu para Cheneyville.

Quando ele se foi, Chapin saiu da casa, visivelmente alterado, e disse-me para não sair dali, para não tentar deixar a fazenda de jeito nenhum. Depois ele foi para a cozinha e chamou Rachel, com quem conversou por algum tempo. Ao voltar, novamente me pediu com grande seriedade para não fugir, dizendo que meu senhor era um patife; que ele tinha saído de lá com más intenções e que poderia haver problemas antes do cair da noite. No entanto, em todo caso, ele insistiu, eu não deveria sair de lá.

Enquanto permaneci na fazenda, fui dominado por sentimentos de uma agonia indescritível. Eu estava consciente de que havia me sujeitado a uma punição inimaginável. A reação que se seguiu à minha grande ebulição de raiva produziu os mais dolorosos sentimentos de arrependimento. Um escravo desamparado e indefeso – o que eu poderia *fazer*, o que eu poderia *dizer*, para justificar, o mínimo que fosse, o ato hediondo que havia cometido, de me ressentir dos abusos de um homem branco. Tentei orar – tentei implorar a meu Pai Celestial que me ajudasse naquela extrema dor, mas a emoção sufocou minha súplica e só pude apoiar a cabeça sobre as mãos e chorar. Durante pelo menos uma hora permaneci nessa situação, encontrando alívio apenas nas lágrimas, quando, ao olhar para cima, vi Tibeats, acompanhado de dois cavaleiros, descendo próximo ao riacho. Eles entraram no pátio, saltaram de seus cavalos e se aproximaram de mim segurando grandes chicotes, um deles carregava também um rolo de corda.

"Cruze as mãos", ordenou Tibeats, com uma expressão tão baixa que o decoro não me deixa repeti-la.

"Não precisa me amarrar, senhor Tibeats, estou pronto para ir com o senhor a qualquer lugar", eu disse.

Um de seus companheiros então deu um passo à frente, jurando que, se eu oferecesse a menor resistência, ele quebraria minha cabeça – arrancaria de mim membro por membro –, cortaria minha garganta negra – e mais outras expressões similares. Percebendo que qualquer pedido seria completamente em vão, cruzei as mãos, submetendo-me humildemente a qualquer coisa que pudessem fazer a mim. Então Tibeats amarrou meus pulsos, puxando a corda ao redor deles com toda a força. Então amarrou meus tornozelos da mesma maneira. Nesse meio-tempo, os outros dois passaram uma corda pelos meus cotovelos e depois pelas minhas costas, amarrando-a com firmeza. Era absolutamente impossível mover as mãos ou os pés. Com um pedaço de corda que sobrou, Tibeats fez um nó desajeitado e colocou-o no pescoço.

"E agora?", indagou um dos companheiros de Tibeats. "Onde devemos pendurar o crioulo?"

Um deles sugeriu um galho que se estendia de um pessegueiro perto de onde estávamos. Seu companheiro se opôs, alegando que iria quebrar, e propôs outra árvore. Finalmente se decidiram pelo último.

Durante a conversa e todo o tempo em que me amarravam, não proferi nenhuma palavra. O feitor Chapin, enquanto a cena se desenrolava, andou apressadamente de um lado para o outro na varanda. Rachel chorava perto da porta da cozinha e a sra. Chapin ainda estava olhando pela janela. A esperança morreu dentro de meu coração. Com certeza minha hora havia chegado. Eu não veria mais a luz de outro dia – nunca mais veria o rosto de meus filhos, a doce expectativa a que eu segurava com tanto carinho. Àquele momento lutaria contra as terríveis agonias da morte! Ninguém choraria por mim – ninguém me vingaria. Logo meu corpo estaria se desfazendo naquele solo distante, ou, talvez, seria lançado aos répteis que enchiam as águas estagnadas do riacho! Lágrimas escorriam pelo meu rosto, mas elas só provocavam comentários insultuosos de meus executores.

Por fim, enquanto me arrastavam para a árvore, Chapin, que momentaneamente desaparecera da varanda, saiu da casa e caminhou em nossa direção. Ele tinha um revólver em cada mão e, tanto quanto consigo me lembrar agora, falava com firmeza e determinação, como segue:

"Senhores, tenho algumas palavras para dizer. É melhor os senhores escutá-las. Quem quer que mova aquele escravo mais um único passo de onde ele está será um homem morto. Em

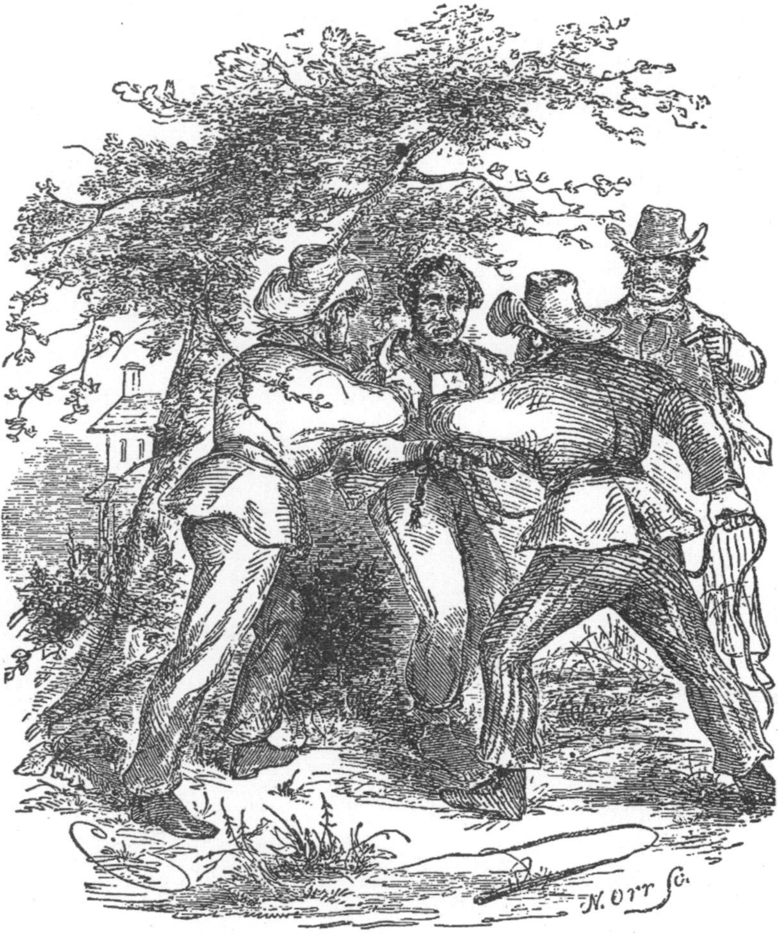
N. Orr Sc.

primeiro lugar, ele não merece esse tratamento. É uma vergonha matá-lo dessa maneira. Nunca conheci um homem mais fiel que Platt. Você, Tibeats, está errado. Você é um canalha, eu sei disso, e merece o açoite que recebeu. Além disso, sou feitor nesta fazenda há sete anos e, na ausência de William Ford, sou o senhor aqui. Meu dever é proteger os interesses de Ford e vou desempenhar essa função. Você não é responsável – não tem valor algum. Ford tem uma alienação financeira de quatrocentos dólares referente a Platt. Se você o enforcar, ele perde essa quantia. Até que isso seja resolvido, você não tem o direito de tirar a vida dele. Você não tem o direito de resolver isso de qualquer maneira. Há uma lei para o escravo, assim como para o homem branco. Você não passa de um assassino. Quanto a vocês", dirigindo-se a Cook e Ramsay, capatazes de fazendas próximas, "quanto a vocês, sumam! Se se preocupam com a própria segurança, eu digo, vão embora."

Cook e Ramsay, sem mais uma palavra, montaram em seus cavalos e se foram. Tibeats, em poucos minutos, evidentemente com medo e intimidado pelo tom decidido de Chapin, esgueirou-se como o covarde que era e, montando seu cavalo, seguiu seus companheiros.

Eu permaneci onde estava, ainda amarrado, com a corda em volta de meu pescoço. Assim que se foram, Chapin chamou Rachel e ordenou que ela corresse para o campo e pedisse para que Lawson voltasse rápido para a casa e trouxesse a mula marrom, um animal muito valorizado por sua incomum agilidade. Logo o rapaz apareceu.

"Lawson", disse Chapin, "vá até Pine Woods. Diga ao mestre Ford para vir imediatamente – que ele não se demore um só minuto. Conte a ele que estão tentando matar Platt. Agora corra, rapaz. Chegue a Pine Woods até meio-dia nem que precise matar a mula para isso."

Chapin entrou na casa e escreveu um salvo-conduto de saída. Quando voltou, Lawson estava à porta, montado na mula. Com o salvo-conduto, desferiu o chicote na direção do animal, e, correndo pelo pátio e subindo o riacho a galope, em menos tempo do que gastei para descrever esta cena, já estava fora de vista.

capítulo nove

O Sol Quente – Ainda Preso – As Cordas Incham Minha Carne
Exitação De Chapin – Especulação
Rachel E A Caneca De Água – O Sofrimento Aumenta
A Felicidade Da Escravidão – Chegada De Ford
Ele Corta As Cordas Que Me Prendem E Solta A Corda De Meu Pescoço
Miséria – A Reunião Dos Escravos Na Cabana De Eliza
A Bondade Deles – Rachel Repete As Ocorrências Do Dia
Lawson Entretém Os Seus Companheiros Com A História De Seu Passeio
A Apreensão De Chapin – Contratação Por Peter Tanner
Peter Explica As Escrituras – Descrição Do Tronco

Conforme o sol se aproximava do meridiano, o dia se tornava insuportavelmente quente. Seus raios queimavam o chão. A terra quase queimava o pé de quem a pisava. Eu estava sem casaco e chapéu, de cabeça descoberta, exposto a sua chama ardente. Grandes gotas de suor corriam pelo meu rosto, encharcando as poucas vestimentas com as quais estava. Olhando acima da cerca, mais longe, os pessegueiros lançavam suas sombras frescas e deliciosas sobre a grama. Eu teria, de bom grado, oferecido um longo ano de serviço para poder trocar o forno aquecido, por assim dizer, onde eu estava, por um lugar sob aqueles galhos. Mas eu ainda estava amarrado, com a corda pendurada no meu pescoço e no mesmo lugar onde Tibeats e seus companheiros haviam me deixado. Eu não conseguia me mover nem um centímetro, tão firmemente tinha sido amarrado. Conseguir me apoiar na parede da tecelagem teria sido um luxo, de fato. Mas ela estava muito além do meu alcance, embora a menos de seis metros. Eu queria me deitar, mas sabia que não conseguiria me levantar novamente. O chão estava tão estorricado e quente, que sabia que só aumentaria o meu desconforto se o fizesse. Se ao menos pudesse ter mudado de posição, mesmo que só um pouco, teria sido um alívio indescritível. Mas os raios quentes do sol do Sul que incidiam todos os longos dias do verão sobre minha cabeça nua não produziam nem metade da dor que estava sentindo em meu corpo. Meus pulsos, tornozelos, pernas e braços começaram a inchar, fazendo a corda que os prendia se enterrar na carne intumescida.

Durante todo o dia Chapin andou de um lado para o outro na varanda, mas não se aproximou de mim uma única vez. Ele parecia bastante desconfortável, olhando primeiro para mim e depois para a estrada, como se estivesse esperando alguém chegar a qualquer momento. Ele não foi ao campo, como de costume. Pela sua atitude, era evidente que ele achava que Tibeats retornaria com mais homens e mais armado, talvez, para retomar a briga, e era igualmente evidente que ele havia se preparado para defender minha vida em qualquer circunstância. Por que ele não me desamarrou – por que me manteve em agonia o dia todo, eu nunca descobri. Não foi por querer conquistar minha simpatia, tenho certeza. Talvez quisesse que Ford visse a corda em meu pescoço e a maneira brutal como eu havia sido amarrado; talvez se interferisse na propriedade alheia, sobre a qual não tinha direito legal, isso pudesse ter sido considerado uma transgressão, o que o teria submetido à pena da lei. Por que Tibeats não apareceu durante todo o dia foi outro mistério que nunca consegui resolver. Ele sabia muito bem que Chapin não iria prejudicá-lo, a menos que ele persistisse com seu objetivo contra mim. Lawson me contou depois que, ao passar pela fazenda de John David Cheney, ele viu os três homens, que se viraram e o ficaram observando enquanto passava a galope. Acho que eles imaginaram que Lawson havia sido enviado pelo feitor Chapin para pedir auxílio aos fazendeiros vizinhos. Ele, portanto, agiu de acordo com o princípio de que "a discrição é o maior valor de um homem" e manteve-se afastado.

Contudo, o motivo que impeliu aquele tirano covarde e maligno não tem importância. Estava eu ainda sob o sol do meio-dia, gemendo de dor. Não comia nada desde muito antes de o sol nascer. Estava ficando zonzo de dor, sede e fome. Só uma vez, no período mais quente do dia, Rachel, com medo de estar agindo de forma contrária aos desejos de seu feitor, se aventurou e trouxe uma caneca de água próximo a minha boca. Essa humilde criatura nunca soube, nem poderia compreender se as ouvisse, as bênçãos que invoquei a ela em virtude daquele bálsamo. Ela só conseguia dizer: "Oh, Platt, como eu tenho pena de você", e então voltou para seus trabalhos na cozinha.

Nunca antes o sol moveu-se tão devagar no céu – nunca enviou raios tão incandescentes e ferozes como naquele dia. Pelo menos, pareceu-me. Quais eram as minhas meditações – os inúmeros pensamentos que se apinhavam em minha mente distraída – não tentarei expressar. É suficiente dizer que durante todo o longo dia não cheguei sequer à conclusão de que o escravo do Sul, alimentado, vestido, punido e protegido por seu senhor é mais feliz do que o cidadão negro livre do Norte. A essa conclusão nunca cheguei. Há, no entanto, mesmo nos estados do Norte, muitos homens bons e dispostos, que dirão que estou errado, e seriamente irão substanciar a afirmação com argumentos. Ai! Eles nunca beberam, como eu, da amarga taça da escravidão. Justo ao pôr do sol, meu coração saltou de alegria desmedida, quando Ford chegou ao quintal em seu cavalo coberto de espuma. Chapin o encontrou à porta e, depois de conversar um pouco, foi em direção a mim.

"Pobre Platt, seu estado está lastimável", foi a única frase que lhe escapou dos lábios.

"Graças a Deus!", disse eu, "graças a Deus, senhor Ford, o senhor enfim chegou."

Tirando uma faca do bolso, ele, indignado, cortou a corda de meus pulsos, braços e tornozelos e tirou o laço de meu pescoço. Tentei andar, mas cambaleei como um bêbado e quase caí no chão.

Ford voltou imediatamente para a casa, deixando-me sozinho de novo. Quando chegou à varanda, Tibeats e seus dois companheiros apareceram. Um longo diálogo se seguiu. Eu ouvia o som de suas vozes, os tons suaves de Ford se misturando com o tom furioso de Tibeats, mas era incapaz de entender o que era dito. Finalmente os três partiram mais uma vez, aparentemente insatisfeitos.

Eu me esforcei para levantar o martelo, pensando em mostrar a Ford que estava disposto a trabalhar e continuar os serviços na tecelagem, mas ele caiu da minha mão entorpecida. Ao anoitecer me arrastei para a cabana e me deitei. Eu estava em um estado miserável – dolorido e inchado – o menor movimento me causava um sofrimento excruciante. Logo os escravos voltaram dos campos. Rachel, quando foi buscar Lawson, contou-lhes o que havia acontecido. Eliza e Mary prepararam um pedaço de toucinho para mim, mas eu não tinha apetite. Então torraram farinha de milho e fizeram café. Foi tudo o que consegui engolir. Eliza me consolou e foi muito gentil. Não demorou muito para que a cabana estivesse cheia de escravos. Eles se reuniram em volta de mim, fazendo muitas perguntas sobre a briga com Tibeats de manhã – e os detalhes de tudo o que ocorrera durante o dia. Então Rachel entrou e, em sua linguagem simples, repetiu toda a história – enfatizando o chute que fez Tibeats rolar no chão – momento em que houve um riso por todo o grupo. Depois ela descreveu de que forma Chapin saiu com os revólveres e me resgatou, e como o senhor Ford cortou as cordas com a faca, demonstrando que estava louco da vida.

A essa altura, Lawson já havia retornado. Ele teve de regalar a todos com um relato de sua viagem a Pine Woods – como a mula marrom o levou "mais rápido do que um raio"; como deixou todos surpresos com sua velocidade; como o senhor Ford apressou-se; como ele disse que Platt era um negro bom e que não podiam matá-lo – e concluiu a história com fortes afirmações de que não havia outro ser humano no mundo que poderia ter causado tanta sensação por onde passava, ou realizado um feito tão maravilhoso – como o personagem britânico John Gilpin – como ele fizera naquele dia com a mula marrom.

Aquelas criaturas gentis me expressaram muita simpatia – dizendo que Tibeats era um homem duro e cruel e desejando que o senhor Ford me pegasse de volta. Dessa maneira, passaram o tempo todo discutindo, conversando e repetindo diversas vezes a história excitante, até que de repente Chapin chegou à porta da cabana e me chamou.

"Platt", disse ele, "você vai dormir no chão da casa-grande hoje; leve o cobertor."

Eu me levantei o mais rápido que pude, peguei meu cobertor e o segui. No caminho, ele me disse que não se surpreenderia se Tibeats voltasse antes do amanhecer – que ele pretendia me matar – e que ele não queria que isso acontecesse sem a presença de testemunhas. Se Tibeats tivesse me apunhalado o coração na presença de cem escravos, nenhum deles, pelas leis da Louisiana, poderia testemunhar contra ele. Deitei-me no chão da casa-grande – a primeira e a última vez que um local de descanso tão suntuoso me foi oferecido em meus doze anos de escravidão – e tentei dormir. Perto da meia-noite o cachorro começou a latir. Chapin levantou-se, olhou da janela, mas não viu nada. Finalmente o cachorro ficou quieto. Ao voltar ao seu quarto, disse:

"Eu acredito, Platt, que aquele canalha está se escondendo em algum lugar perto da casa. Se o cachorro latir novamente e eu estiver dormindo, me acorde."

Prometi que o faria. Após uma hora ou mais, o cachorro voltou a latir, correndo em direção ao portão, depois de volta para a casa, e latindo furiosamente o tempo todo.

Chapin pulou da cama sem que eu o chamasse. Foi para a varanda e permaneceu ali por um bom tempo. Porém, nada se via, e o cachorro voltou ao canil. Nós não fomos perturbados novamente durante a noite. A dor excessiva que sentia e o pavor de algum perigo iminente me impediram de descansar. Se Tibeats voltou ou não à fazenda naquela noite, procurando uma oportunidade para se vingar, só ele mesmo para saber. Achei naquela noite, no entanto, e ainda acho, hoje, que ele estava lá. Em todo caso, ele tinha a índole de um assassino – acovardado diante das palavras de um bravo ho-

mem, mas pronto para atacar sua vítima desamparada e despreveni-
da pelas costas, como mais tarde pude comprovar.

Com a luz da manhã do dia seguinte, levantei-me, dolorido e cansado, pouco tendo descansado. No entanto, depois de tomar o café da manhã, que Mary e Eliza prepararam para mim na cabana, fui para a tecelagem e comecei os trabalhos. Era habitual para Chapin, como para outros feitores, logo que se levantavam, montar seu cavalo, sempre selado, encilhado e preparado para ele – serviço especial de um escravo –, e ir para os campos. Nessa manhã, porém, ele foi à tecelagem e perguntou se eu tinha visto algum sinal de Tibeats. Respondi que não e ele comentou que havia algo de errado com o sujeito – ele tinha algum sangue-ruim nele –, que eu deveria ficar de olho ou ele me faria mal algum dia quando eu menos esperasse.

Enquanto Chapin ainda falava, Tibeats chegou, amarrou o cavalo e entrou na casa. Eu não tinha muito medo dele quando Ford e Chapin estavam por perto, mas eles não estariam sempre ali.

Oh! Quão pesado não foi o fardo da escravidão para mim naquele momento. Eu tinha de trabalhar dia após dia, suportar abusos, insultos e escárnios, dormir no chão, viver com a comida mais escassa, e não apenas isso, mas ser escravo de um miserável sedento por sangue, do qual deveria dali a pouco ter constantes medo e pavor. Por que não havia morrido em minha juventude – antes de Deus me dar filhos para amar e pelos quais viver? Quanta infelicidade e sofrimento e tristeza teriam sido evitados. Ansiava pela minha liberdade; mas as correntes da servidão me envolviam e não podiam ser tiradas. Eu só podia olhar melancolicamente para o Norte e pensar nos milhares de quilômetros que se estendiam entre mim e a terra da liberdade, os quais um homem *negro* não podia atravessar.

Tibeats, no decorrer de meia hora, caminhou até a tecelagem, olhou bruscamente para mim, depois voltou sem dizer nada. Na maior parte da manhã, ficou sentado na varanda, lendo um jornal e conversando com Ford. Depois do jantar, Ford partiu para Pine Woods, e foi com tristeza que o vi ir embora da fazenda.

Mais uma vez durante o dia Tibeats veio até mim, me deu uma ordem e saiu.

Durante a semana, a tecelagem ficou pronta – nesse meio-tempo Tibeats não fez qualquer alusão à nossa briga –, e fui informado de que ele havia me colocado para trabalhar com Peter Tanner sob o comando de outro carpinteiro chamado Myers. Recebi essa notícia com gratidão, já que qualquer lugar que me aliviasse de sua presença odiosa me era desejável.

Peter Tanner, como o leitor já soube, morava do lado oposto à fazenda e era irmão da senhora Ford. Ele era um dos maiores fazendeiros de Bayou Boeuf e tinha um grande número de escravos.

Fui para Tanner bastante feliz. Ele tinha ouvido falar de minhas últimas dificuldades – na verdade, notei que o açoitamento de Tibeats já era sabido em toda parte. Esse caso, junto com o meu experimento com a balsa, me tornou um pouco conhecido. Mais de uma vez ouvi dizer que Platt Ford, agora Platt Tibeats – o nome de um escravo muda de acordo com o nome de seu senhor –, era "um negro dos diabos". Mas eu estava destinado a fazer ainda mais barulho, como se verá a seguir, no pequeno mundo de Bayou Boeuf.

Peter Tanner tentou passar a ideia de que ele era muito severo, embora pudesse notar que havia uma veia de bom humor no sujeito, afinal.

"Você é o negro", ele me disse quando cheguei. "Você é o negro que açoitou seu senhor, não é? Você é o negro que chutou e segurou o carpinteiro Tibeats pela perna e lhe deu uma sova, não é? Queria ver você me segurando pela perna – eu queria. Você é uma figura importante – é um grande negro – um negro muito notável, não é? *Eu* o chicotearia – *eu* acabaria com sua birra. Segure minha perna, por favor. Nenhuma dessas brincadeiras aqui, meu rapaz, lembre-se disso. Agora vá para o trabalho, seu malandro *chutador*", concluiu Peter Tanner, incapaz de reprimir um sorriso meio cômico com seu próprio humor e sarcasmo.

Depois de ouvir essa saudação, fiquei sob o comando de Myers e trabalhei com ele durante um mês, para a satisfação dele e a minha própria.

Como William Ford, seu cunhado, Tanner tinha o hábito de ler a Bíblia para seus escravos aos domingos, mas com um espírito um pouco diferente. Ele era formidável para comentar o Novo Testamento. No primeiro domingo depois que cheguei à fazenda, ele nos chamou e começou a ler o décimo segundo capítulo de Lucas. No verso quarenta e sete, ele olhou deliberadamente ao redor e continuou: "O servo que, apesar de conhecer a *vontade* de seu senhor" – aqui ele fez uma pausa, olhando em volta mais deliberadamente do que antes, e prosseguiu – "apesar de conhecer a *vontade* de seu senhor, nada *preparou*" – outra pausa – "nada *preparou* e lhe *desobedeceu*, será açoitado com numerosos *golpes*".

"Sabia disso?", exigiu Peter, enfaticamente. "*Golpes*", ele repetiu, lenta e distintamente, tirando os óculos e preparando-se para fazer algumas observações.

"O negro que não tem cuidado – que não obedece a seu senhor – que é o dono dele – vocês veem? – esse negro 'será açoitado com numerosos golpes'. Agora, 'muitos' significa um *grande* número – quarenta, cem, cento e cinquenta golpes. É *assim*!" Peter continuou a elucidar o assunto por um longo período para o esclarecimento de seu público negro.

Ao final da leitura, ele chamou três de seus escravos, Warner, Will e Major, e gritou para mim:

"Aqui, Platt, você segurou Tibeats pelas pernas; agora vamos ver se consegue segurar esses patifes da mesma maneira até eu voltar da igreja."

Em seguida, ele ordenou que eles fossem para o tronco – algo muito comum em fazendas da região do rio Vermelho. Os troncos eram construídos com duas tábuas, a inferior presa pelas extremidades em dois postes baixos enterrados firmemente no solo. A distâncias regulares, havia semicírculos entalhados na borda superior da tábua. A outra tábua era fixa a um dos postes por uma dobradiça, para que pudesse ser aberta ou fechada como uma lâmina de um canivete. Na borda inferior da segunda tábua, também eram entalhados semicírculos que coincidissem com a tábua inferior, de modo que, ao se fechar, se formassem buracos grandes o suficiente para acomodar as pernas de um escravo, mas não grandes o bastante que permitissem passar os pés. A outra extremidade dessa tábua, oposta à dobradiça, era presa ao poste com cadeado e chave. O escravo devia se sentar no chão, a tábua mais acima era levantada, as pernas, logo acima dos tornozelos, eram colocadas nos semicírculos inferiores, e então a tábua era fechada e trancada, prendendo-o. Muitas vezes prendia-se o pescoço em vez do tornozelo. Dessa forma, eles eram mantidos durante os açoitamentos.

Warner, Will e Major, de acordo com o relato de Tanner, eram ladrões de melancias e negros que não respeitavam o domingo, assim ele achava que era seu dever levá-los aos troncos. Entregando-me a chave, ele, Myers, a sra. Tanner e as crianças entraram em uma carruagem e foram para a igreja em Cheneyville. Depois de saírem, os rapazes me imploraram para deixá-los ir. Tive pena de vê-los sentados no chão quente, e lembrei de meus próprios sofrimentos ao sol. Com a promessa de que voltariam ao tronco no momento que fossem obrigados a fazê-lo, eu os soltei. Gratos pela leniência com que os tratei e, em certa medida, para me recompensar, eles não poderiam deixar, é claro, de me levar à plantação de melancia. Pouco antes do retorno de Tanner, eles estavam novamente nos troncos. Finalmente quando ele chegou e olhando para os rapazes, disse, com uma risada:

"Aha! Vocês não andaram muito por aí hoje, não é? Vou ensinar a vocês. Vou fazê-los se cansar de comer melancias no dia do Senhor, seus negros desrespeitadores do domingo."

Peter Tanner se orgulhava de suas rígidas observâncias religiosas: ele era diácono na igreja.

Mas agora cheguei a um ponto de minha narrativa em que é necessário deixar as descrições simples para poder abordar questões mais graves e pesadas da segunda luta com o senhor Tibeats, e a fuga pelo grande pântano de Pacoudrie.

capítulo dez

A Volta De Tibeats – Impossibilidade De Agradá-Lo
Ele Me Ataca Com Um Machado – A Luta Pelo Machado A
Tentação De Assassiná-Lo – Fuga Pela Fazenda
Observando Da Cerca – Tibeats Aproxima-Se, Seguido Pelos Farejadores
Eles Seguem Meu Rastro – Seus Altos Latidos
Eles Quase Me Alcançam – Eu Chego Até A Água
Os Farejadores Se Confundem – Cobras Moccasins – Crocodilos
Noite No "Grande Pântano Pacoudrie" – Sons Da Vida
Em Direção Ao Noroeste – Chego A Pine Woods
O Escravo E Seu Jovem Senhor – Chegada À Fazenda De Ford
Alimentação E Descanso

Depois de um mês, como meus serviços não eram mais necessários para Tanner, fui enviado de volta ao riacho para o meu senhor, que encontrei engajado na construção de uma prensa de algodão. Ela estava situada a alguma distância da casa-grande, em um lugar bastante reservado. Comecei a trabalhar mais uma vez em companhia de Tibeats, ficando sozinho com ele na maior parte do tempo. Lembrei-me das palavras de Chapin, de suas precauções, de seu conselho para tomar cuidado, pois, quando estivesse desprevenido, ele poderia me machucar. Eles estavam sempre em minha mente, de modo que eu vivia em um estado muito inquietante de apreensão e medo. Um olho estava no meu trabalho, o outro no meu senhor. Decidi não lhe dar motivo para se ofender, a trabalhar ainda mais diligentemente, se possível, do que nunca, a suportar qualquer abuso da parte dele, exceto abusos físicos, com humildade e paciência, esperando assim suavizar seu temperamento comigo até o abençoado dia em que me veria livre de suas garras.

Na terceira manhã depois de meu retorno, Chapin deixou a fazenda e foi para Cheneyville, ausentando-se até a noite. Tibeats, nesse dia, estava em um de seus habituais ataques de irritação e mau humor aos quais sempre estava sujeito, tornando-o ainda mais desagradável e venenoso do que o normal.

Eram cerca de nove horas da manhã e eu estava ocupado aplainando uma das madeiras. Tibeats estava de pé ao lado da bancada de trabalho, encaixando um cabo no cinzel, com o qual estava, antes, cortando a saliência de um parafuso.

"Você não está aplainando o suficiente", disse ele.

"Está de acordo com a linha", respondi.

"Você é um mentiroso", ele exclamou irritado.

"Oh, bem, senhor", eu disse, suavemente, "posso aplainar mais se o senhor quiser", ao mesmo tempo fazendo o que eu achava que ele queria. Antes de remover uma camada, no entanto, ele gritou, dizendo que eu aplainara muito – estava fina demais –, que estragara completamente a madeira. Então, seguiram-se xingamentos e imprecações. Eu me esforçara para fazer exatamente o que ele queria, mas nada satisfaria aquele homem irracional. Em silêncio e com medo, fiquei de pé ao lado da madeira, segurando a plaina com a mão, sem saber o que fazer e sem ousar parar de trabalhar. Sua raiva tornou-se cada vez mais violenta, até que, finalmente, com uma imprecação tão amarga e assustadora como só Tibeats conseguia, ele pegou um machadinho da bancada de trabalho e o jogou na minha direção, jurando que cortaria minha cabeça.

Foi um momento de vida ou morte. A lâmina afiada e reluzente do machado brilhava ao sol. Em outro instante, seria enterrado em meu cérebro, e ainda assim naquele momento – tão rápido surgem os pensamentos de um homem em situação tão terrível – raciocinei. Se eu continuasse parado, meu destino estaria traçado; se eu fugisse, dez chances para uma de que o machado, voando de sua mão com um objetivo mortal e infalível, me golpearia pelas costas. Havia apenas uma opção. Saltei em direção a ele com toda a minha força, e encontrando-o a meio caminho, antes que pudesse desferir o golpe, com uma mão segurei seu braço erguido e com a outra agarrei-o pela garganta. Ficamos nos encarando. Nos olhos dele eu pude ver assassinato. Sentia como se estivesse segurando uma serpente pelo pescoço, a qual, ao menor relaxamento de minha mão, se enrolaria em volta de meu corpo, esmagando-o e mordendo-o até a morte.

Pensei em gritar, confiante de que alguém poderia me escutar – mas Chapin estava ausente; os escravos estavam nos campos; não havia alma viva à vista ou que pudesse me ouvir.

O bom gênio, que até aquele momento de minha vida havia me salvado das mãos da violência, sugeriu um pensamento oportuno naquele instante. Com um chute vigoroso e repentino, que, com um gemido, o levou ao chão apoiado em um dos joelhos, soltei a mão de sua garganta, peguei o machado e lancei-o para longe.

Frenético de raiva e descontroladamente enlouquecido, Tibeats agarrou uma vara de carvalho-branco com um metro e meio de comprimento e uma circunferência tão grande quanto sua mão podia agarrar, que estava no chão. Novamente ele correu em minha direção e, mais uma vez, eu o confrontei, agarrei-o pela cintura e, como era mais forte que ele, levei-o ao chão. Enquanto estava naquela posição, peguei a vara e, levantando-me, lancei-a para longe também.

Ele também se levantou e correu até a bancada de trabalho para pegar o machado grande. Felizmente, uma tábua pesada estava apoiada em cima de sua grande lâmina e ele não conseguiu tirá-la antes de eu saltar sobre suas costas. Empurrando-o fortemente contra a tábua, de modo a manter o machado firme em seu lugar, esforcei-me, mas em vão, para que ele soltasse o cabo. Nessa posição permanecemos alguns minutos.

Houve momentos em minha infeliz vida, muitos deles, em que a contemplação da morte como o fim de minha tristeza terrena – da sepultura como lugar de descanso para meu corpo cansado e exausto – era agradável de vislumbrar. Mas tais contemplações desaparecem na hora do perigo. Nenhum homem, em sua plena força, pode permanecer indiferente na presença do "rei dos terrores". A vida é cara para todos os seres vivos; o verme que rasteja vai lutar por ela. Naquele momento ela era cara para mim, escravizado e tratado como eu era.

Sem conseguir fazê-lo soltar o machado, mais uma vez o agarrei pela garganta, mas agora apertando-a mais, o que o fez afrouxar a mão. Ele ficou maleável e fraco. Seu rosto, antes branco de paixão, agora estava negro pelo sufocamento. Aqueles pequenos olhos de serpente que cuspiam veneno agora estavam cheios de horror – dois grandes globos brancos saltavam de suas órbitas!

Havia "um demônio à espreita" em meu coração que me incitava a matar aquele cão de caça em forma humana – a manter a pressão em sua garganta maldita até seu último suspiro! Não queria matá-lo nem queria deixá-lo viver. Se eu o matasse, minha vida pagaria pelo meu ato – se ele vivesse, apenas minha vida satisfaria sua vingança. Uma voz interna sussurrava para eu fugir. Tornar-me um andarilho dos pântanos, um fugitivo e um vagabundo na face da terra era preferível à vida que eu levava.

Não demorei a tomar minha resolução e, lançando-o da bancada de trabalho para o chão, pulei uma cerca e atravessei a fazenda, passando pelos escravos que trabalhavam no campo de algodão. Depois de uns quatrocentos metros, cheguei a um pasto e não demorei muito para atravessá-lo. Ao subir em uma cerca alta, pude ver a prensa de algodão, a casa-grande e o espaço entre elas. Era uma posição muito fácil de ser notada, de onde era possível ver toda a fazenda. Vi Tibeats atravessar o campo em direção à casa e entrar – depois ele saiu, carregou a sela, montou no cavalo e galopou para longe.

Eu estava desolado, mas agradecido. Grato por minha vida ter sido poupada e desolado e desanimado com a perspectiva futura. O que seria de mim? Quem me auxiliaria? Para onde deveria fugir? Oh Deus! O Senhor que me destes a vida e implantastes em meu seio o amor pela vida – que o enchestes de emoções como outros homens, vossas criaturas, não me abandoneis. Tende piedade do pobre escravo – não me deixes perecer. Se vós não me protegerdes, estarei perdido – perdido! Essas súplicas, silenciosas e impronunciáveis, ascenderam do íntimo de meu coração ao céu. Mas não havia voz que respondesse – nenhum tom doce e baixo descendo do alto, sussurrando para minha alma: "Sou eu, não tenha medo". Eu era o esquecido de Deus, parecia – o desprezado e odiado pelos homens!

Em cerca de quinze minutos, vários escravos gritaram e fizeram sinais para eu fugir. No momento, olhando para o riacho, vi Tibeats e outros dois a cavalo vindo rápido seguidos por uma matilha de cães. Havia oito ou dez cães. Mesmo distante eu os reconheci. Eram da fazenda vizinha. Os cães usados em Bayou Boeuf para caçar escravos são um tipo de farejador, mas uma raça muito mais selvagem do que a encontrada nos estados do Norte. Eles podem atacar um negro, a pedido de seu dono, e se agarrar a ele, assim como um buldogue ataca um pequeno animal. Frequentemente seus latidos altos são ouvidos nos pântanos, assim pode-se especular quando o fugitivo será capturado – da mesma forma que um caçador nova-iorquino se detém para ouvir os cães correndo ao longo das encostas e sugere aos companheiros onde a raposa pode ser apanhada. Nunca soube de um escravo que tenha fugido com vida de Bayou Boeuf. Uma razão para isso é que eles não têm permissão para aprender a nadar e assim não conseguem cruzar nem mesmo o riacho mais raso. Em sua fuga, eles não conseguem ir muito longe sem antes chegar a um riacho, quando sua única alternativa é se afogar ou ser pego pelos cães. Quando jovem, eu pratiquei natação nos límpidos riachos que correm pelo meu distrito natal, até me tornar um nadador experiente e me sentir à vontade na água.

Fiquei em cima da cerca até os cães chegarem à prensa de algodão. Em mais um instante, seus longos e selvagens latidos anunciaram que estavam perto. Saltei de onde estava e corri em direção ao pântano. O medo me dava força e eu a usei ao máximo. A cada breve momento eu podia ouvir os latidos dos cachorros. Eles estavam se aproximando. Cada uivo se ouvia cada vez mais perto. A cada instante eu esperava que eles saltassem sobre minhas costas – e que eu sentisse seus grandes dentes afundando em minha carne. Havia tantos deles, que sabia que iriam me despedaçar, que iriam me procurar até a morte. Arquejei à procura de ar – ofeguei uma prece embargada e meio asfixiada ao Todo-Poderoso para me salvar – para me dar forças para encontrar algum riacho largo e profundo onde pudesse despistá-los ou afundar em suas águas. Logo cheguei a uma área de palmeiras. Enquanto corria através das árvores, suas folhas faziam um barulho alto e farfalhante, mas não alto o suficiente para abafar os latidos dos cães.

 Continuando meu caminho para o Sul, tanto quanto eu podia julgar, cheguei a ficar com os sapatos cobertos pela água. Naquele momento, os cães não estavam a mais de vinte e cinco metros de mim. Eu podia ouvi-los quebrando os galhos e mergulhando através das palmeiras, com seus latidos altos e ansiosos tomando todo o pântano. Minha esperança voltou um pouco quando cheguei à água. Se fosse um pouco mais fundo, eles poderiam perder o faro e, assim, desconcertados, me dariam uma oportunidade de escapar. Felizmente, a água foi se tornando mais profunda conforme eu avançava – chegava agora aos meus tornozelos – depois aos joelhos – e em certos momentos chegava à minha cintura e em lugares mais rasos eu emergia. Os cães não estavam mais se aproximando desde que eu havia chegado à água. Evidentemente, eles estavam confusos. Agora seus latidos selvagens ficavam cada vez mais distantes, dando-me certeza de que os deixava para trás. Finalmente, parei para ouvi-los, mas um longo uivo ecoou mais uma vez mostrando que eu ainda não estava em segurança. De pântano em pântano por onde eu havia pisado, eles ainda podiam seguir minha trilha, embora dificultados pela água. Por fim, para minha grande alegria, encontrei um riacho maior e, mergulhando em suas águas lamacentas, cheguei ao outro lado. Lá, certamente os cães se confundiriam – a corrente carregava todos os vestígios daquele cheiro leve e misterioso que permite que o cão farejador siga o rastro de seu fugitivo.

Depois de cruzar o riacho, a água ficou tão funda que eu não pude mais correr. Eu estava agora no que depois descobri ser o "Grande Pântano Pacoudrie". Ele era cheio de imensas árvores – sicômoros, seringueiras, álamos e ciprestes – e se estendia, fui informado, até as margens do rio Calcasieu. Por cinquenta ou sessenta quilômetros é desabitado, salvo pelos animais selvagens – o urso, o gato selvagem, o tigre e grandes répteis viscosos, que rastejam por toda parte. Muito antes de chegar ao riacho, na verdade, desde que havia atingido a água, até sair do pântano quando retornei, esses répteis me cercaram. Eu vi centenas de cobras mocassins. Cada tronco e brejo – cada tronco de árvore caído o qual fui obrigado a pisar ou escalar – estava vivo cheio delas. Elas rastejavam para longe quando eu me aproximava, mas às vezes, na pressa, quase colocava a mão ou o pé sobre elas. Elas são serpentes venenosas – sua mordida é mais fatal que a da cascavel. Além disso, eu havia perdido um sapato, a sola havia soltado totalmente, deixando a parte de cima dele pendurada apenas no tornozelo.

Eu vi também muitos crocodilos, grandes e pequenos, deitados na água, ou em pedaços de madeira. O barulho que eu fazia costumava assustá-los, e então eles se afastavam e mergulhavam nos lugares mais profundos. Às vezes, porém, eu encontrava um desses monstros sem tê-los visto antes. Nesses casos, eu recuava e percorria um caminho curto de modo a evitá-los. Para a frente, eles podem percorrer uma distância curta rapidamente, mas não são capazes de girar. Em uma corrida desigual, não há dificuldade em escapar deles.

Por volta de duas horas da tarde, ouvi os cães pela última vez. Provavelmente não tinham cruzado o riacho. Molhado e cansado, mas aliviado da sensação do perigo iminente, continuei com mais cautela e receio das cobras e dos crocodilos do que estivera no primeiro trecho de minha fuga. Agora, antes de pisar em uma poça lamacenta, eu golpeava a água com um pedaço de pau. Se as águas se movessem, eu as contornaria, se não, arriscaria.

Por fim, o sol se pôs e gradualmente o manto da noite encobriu o grande pântano com escuridão. Ainda assim cambaleei, temendo a cada instante sentir a terrível mordida da mocassim ou ser esmagado pelas mandíbulas de algum crocodilo incomodado. O temor que tinha deles agora quase se igualava ao medo dos cães farejadores. A lua surgiu depois de um tempo, com sua luz suave penetrando pelos galhos gigantescos, carregados de musgo pendente e comprido. Continuei caminhando adiante até depois da meia-noite, esperando o tempo todo que logo chegasse a uma região menos desolada e perigosa. Mas a água ficou mais profunda, e a caminhada, mais difícil do que nunca. Percebi que seria impossível avançar muito mais, e não sabia, além disso, em que mãos poderia cair, caso chegasse a uma habitação humana. Desprovido de documentos, qualquer homem branco poderia me prender e me colocar na prisão até que meu mestre "provasse que era meu proprietário, pagasse as taxas e me levasse embora". Eu era um fugitivo, e se tivesse o azar de encontrar um cidadão cumpridor da lei da Louisiana, ele consideraria seu dever para com seu vizinho, talvez, me colocar imediatamente no cativeiro. Realmente, era difícil saber de que eu tinha mais receio – cães, crocodilos ou homens!

Depois da meia-noite, no entanto, eu parei. Nenhuma imaginação poderia imaginar a tristeza da cena. O pântano ressoava o grasnar de inúmeros patos! Desde a criação da Terra até o momento, sem dúvida, nenhum pé humano nunca antes penetrara os recônditos do pântano. Não havia silêncio agora – aquele silêncio que torna as coisas opressivas – como quando o sol está brilhando no céu. Minha intromissão noturna despertou as tribos plumadas, que pareciam invadir o pântano em centenas de milhares, e suas gargantas tagarelas emitiam os sons mais diversos – havia um farfalhar de asas –, com mergulhos agressivos na água ao meu redor, que fiquei apavorado e assustado. Todas as aves do céu e todas os animais rastejantes da terra pareciam ter se reunido naquele lugar em particular, com o propósito de enchê-lo de clamor e confusão. Não de habitações humanas – não apenas de cidades populosas são as visões e os sons da vida. Os lugares mais selvagens da terra estão cheios deles. Mesmo no coração daquele pântano sombrio, Deus providenciou um refúgio e uma morada para milhões de seres vivos.

A lua agora se elevara acima das árvores, e resolvi colocar em prática uma nova ideia. Até agora estava me esforçando para viajar ao Sul tanto quanto conseguisse. Virando-me, segui na direção Noroeste, com o objetivo de chegar a Pine Woods nas proximidades da casa do senhor Ford. Uma vez sob sua proteção, sentia que estaria relativamente seguro.

Minhas roupas estavam em frangalhos, minhas mãos, meu rosto e meu corpo estavam cobertos de arranhões em virtude dos nós afiados das árvores caídas e de pisar em arbustos e galhos nos aluviões. Meu pé descalço estava cheio de espinhos. Eu estava besuntado de lodo e lama, e do limo verde que se acumula na superfície de águas paradas, em que eu tinha estado imerso até o pescoço muitas vezes, durante o dia e a noite. Hora após hora, e de fato por mais cansativo que tenha se tornado, continuei a caminhar em direção ao Noroeste. A água começou a ficar menos profunda e o chão mais firme sob meus pés. Finalmente cheguei ao Pacoudrie, o mesmo largo riacho que atravessara no início de minha fuga. Nadei nele de novo, e logo depois pensei ter ouvido um galo cantar, mas o som era fraco, e poderia ter sido uma zombaria de meus ouvidos. As águas se afastavam à medida que meus passos avançavam – eu havia deixado os pântanos para trás – agora eu estava em terra firme que gradualmente se elevava até uma planície, e eu sabia que estava em algum lugar no Great Pine Woods.

Ao raiar do dia cheguei a uma clareira – uma espécie de pequena plantação –, mas que nunca tinha visto antes. Na beira da mata encontrei dois homens, um escravo e seu jovem senhor, ocupados em caçar porcos selvagens. O homem branco, como eu sabia, exigiria um salvo-conduto, e como não tinha um, me levaria com ele. Eu estava muito cansado para fugir de novo, e desesperado demais para ser preso, portanto, adotei um artifício que se mostrou totalmente bem-sucedido. Assumindo uma expressão feroz, andei em direção a ele, olhando-o firmemente no rosto. Quando me aproximei, ele se moveu para trás com um ar de alarde. Ficou claro que ele estava muito assustado – que me via como um monstro infernal, surgido das entranhas do pântano!

"Onde mora William Ford?", eu exigi, em tom nada gentil.

"Ele mora a onze quilômetros daqui", foi a resposta.

"Qual é o caminho para lá?", exigi novamente, tentando parecer mais ameaçador do que antes.

"Vê aqueles pinheiros lá em cima?", ele perguntou, apontando para dois, a um quilômetro de distância, que se elevavam muito acima de seus companheiros, como um par de sentinelas, com vista para a ampla extensão da floresta.

"Sim, vejo", foi a resposta.

"Aos pés daqueles pinheiros", continuou ele, "corre a estrada para o Texas. Vire à esquerda, e chegará até William Ford."

Sem mais conversa, apressei-me, tão feliz quanto ele, sem dúvida, por impor a maior distância possível entre nós. Chegando à estrada do Texas, virei à esquerda, como indicado, e logo passei por uma grande fogueira, onde uma pilha de toras queimava. Eu me aproximei, pensando que poderia secar minhas roupas; mas a luz cinzenta da manhã se dissipava rapidamente – algum homem branco poderia me ver; além disso, o calor poderia aumentar meu desejo de dormir, assim, sem me delongar mais, continuei a viagem e, por fim, por volta das oito horas, cheguei à casa do senhor Ford.

Os escravos não estavam em seus alojamentos, eles estavam trabalhando. Na varanda, bati à porta, que logo foi aberta pela senhora Ford. Minha aparência estava tão mudada – eu estava em uma condição tão miserável e desolada, que ela não me reconheceu. Ao perguntar se o senhor Ford estava em casa, aquele bom homem apareceu, antes que a pergunta pudesse ser respondida. Eu contei a ele sobre minha fuga e todos os detalhes relacionados a ela. Ele escutou com atenção e, quando terminei, falou comigo de modo gentil e solidário. Levando-me à cozinha, chamou John e ordenou que me preparasse comida. Eu não havia comido nada desde o raiar do dia da manhã anterior.

Quando John pôs a refeição diante de mim, a senhora trouxe uma tigela de leite e muitas iguarias deliciosas que um escravo raramente poderia provar. Eu estava com fome e cansado, mas nem a comida nem o repouso proporcionaram a metade do prazer que era ouvir aquelas abençoadas vozes falando de bondade e consolo. Elas eram o óleo e o vinho que o bom samaritano de Great Pine Woods estava pronto para derramar sobre o espírito ferido do escravo que havia ido até ele, despojado de suas vestes e semimorto.

Eles me deixaram na cabana para que eu pudesse descansar. Abençoado seja o sono! Ele visita todos de igual forma, descendo como o orvalho do céu sobre o servo e sobre o homem livre. Logo se aninhou em meu peito, afastando os problemas que o oprimiam e levando-me àquela região sombria onde vi de novo o rosto e escutei as vozes de meus filhos, que, infelizmente, pelo que eu sabia de minhas horas de vigília, haviam caído nos braços daquele *outro* sono, do qual *nunca* despertariam.

capítulo onze

O Jardim Da Senhora – Fruto Carmim E Dourado
Laranjeiras E Romãzeiras – Retorno A Bayou Boeuf
Comentário Do Senhor Ford No Caminho
O Encontro Com Tibeats – Ford Censura Sua Brutalidade
Chegada À Fazenda – Surpresa Dos Escravos Ao Me Ver
O Açoite Antecipado – Kentucky John – Sr. Eldret, O Fazendeiro
O Sam De Eldret – Viagem A "Big Cane Break"
A Tradição De "Sutton's Field" – Árvores Da Floresta
Moscas E Mosquitos – A Chegada De Mulheres Negras A Big Cane
Mulheres Lenhadoras – Surgimento Repentino De Tibeats
Sua Provocação – Visita A Bayou Boeuf – O Salvo-Conduto
Hospitalidade Do Sul – O Último Suspiro De Eliza
Venda A Edwin Epps

Depois de um longo sono, em algum momento da tarde, acordei, revigorado, mas muito dolorido e enrijecido. Sally entrou e falou comigo, enquanto John me preparou um jantar. Sally estava em apuros, assim como eu, pois um de seus filhos estava doente e ela temia que não sobrevivesse. Depois do jantar e de caminhar um pouco pelos alojamentos, visitando a cabana de Sally e olhando para a criança doente, caminhei pelo jardim da madame. Embora fosse uma estação do ano em que o canto dos pássaros silencia e as árvores são despojadas de suas glórias de verão em regiões de climas mais frios, uma grande variedade de rosas florescia e as videiras longas e luxuriantes se enroscavam pelas estruturas. Frutos carmim e dourados pendiam, escondidos entre as flores mais jovens e mais velhas do pessegueiro, da laranjeira, da ameixeira e da romãzeira; pois, naquela região de calor quase perpétuo, as folhas caem e os botões se abrem durante todo o ano.

 Eu tinha os sentimentos mais gratos ao senhor e à senhora Ford e, desejando de alguma forma retribuir sua gentileza, comecei a aparar as videiras e depois a arrancar a grama entre as laranjeiras e as romãzeiras. O pé de romã chega a dois ou três metros de altura, e seu fruto, embora maior, é semelhante ao da *jelly flower*. Tem o sabor delicioso do morango. Laranjas, pêssegos, ameixas e a maioria das outras frutas são nativas do rico e quente solo de Avoyelles; mas a maçã, a mais comum em latitudes mais frias, raramente é vista.

A senhora Ford apareceu, dizendo que minha atitude era muito louvável, mas que eu não estava em condições de trabalhar e poderia descansar nos aposentos até que o senhor fosse a Bayou Boeuf, o que não aconteceria naquele dia e talvez nem no seguinte. Eu disse a ela que realmente não me sentia bem, estava dolorido e meu pé estava muito machucado por causa dos espinhos e das lascas de madeira, mas acreditava que o exercício não me faria mal e que era um grande prazer trabalhar para uma senhora tão boa. Então ela voltou para a casa-grande, e eu trabalhei por três dias diligentemente no jardim, limpando os caminhos, cortando as ervas daninhas dos canteiros de flores e o capim abaixo das trepadeiras de jasmim, que a mão gentil e generosa de minha protetora ensinara a escalar as paredes.

Na quarta manhã, sentindo-me recuperado e renovado, o senhor Ford ordenou que eu me preparasse para acompanhá-lo ao riacho. Havia apenas um cavalo encilhado na clareira, todas as outras selas haviam sido enviadas com as mulas para a plantação. Eu disse que podia ir andando, e, despedindo-me de Sally e John, deixei a clareira, trotando ao lado do cavalo.

Aquele pequeno paraíso no Great Pine Woods era o oásis no deserto, para o qual meu coração se voltava amorosamente durante muitos anos de escravidão. Eu saía de lá agora com amargura e tristeza, não tão esmagadoras como se ficasse sabendo que nunca mais voltaria a fazê-lo.

O senhor Ford me pedia para tomar seu lugar ocasionalmente no cavalo, para que pudesse descansar; mas eu dizia que não, não estava cansado e era melhor que eu andasse do que ele. Ele disse muitas coisas boas e encorajadoras para mim no caminho, cavalgando devagar, para que eu pudesse acompanhar seu ritmo. A bondade de Deus era manifesta, ele declarou, em minha fuga milagrosa do pântano. Assim como Daniel saíra ileso da cova dos leões e Jonas tivera sido preservado na barriga da baleia, eu havia sido liberto do mal pelo Todo-Poderoso. Ele me perguntou sobre os vários medos e emoções que havia experimentado durante o dia e a noite e se, a qualquer momento, tive vontade de orar. Eu me senti abandonado por todo o mundo, respondi a ele, e rezava mentalmente o tempo todo. Nesses momentos, disse ele, o coração do homem se volta instintivamente para o seu Criador. Na prosperidade, e quando não há nada para feri-lo ou amedrontá-lo, ele não se lembra d'Ele e está pronto para desafiá-lo; mas o coloque em meio a perigos, tire-lhe a ajuda humana, abra sua sepultura diante dele – então, nesse momento de tribulação, o homem cético e incrédulo pede ajuda a Deus, sentindo que não existe outra esperança, refúgio ou salvação a não ser em Seu braço protetor.

Assim, aquele bom homem me falou desta vida e da vida futura; da bondade e do poder de Deus, e da vaidade das coisas terrenas, enquanto viajávamos por aquela estrada solitária em direção a Bayou Boeuf.

A cerca de oito quilômetros da fazenda, vimos um cavaleiro a distância, galopando em nossa direção. Quando ele chegou perto, percebi que era Tibeats! Ele me olhou por um momento, mas não se dirigiu a mim, e, dando a volta, cavalgou lado a lado com Ford. Eu caminhei silenciosamente próximo aos calcanhares dos cavalos, ouvindo a conversa deles. Ford informou-o da minha chegada a Pine Woods três dias antes, da triste situação em que me encontrava e das dificuldades e dos perigos pelos quais havia passado.

"Bem", exclamou Tibeats, omitindo seus xingamentos habituais na presença de Ford, "eu nunca vi uma fuga assim antes. Aposto cem dólares que ele consegue ganhar de qualquer negro da Louisiana. Ofereci a John David Cheney vinte e cinco dólares para pegá-lo vivo ou morto, mas ele escapou dos cães numa boa corrida. Os cachorros de Cheney não são grande coisa, afinal. Os cães de Dunwoodie o teriam abatido antes que ele chegasse aos palmeirais. De alguma maneira os cachorros perderam a trilha e tivemos que desistir da caçada.

Cavalgamos o máximo que pudemos e depois continuamos a pé até a água atingir um metro de profundidade. Os rapazes disseram que ele tinha se afogado, sem dúvida. Confesso que eu queria lhe dar um tiro certeiro. Desde então, tenho andado de um lado para o outro no pântano, mas não tinha muita esperança de encontrá-lo – achei que já estivesse morto. Oh, esse negro sabe correr – ah sabe!"

Dessa maneira, Tibeats continuou, descrevendo sua busca no pântano, a velocidade incrível com que eu fugira dos cães, e, quando terminou, o senhor Ford disse que eu sempre fora um rapaz bem-disposto e leal a ele; que lamentava esse problema; e que, de acordo com a história de Platt, ele fora tratado de forma desumana e que Tibeats era culpado. Atacar um escravo com um machado era vergonhoso e não deveria ser permitido, observou ele. "Isso não é maneira de lidar com eles, quando chegam às nossas terras. Tem uma influência perniciosa e os faz fugir. Os pântanos estão cheios deles. Um pouco de gentileza seria muito mais eficaz em contê-los e fazer com que obedeçam do que usar essas armas mortais. Todos os fazendeiros da localidade deveriam desaprovar essa desumanidade. Isso é do interesse de todos. É bastante evidente, sr. Tibeats, que você e Platt não podem viver juntos. Você não gosta dele, e não hesitaria em matá-lo, e sabendo disso, ele irá fugir de você novamente temendo pela própria vida. Agora, Tibeats, você deve vendê-lo ou arrumar-lhe uma ocupação, pelo menos. A menos que faça isso, tomarei medidas para tirá-lo de sua posse."

Nesse espírito, Ford dirigiu-se a ele durante o restante do caminho. Eu não abri minha boca. Ao chegar à fazenda, eles entraram na casa-grande, enquanto eu me dirigi para a cabana de Eliza. Quando voltaram do campo, os escravos ficaram surpresos ao me encontrar lá, supondo que tinha me afogado. Naquela noite, novamente, eles se reuniram na cabana para ouvir a história de minha aventura. Eles pensaram que eu seria açoitado e que seria grave, uma vez que a penalidade por fugir eram quinhentas chicotadas.

"Pobre homem", disse Eliza, tomando-me pela mão, "teria sido melhor se tivesse se afogado. Você tem um senhor cruel, e ele vai te matar ainda, tenho medo."

Lawson sugeriu que seria o feitor Chapin que aplicaria a punição, assim não seria severa, mas Mary, Rachel, Bristol e outros esperavam que fosse o senhor Ford, e então não haveria punição alguma. Todos eles tinham pena de mim e tentaram me consolar, tristes com o castigo que me esperava, exceto Kentucky John. Não havia limites para o riso dele; ele enchia a cabine com escárnio, segurando a barriga como se para evitar que explodisse, e a causa de sua alegria barulhenta era que eu tinha deixado os cães para trás. De alguma forma, ele via o assunto sob uma luz cômica. "Eu *sabia* que não te pegariam quando saiu correndo da fazenda. Oh, sinhô, Platt tem sebo nas canelas, hein? Quando os cachorros chegavam aonde ele estava, ele já não estava mais *lá*, hahaha! Oh, sinhô Deus, Todo-Poderoso!", e então Kentucky John caía em outro barulhento ataque de riso.

Cedo na manhã seguinte, Tibeats deixou a fazenda. No decorrer da manhã, enquanto eu passeava pela casa da bolandeira, um homem alto e bem-apessoado veio até mim e perguntou se eu era o rapaz de Tibeats; essa denominação jovem era usada indiscriminadamente a escravos, mesmo quando já tivessem passados dos 13 anos. Tirei o chapéu e respondi que sim.

"O que acha de trabalhar para mim?", ele perguntou.

"Oh, gostaria muito", eu disse, inspirado com uma súbita esperança de ficar longe de Tibeats.

"Você trabalhou com Myers na propriedade de Peter Tanner, não é?"

Eu respondi que sim, acrescentando algumas observações elogiosas que Myers havia feito a meu respeito.

"Bem, rapaz", disse ele, "contratei você do seu senhor para trabalhar para mim no Big Cane Brake a sessenta quilômetros daqui, no rio Vermelho."

Esse homem era o sr. Eldret, que vivia abaixo da fazenda do senhor Ford, do mesmo lado do riacho. Acompanhei-o até a sua fazenda, e de manhã fui, com seu escravo Sam e uma carga de provisões puxada por quatro mulas, para Big Cane; Eldret e Myers haviam ido antes a cavalo. Sam era nativo de Charleston, onde ele tinha mãe, irmão e irmãs. Ele "admitia" – uma palavra comum entre negros e brancos – que Tibeats era um homem mau, e esperava, assim como eu mais honestamente o fiz, que seu senhor me comprasse.

Seguimos pela margem sul do riacho, atravessando-o na fazenda de Carey; dali fomos para Huff Power, e depois para a estrada que leva a Bayou Rouge, que corre junto com o rio Vermelho. Depois de passar pelo pântano de Bayou Rouge, e logo ao pôr do sol, saindo da estrada, entramos no Big Cane Brake. Seguimos por uma trilha pouco usada, tão estreita que quase não permitia uma carroça. As canas, como aquelas usadas em varas de pescar, eram tão grossas quanto podiam. Não era possível avistar uma pessoa através delas a uma distância de cinco metros. Rastros de animais selvagens atravessam o canavial em várias direções – o urso e o tigre americano são muitos nesses matagais, e onde quer que haja uma bacia de água estagnada, é cheia de crocodilos.

Mantivemos nosso percurso solitário pelo Big Cane por vários quilômetros até entrarmos em uma clareira, conhecida como Sutton's Field. Muitos anos antes, um homem chamado Sutton havia penetrado a imensidão desses canaviais até esse lugar solitário. A tradição diz que ele se refugiou ali não como fugitivo do trabalho e sim da justiça. Ele morou sozinho – recluso e eremita no pântano – plantando com as próprias mãos as sementes e trabalhando na colheita. Um dia, um grupo de índios acabou com sua solidão e, após uma sangrenta batalha, dominou-o e massacrou-o. Por quilômetros ao redor do país, nos alojamentos dos escravos e nos jardins das casas-grandes, onde as crianças brancas ouvem histórias supersticiosas, diz-se que aquele lugar, no coração do Big Cane, é assombrado. Por mais de um quarto de século, vozes humanas raramente, ou nunca, perturbaram o silêncio da clareira. Plantas malcriadas e nocivas haviam se espalhado pelo campo outrora cultivado – serpentes tomavam sol à porta da cabana em ruínas. Era de fato uma imagem triste de desolação.

Passando por Sutton's Field, seguimos cerca de três quilômetros por uma estrada recém-aberta, o que nos levou até o final dela. Chegamos então às terras selvagens do sr. Eldret, onde ele queria fazer uma grande plantação. Fomos trabalhar na manhã seguinte com nossos facões e limpamos uma área suficiente para a construção de duas cabanas – uma para Myers e Eldret, a outra para Sam, eu e os escravos que se juntariam a nós. Estávamos agora em meio a árvores enormes, cujos galhos largos quase ocultavam a luz do sol, enquanto o espaço entre os troncos era uma massa impenetrável de canas, com um palmeiral ocasionalmente aqui e ali.

O loureiro, o sicômoro, o carvalho e o cipreste crescem a alturas inigualáveis naquelas terras baixas férteis que margeiam o rio Vermelho. De toda árvore, além disso, pendem longas e grossas massas de musgo, apresentando ao olho não acostumado a elas uma aparência marcante e singular. Esse musgo, em grandes quantidades, é enviado para o Norte e lá usado como matéria-prima para a indústria.

Cortamos carvalhos em forma de tábuas e com elas construímos cabanas temporárias. Cobrimos os telhados com as folhas largas de palmeira, um excelente substituto para as telhas, já que duram muito.

O maior aborrecimento que encontrei foram as pequenas moscas, mosquitos e outros insetos. Eles invadiam o ar. Penetravam a orelha, o nariz, os olhos, a boca. Eles se fartavam debaixo da pele. Era impossível espantá-los ou matá-los. Parecia, de fato, que eles iriam nos devorar – nos levar para longe em suas pequenas bocas atormentadoras.

Seria difícil de conceber um local mais solitário, ou mais desagradável, do que o centro de Big Cane Brake; ainda para mim era um paraíso, em comparação com qualquer outro lugar na companhia do senhor Tibeats. Eu trabalhava duro, e muitas vezes ficava cansado e exausto, mas mesmo assim podia me deitar à noite em paz e levantar de manhã sem medo.

No decorrer de quinze dias, quatro garotas negras vieram da fazenda de Eldret – Charlotte, Fanny, Cresia e Nelly. Elas eram todas grandes e robustas. Foram colocados machados em suas mãos e elas foram enviadas comigo e Sam para cortar árvores. Elas eram excelentes lenhadoras, o maior carvalho ou sicômoro durava pouco tempo de pé antes de seus golpes pesados e bem dirigidos. Na hora de empilhá-los, elas eram iguais a qualquer homem. Há tanto lenhadoras como lenhadores nas florestas do Sul. Na verdade, na região do Bayou Boeuf, elas fazem todo o tipo de trabalho na fazenda. Elas aram, cavam, dirigem grupos, limpam terras selvagens, trabalham nas estradas, e assim por diante. Alguns fazendeiros, proprietários de grandes plantações de algodão e cana-de-açúcar, contam apenas com o trabalho das mulheres escravas. Um desses é Jim Burns, que mora na margem norte do riacho, oposto à fazenda de John Fogaman.

Quando chegamos ao matagal, Eldret me prometeu que, se eu trabalhasse bem, poderia visitar meus amigos na fazenda de Ford dali quatro semanas. Na noite de sábado da quinta semana, lembrei-lhe de sua promessa, e ele me disse que eu havia trabalhado tão bem que poderia ir. Eu havia me dedicado tanto, que o anúncio de Eldret me proporcionou muito prazer. Eu deveria voltar a tempo de começar os trabalhos da manhã de terça-feira.

Enquanto eu desfrutava da agradável expectativa de tão logo encontrar meus velhos amigos de novo, de repente a forma odiosa de Tibeats apareceu entre nós. Ele perguntou como Myers e Platt se davam, ao que lhe foi dito que muito bem e que Platt estava indo para a fazenda do senhor Ford de manhã para uma visita.

"Ora, ora!", ridicularizou Tibeats, "não vale a pena – o negro sairá do controle. Ele não pode ir."

Mas Eldret insistiu que eu havia trabalhado bem – que ele havia me prometido e que, dadas as circunstâncias, não deveria me desapontar. Então, eles, como já estava quase escuro, entraram em uma cabana e eu na outra. Eu não podia desistir da ideia de ir; seria uma decepção dolorosa. Antes do amanhecer, resolvi, se Eldret não fizesse objeções, que iria de qualquer jeito. À luz do dia eu estava à sua porta, com meu cobertor enrolado numa trouxa e pendurado num galho sobre o ombro, esperando pelo salvo-conduto. Tibeats apareceu com seu humor desagradável, lavou o rosto e sentou-se em um toco de madeira próximo, aparentemente ocupado com seus pensamentos. Depois de ficar ali muito tempo, impelido por um súbito impulso de impaciência, resolvi ir.

"Você vai sem um salvo-conduto?", ele gritou para mim.

"Sim, senhor, pensei nisso", respondi.

"E como acha que vai chegar lá?", exigiu ele.

"Não sei", foi toda a minha resposta.

"Você seria pego e mandado para a cadeia, onde deveria estar, antes de chegar à metade do caminho", ele acrescentou, entrando na cabana enquanto isso. Ele logo saiu com o salvo-conduto na mão, e, me chamando de "maldito negro que merecia cem chicotadas", o jogou no chão. Eu o peguei e corri para longe rapidamente.

Um escravo pego fora da fazenda de seu senhor sem um salvo-conduto pode ser preso e chicoteado por qualquer homem branco que o encontrar. O documento que recebi estava datado e dizia o seguinte:

"Platt tem permissão para ir à fazenda de Ford, em Bayou Boeuf, e voltar na manhã de terça-feira.

JOHN M. TIBEATS"

Essa é a forma usual. Na viagem, muitos o exigiram, leram e continuaram seu caminho. Aqueles que tinham o ar e a aparência de cavalheiros, cujas roupas indicavam a posse de riquezas, frequentemente não davam atenção alguma; mas um sujeito maltrapilho, um vagabundo inconfundível, sempre me parava e me examinava rigorosamente. Capturar fugitivos era, às vezes, um negócio lucrativo. Se, depois de anunciar a captura, nenhum proprietário aparecesse, eles podiam ser vendidos pelo maior valor; algumas taxas eram pagas pelos serviços a quem os encontrasse, de qualquer modo, mesmo que o escravo fosse devolvido a seu senhor. Portanto, para "um branco mau" – como são chamados os vagabundos – encontrar um negro sem salvo-conduto é considerado uma sorte divina.

Não havia pousadas ao longo das estradas naquela parte do estado onde eu pudesse pernoitar. Eu estava completamente sem dinheiro, tampouco carregava provisões na viagem de Big Cane a Bayou Boeuf; no entanto, com o salvo-conduto em mãos, um escravo não sofre de fome ou sede. É necessário apenas apresentá-lo ao senhor ou feitor de uma fazenda e dizer de que precisa, e ele será mandado para a cozinha e lhe será dado alimento ou abrigo, conforme o caso. O viajante pode parar em qualquer casa e pedir uma refeição com tanta liberdade como se fosse uma taberna pública. É o costume geral do país. Quaisquer que sejam os seus defeitos, é certo que não falta hospitalidade aos habitantes ao longo do rio Vermelho e ao redor da baía no interior da Louisiana.

Cheguei à fazenda de Ford no final da tarde e passei a noite na cabana de Eliza, com Lawson, Rachel e outros de meus conhecidos. Quando saímos de Washington, a forma de Eliza era roliça e rechonchuda. Ela se mantinha ereta, e em sedas e joias, compunha uma imagem de graça e elegância. Agora ela era apenas uma fina sombra de sua antiga forma. Seu rosto se tornara terrivelmente exausto, e a postura, uma vez ereta e ativa, estava curvada, como se suportasse o peso de cem anos. Agachada no chão da cabana e vestindo roupas grosseiras de um escravo, o velho Elisha Berry não teria reconhecido a mãe de seu filho. Nunca mais a vi. Tendo se tornado inútil na lavoura de algodão, ela foi vendida por uma ninharia para um homem que residia nas proximidades da fazenda de Peter Compton. O pesar tinha corroído totalmente seu coração, até que sua força se foi; e por isso, seu último senhor, dizem, a açoitou e abusou dela sem piedade. Mas ele não conseguiu trazer de volta o vigor de sua juventude, nem endireitar o corpo alquebrado para sua postura ereta, tal como quando seus filhos estavam ao seu redor e a luz da liberdade brilhava em seu caminho.

Soube dos pormenores de sua partida deste mundo por meio de alguns dos escravos de Compton, que tinham vindo do rio Vermelho para o riacho a fim de ajudar a jovem madame Tanner durante a "temporada". Aos poucos, disseram, Eliza se tornou completamente incapaz, permanecendo por várias semanas deitada no chão, em uma cabana malconservada, dependente da compaixão de seus companheiros de servidão para ter um pouco de água e comida. Seu senhor não "bateu em sua cabeça" como às vezes fazem para acabar com a dor de um animal doente, mas a deixou desassistida e desprotegida até que sua vida de dor e sofrimento chegasse ao fim natural. Quando os escravos voltaram dos campos uma noite, encontraram-na morta! Durante o dia, o Anjo do Senhor, que se move invisivelmente por toda a terra, em sua colheita de almas que partem, entrara silenciosamente na cabana daquela mulher moribunda e a levara embora. Ela finalmente ficou *livre*!

No dia seguinte, depois de enrolar meu cobertor, comecei meu regresso para Big Cane. Depois de viajar oito quilômetros, em um lugar chamado Huff Power, o sempre presente Tibeats me encontrou na estrada. Ele perguntou por que eu estava voltando tão cedo e, quando informado de que estava ansioso para voltar no momento que me fora definido, ele disse que eu não precisava ir além da fazenda seguinte, pois naquele dia ele havia me vendido para Edwin

Epps. Fomos até o quintal de sua propriedade, onde encontramos esse cavalheiro, que me examinou e fez as perguntas habituais feitas pelos compradores. Tendo sido devidamente entregue, fui enviado para os alojamentos e também me pediram para fazer uma enxada e um machado para mim mesmo.

Eu não era mais propriedade de Tibeats – seu cão, seu animal, temendo sua ira e crueldade, dia e noite; e quem ou o que quer que meu novo senhor demonstrasse ser, eu não lamentaria a mudança. Assim, o anúncio de minha venda me soou como uma boa notícia e, com um suspiro de alívio, sentei-me pela primeira vez em minha nova morada.

Logo depois disso, Tibeats desapareceu daquela região do país. Somente uma vez depois, eu o vi de relance. Foi a muitos quilômetros de Bayou Boeuf. Ele estava sentado à porta de um bar barato. Eu estava passando, em um grupo de escravos, pela paróquia de St. Mary.

capítulo doze

Aparência Pessoal De Epps – Epps, Bêbado E Sóbrio
Um Olhar Sobre Sua História – O Cultivo De Algodão
O Modo De Arar E Preparar A Terra
O Plantio – Sobre Colher Com As Duas Mãos
Diferenças Entre Os Colhedores De Algodão
Patsey, Uma Colhedora Notável
Trabalho De Acordo Com A Capacidade
A Beleza De Um Campo De Algodão
Os Trabalhos Do Escravo
Medo Na Aproximação Da Casa Da Bolandeira
Pesagem – "Afazeres" – Vida Na Cabana – O Silo De Milho
Os Usos Da Cabaça – Medo De Dormir Demais
Temor Constante – Cultivo Do Milho – Batatas-Doces
Fertilidade Do Solo – Engorda Dos Porcos
Conservação Do Toucinho – Disputas De Tiro
Hortaliças – Flores E Verdura

Edwin Epps, de quem falarei muito durante o restante desta história, é um homem grande, parrudo e corpulento, com cabelos claros, maçãs do rosto altas e um nariz aquilino de dimensões extraordinárias. Ele tem olhos azuis, pele clara e, imagino, um metro e oitenta de altura. Tem a expressão inquisitiva e afiada de um jóquei. Suas maneiras são repulsivas e grosseiras, e sua linguagem fornece evidências rápidas e inequívocas de que ele nunca desfrutou das vantagens de uma educação formal. Ele é capaz de dizer as coisas mais provocativas, superando até mesmo o velho Peter Tanner. Na época em que fui para sua posse, Edwin Epps gostava de uma garrafa, e suas bebedeiras às vezes se estendiam por duas semanas inteiras. Ultimamente, no entanto, ele tinha mudado seus hábitos e, quando o deixei, era um espécime da mais alta temperança de Bayou Boeuf. Quando tomava uns tragos, o senhor Epps se tornava um sujeito barulhento, desbocado e insolente, cuja principal alegria era dançar com seus negros ou chicoteá-los no quintal com seu longo chicote, apenas pelo prazer de ouvi-los gritar e gemer quando as grandes tiras se plantavam em suas costas. Quando sóbrio, ficava em silêncio, reservado e astuto, e não nos espancava indiscriminadamente, como em seus momentos de embriaguez, mas descia seu chicote de couro cru em algum ponto sensível do corpo de algum escravo mais vagaroso, com uma destreza peculiar.

Em sua juventude foi motorista e feitor, mas naquela época tinha uma fazenda em Bayou Huff Power, a quatro quilômetros de Holmesville, quase trinta de Marksville e quase vinte de Cheneyville. Ela pertencia a Joseph B. Roberts, tio de sua esposa, e fora arrendada por Epps. Seu principal negócio era criar algodão e, como alguns que lerão este livro podem nunca ter visto um campo de algodão, uma descrição de como é cultivado pode ser útil.

O solo é preparado abrindo-se fileiras com o arado e sulcando a terra. Bois e mulas, quase exclusivamente apenas mulas, são usados na aragem. Tanto as mulheres quanto os homens fazem esse trabalho, alimentando, conduzindo e cuidando de suas equipes, e exercendo todo o tipo de trabalho no campo e estábulo, exatamente como os lavradores do Norte.

As fileiras têm um metro e oitenta de largura, isto é, de sulco de água até sulco de água. Um arado puxado por mula é então passado pelo topo da fileira ou centro, abrindo um sulco no qual geralmente uma moça deposita as sementes que carrega em uma sacola em volta do pescoço. Atrás dela vêm a mula e a grade, cobrindo a semente, de modo que duas mulas, três escravos, um arado e uma grade são usados no plantio de uma fileira de algodão. Isso acontece em março e abril. O milho é plantado em fevereiro. Quando não há chuvas frias, o algodão costuma aparecer em uma semana. Em oito ou dez dias depois começa a primeira aragem. Isso é feito em parte com a ajuda do arado e da mula também. O arado passa o mais próximo possível do algodão de ambos os lados, tirando dele o que não presta. Os escravos seguem com as enxadas, cortando a grama e o algodão, deixando montes separados por setenta centímetros. Essa fase é chamada de desbaste do algodão. Em mais duas semanas começa a segunda aragem. Desta vez, a terra é lançada em direção do algodão. Apenas um caule, o maior, agora fica em cada monte. Dali doze dias é arado pela terceira vez, jogando a terra na direção do algodão como antes, e matando toda a grama entre as fileiras. Perto do dia 1º de julho, quando o pé já tem cerca de trinta centímetros, é arado pela quarta e última vez. Agora todo o espaço entre as fileiras é arado, deixando um sulco de águas profundas no centro. Durante todas essas aragens, o feitor ou capataz segue os escravos a cavalo com um chicote, tal como foi descrito. Quem trabalha mais rápido fica na fileira principal. Geralmente fica uns cinco metros à frente de seus companheiros. Se um deles o passa, ele é chicoteado. Se alguém fica para trás ou ocioso por um momento, é chicoteado. Na verdade, o chicote voa da manhã até a noite, todo dia. A temporada de aragem vai de abril a julho, assim que um campo é concluído, outro é iniciado.

Na última parte de agosto começa a temporada de colheita do algodão. Nesse momento, cada escravo recebe uma saca. Uma alça é presa a ela, que passa pelo pescoço do escravo, segurando a boca da saca na altura do peito, enquanto a parte inferior chega quase ao chão. Cada um também recebe uma grande cesta que suporta até dois barris. Nela, coloca-se o algodão quando a saca estiver cheia. As cestas são levadas para o campo e colocadas no início das fileiras.

Quando um novo escravo, que não está acostumado com o trabalho, é mandado pela primeira vez ao campo, ele é muito açoitado e fazem-nos colher o máximo de algodão que puder. À noite pesa-se o que foi colhido, de modo a medir sua capacidade na colheita de algodão. Ele deve colher o mesmo peso todos os dias. Se ficar aquém, é considerado evidência de que foi preguiçoso, e uma quantidade variável de açoites é sua penalidade.

Um dia normal de trabalho rende noventa quilos. Um escravo que está acostumado a colher é punido se trouxer menos do que isso. Há muita diferença entre eles em relação a esse tipo de trabalho. Alguns parecem ter um talento natural, ou rapidez, que lhes permite colher com grande celeridade e com as duas mãos, enquanto outros, por mais prática ou cuidado que tenham, são totalmente incapazes de chegar à quantidade média. Esses escravos são tirados do trabalho no campo de algodão e empregados em outras tarefas.

Patsey, de quem falarei mais, era conhecida como a colhedora mais notável de algodão de Bayou Boeuf. Ela colhia com as duas mãos e com uma rapidez surpreendente, que mais de duzentos quilos por dia não era uma quantidade incomum para ela.

Cada um tem uma tarefa, portanto, de acordo com suas habilidades de colheita, mas ninguém deve colher menos que noventa quilos. Eu, como nunca havia tido prática nesse trabalho, teria satisfeito meu senhor trazendo essa quantidade, por outro lado, Patsey certamente apanharia se não produzisse o dobro.

O algodão cresce até um metro e meio ou dois; cada caule tem um grande número de galhos, que crescem em todas as direções, entrelaçando-se uns aos outros acima da água.

Há poucas visões mais agradáveis aos olhos do que um amplo campo de algodão em flor. Tem uma aparência de pureza, como um campo imaculadamente branco como a neve recém-caída.

Às vezes, um escravo colhe todo um lado de uma fileira e vai para o outro lado, mas, mais comumente, há um escravo de cada lado colhendo tudo o que floresceu e deixando os botões para uma próxima colheita. Quando a saca está cheia, é esvaziada na cesta e então o algodão é pisado. É necessário ser extremamente cuidadoso na primeira vez que se passa pelo campo para não quebrar os galhos. O algodão não floresce se o galho estiver quebrado. Epps nunca deixava de punir severamente o escravo azarado que, por descuido ou inevitavelmente, tivesse a mínima culpa a esse respeito.

Os escravos são obrigados a estar no campo de algodão logo cedo e, com exceção de dez ou quinze minutos que lhes são dados na hora do almoço para engolir seu toucinho defumado frio, eles não têm nenhum outro momento de descanso até estar escuro demais para enxergar, e quando a lua está cheia muitas vezes eles trabalham até mais tarde ainda. Eles não ousam parar mesmo na hora do jantar, nem para voltar aos alojamentos, por mais tarde que seja, até que o feitor lhes tenha dado a ordem de parar.

Quando o trabalho do dia no campo acaba, as cestas são carregadas ou, em outras palavras, levadas para a casa da bolandeira, onde o algodão é pesado. Não importa quão fatigado e cansado esteja – não importa quanto anseie por sono e descanso –, um escravo não vai à casa da bolandeira sem medo. Se ele falhar no peso – se não tiver feito todo o trabalho –, sabe que será punido. E se ele exceder de quatro a nove quilos, sem dúvida, seu senhor medirá o trabalho do dia seguinte com base nessa quantidade. Então, se ele tem pouco ou muito, chegar à casa da bolandeira é sempre acompanhado de medo e tremor. Em geral eles produzem muito pouco e, assim, não ficam muito ansiosos para ir embora do campo. Depois da pesagem, seguem os açoites; e então as cestas são levadas para a casa de algodão e seus conteúdos guardados como feno, e todos os escravos trabalham pisando nele. Se o algodão não estiver seco, em vez de levá-lo para a casa da bolandeira de uma só vez, ele é colocado em plataformas de cerca de meio metro de altura e um metro e meio de largura, cobertas de tábuas ou pranchas, com pequenos caminhos entre elas.

Feito isso, o trabalho do dia ainda não terminou, de qualquer forma. Cada um deve então realizar suas respectivas tarefas. Um alimenta as mulas; outro, o porco – outro corta a lenha e assim por diante; além disso, o empacotamento é todo feito à luz de velas. Finalmente, já bem tarde, eles vão aos alojamentos, sonolentos e derrotados pelo longo dia de trabalho. Então, um fogo deve ser aceso na cabana, o milho deve ser moído no pequeno pilão manual, e o jantar e o almoço do dia seguinte no campo devem ser preparados. Tudo o que lhes é permitido é milho e toucinho, que são distribuídos no celeiro e no defumadouro todos os domingos de manhã. Cada um recebia, como ração semanal, um quilo e meio de toucinho e milho o suficiente para uma refeição pequena. Isso é tudo – sem chá, café, açúcar e, com exceção de uma quantidade escassa de vez em quando, sem sal. Posso dizer, depois de dez anos com o senhor Epps, que nenhum escravo dele corria risco de sofrer de gota induzida pelo excesso de comida. Os porcos do senhor Epps eram alimentados com milho *em grão* – o que era jogado na cara de seus "pretos". Os porcos, ele pensava, engordariam mais rápido com o milho debulhado e encharcado – os negros, talvez, se tratados da mesma maneira, poderiam ficar gordos demais para o trabalho. O senhor Epps era uma calculadora sagaz e sabia lidar com seus animais, bêbado ou sóbrio.

O moinho de milho ficava no quintal em um abrigo. É como um moinho de café comum, com um funil com capacidade para cerca de seis litros. Houve um privilégio que o senhor Epps concedeu livremente a todos os escravos dele. Eles podiam moer o milho todas as noites, nas pequenas quantidades que suas necessidades diárias exigiam, ou poderiam moer a ração semanal de uma só vez, aos domingos, como preferissem. Um homem muito generoso era o senhor Epps!

Eu guardava meu milho em uma pequena caixa de madeira, a refeição em uma cabaça; a propósito, a cabaça é um dos utensílios mais convenientes e necessários em uma fazenda. Além de substituir a louça em uma cabana de escravos, ela é usada para transportar água para os campos. Outra cabaça guarda o jantar. Ela dispensa a necessidade de baldes, colheres, tigelas e outros utensílios supérfluos de lata e madeira.

Quando o milho é moído, o fogo é aceso e o toucinho é retirado do prego no qual fica pendurado, uma fatia é cortada e jogada sobre as brasas para assar. A maioria dos escravos não tem faca, muito menos um garfo. Eles cortam o toucinho com o machado sobre uma madeira. A farinha de milho é misturada com um pouco de água, colocada no fogo e assada. Quando fica marrom, as cinzas são raspadas, e então são colocadas em cima de uma madeira, que serve como uma mesa, o morador da cabana de escravos está pronto para se sentar no chão para o jantar. Por essa altura é geralmente meia-noite. O mesmo medo de punição com o qual eles se aproximam da casa da bolandeira os possui de novo quando deitam para descansar um pouco. É o medo de dormir demais de manhã. Essa ofensa certamente seria tratada com não menos que vinte chicotadas. Com uma prece para que possa levantar e estar bem acordado ao primeiro sinal, o escravo afunda em seu sono todas as noites.

Os sofás mais macios do mundo não podem ser encontrados na cabana de escravos. Aquela em que me deitei ano após ano era uma tábua de trinta e cinco centímetros de largura e três metros de comprimento. Meu travesseiro era um pedaço de madeira. A roupa de cama era um cobertor grosso gasto e nem mais um farrapo ou retalho. O musgo poderia ser usado, se não criasse uma multidão de pulgas.

A cabana é feita de toras, sem piso nem janela. Esta última é totalmente desnecessária, os vãos entre as toras admitem luz suficiente. Quando há tempestades, a chuva passa por eles, tornando a cabana desconfortável e extremamente desagradável. A porta rústica pende em grandes dobradiças de madeira. Em uma extremidade é construída uma lareira rudimentar.

Uma hora antes da primeira luz do dia toca-se o sinal. Então os escravos despertam, preparam o café da manhã, enchem uma cabaça com água, em outra colocam o jantar de toucinho frio e pão de milho, e correm para o campo novamente. É uma ofensa invariavelmente seguida de açoite ser encontrado nos quartos após o amanhecer. Então o medo e as tarefas de outro dia começam; e até o seu fim não há descanso. O escravo teme se atrasar ao longo do dia; teme se aproximar da casa da bolandeira com sua cesta de algodão à noite; teme, ao se deitar, dormir demais pela manhã. Essa é uma descrição e uma imagem verdadeira, fiel e sem exagero da vida cotidiana do escravo, durante o período de colheita de algodão, nas margens de Bayou Boeuf.

Em janeiro, geralmente, a quarta e última colheita é concluída. Então, começa a colheita de milho. Esta é considerada uma cultura secundária e recebe muito menos atenção do que o algodão. O milho é plantado, como já mencionado, em fevereiro. É cultivado naquela região com o propósito de engordar porcos e alimentar escravos; muito pouco, se algum, é enviado ao mercado. É da variedade branca, de espiga grande e o pé atinge dois metros e meio, geralmente três. Em agosto, as folhas são arrancadas, secas ao sol, amarradas em pequenos fardos e guardadas como ração para as mulas e o gado. Depois disso, os escravos atravessam o campo, virando a espiga para impedir que as chuvas penetrem no grão. Elas ficam assim até que a colheita do algodão termine, seja mais cedo ou mais tarde. Então as espigas são colhidas e colocadas nos silos com a palha; do contrário, sem a palha, o gorgulho as destruiria. Os pés de milho são deixados no campo.

A "carolina", ou batata-doce, também é cultivada nessa região. Ela não serve de alimento, no entanto, aos porcos ou ao gado, e tem pouca importância. São preservadas colocadas sobre o solo, com uma ligeira cobertura de terra ou palha de milho. Não há porões em Bayou Boeuf. O solo é tão baixo, que se encheriam de água. As batatas-doces valem de dois a três "pilas", ou xelins por barril; o milho, exceto quando há uma escassez incomum, pode ser comprado pelo mesmo valor.

Assim que as colheitas de algodão e milho estão garantidas, os pés são arrancados, amontoados e queimados. A aragem começa nesse período, revolvendo as fileiras novamente para o novo plantio. O solo, nas paróquias de Rapides e Avoyelles e, pelo que observei, em todo o país, é muito rico e fértil. É de uma espécie de marga, de cor marrom ou avermelhada. Não requer aqueles compostos revigorantes necessários em terras mais áridas, e no mesmo solo a mesma espécie pode ser cultivada por muitos anos.

Arar, plantar, colher algodão, juntar o milho, arrancar e queimar os pés ocupa as quatro estações do ano. Derrubar árvores e cortar lenha, prensar o algodão, engordar e matar porcos são apenas trabalhos incidentais.

Em setembro ou outubro, os porcos são expulsos dos pântanos por cães e confinados em currais. Numa manhã fria, geralmente perto do Ano Novo, eles são abatidos. Cada carcaça é cortada em seis partes e empilhada uma em cima da outra em sal, sobre grandes mesas no defumadouro. Assim permanecem uma quinzena, quando são penduradas e acende-se um fogo toda noite durante todo o ano. Essa defumagem é necessária para evitar que o toucinho fique infestado de vermes. Em um clima tão quente, é difícil preservá-lo, e muitas vezes eu e meus companheiros recebemos nossa ração semanal de um quilo e meio cheio desses vermes repugnantes.

Embora os pântanos tenham muito gado, eles nunca são uma fonte de lucro considerável. O fazendeiro corta sua marca na orelha ou marca suas iniciais na lateral do animal e o leva para o pântano, para andar sem restrições dentro de seus limites quase ilimitados. Eles são de raça espanhola, pequena e de cornos pontudos. Eu soube de rebanhos sendo retirados de Bayou Boeuf, mas é muito raro. As melhores vacas custam cerca de cinco dólares cada. Dois litros em uma ordenha seriam considerados uma grande quantidade. Eles fornecem pouco sebo, e de uma qualidade macia e inferior. Apesar do grande número de vacas que lotam os pântanos, os fazendeiros dependem do Norte para queijos e manteiga, que são comprados no mercado de New Orleans. A carne de boi salgada não é um artigo alimentício nem na casa-grande nem na cabana.

O senhor Epps acostumou-se a participar de partidas de tiro para obter a carne fresca de que precisava. Essas disputas ocorriam semanalmente na vila vizinha de Holmesville. O gado é levado para lá e se atira neles a um preço definido para esse privilégio. O melhor atirador divide a carne entre seus companheiros, e assim os fazendeiros presentes são abastecidos.

O grande número de bovinos domesticados e selvagens que povoam os bosques e pântanos de Bayou Boeuf provavelmente é o que tenha sugerido o nome aos franceses, na medida em que o termo, traduzido, significa o riacho ou córrego do boi selvagem.

Hortaliças, como couve, rabanete e afins, são cultivadas para o uso do senhor e de sua família. Eles têm verduras e legumes em todas as estações do ano. "Seca-se a erva e caem as flores" diante dos ventos desoladores do outono nas frias latitudes do Norte, mas um verdor perpétuo se estende pelas planícies quentes e flores brotam no coração do inverno na região de Bayou Boeuf.

Não há planícies apropriadas para o cultivo das gramíneas. A palha do milho fornece alimento suficiente para o gado usado no trabalho, enquanto os outros se alimentam o ano todo no pasto sempre em crescimento.

Há muitas peculiaridades no clima, hábitos, costumes e na maneira de viver e trabalhar no Sul, mas o que foi descrito supostamente dará ao leitor uma visão geral da vida em uma fazenda de algodão na Louisiana. O modo de cultivar cana e o processo de fabricação de açúcar serão mencionados em outro momento.

capítulo treze

O Curioso Machadinho – Sintomas De Uma Doença
Continuo A Piorar – O Açoite Ineficaz – Confinado Na Cabana
Visita Do Dr. Wines – Recuperação Parcial
Falha Na Colheita De Algodão
O Que Se Ouve Na Fazenda De Epps
Medida De Açoites – Epps Severo – Epps No Humor Festivo
Descrição Da Dança – Sem Descanso E Sem Desculpa
Características De Epps
Saída De Epps Burns De Huff Power Para Bayou Boeuf
Descrição De Tio Abram; Wiley; Tia Phebe; Bob, Henry E
Edward; Patsey; Um Retrato Genealógico De Cada Um
Algo Da História Passada Deles E Peculiaridades
Ciúmes E Luxúria – Patsey, A Vítima

Quando cheguei à fazenda do senhor Epps, em obediência à sua ordem, minha primeira tarefa foi fabricar um machadinho. Os cabos são simplesmente um pedaço de pau reto e arredondado. Fiz um torto, com o formato daqueles com os quais estava acostumado no Norte. Quando terminei e mostrei a Epps, ele olhou para ele com espanto, incapaz de determinar exatamente o que era. Ele nunca havia visto esse tipo de cabo, e quando expliquei suas vantagens, mostrou-se animado com a ideia. Manteve-o em casa por muito tempo e, quando seus amigos o visitavam, costumava exibi-lo como curiosidade.

Agora era a época de capinagem. Fui mandado primeiro para o milharal e depois comecei a desbastar o algodão. Permaneci nessa função até a época de capina acabar, quando comecei a apresentar sintomas de uma doença. Eu fui atacado por calafrios, que eram sucedidos por uma febre ardente. Tornei-me fraco e emaciado, e frequentemente tão tonto que cambaleava e tropeçava como um homem bêbado. No entanto, era obrigado a manter o trabalho na minha fileira. Quando com saúde, tinha pouca dificuldade em manter o ritmo junto de meus colegas de trabalho, mas agora parecia absolutamente impossível. Muitas vezes ficava para trás, e o chicote do capataz certamente me acertava as costas, infundindo no meu corpo doente e caído um pouco de energia temporária. Minha saúde continuou a piorar até que finalmente o chicote se tornou totalmente ineficaz. Nem a batida mais aguda do couro cru me estimulava mais. Finalmente, em setembro, quando o período mais agitado de colheita de algodão estava próximo, não conseguia sair da minha cabana. Até então, não havia recebido medicamento ou cuidado do meu senhor ou minha senhora. A velha cozinheira me visitava de vez em quando, preparando-me café de milho e, às vezes, cozinhando um pouco de toucinho, quando eu estava fraco demais para fazer isso sozinho.

Quando disseram que eu poderia morrer, o senhor Epps, não querendo arcar com o prejuízo que a morte de um animal de mil dólares lhe traria, resolveu incorrer na despesa de mandar buscar o dr. Wines em Holmesville. Ele falou a Epps que minha doença era efeito do clima, e havia uma probabilidade de me perder. Ele me orientou a não comer carne e a não ingerir mais do que o necessário para sobreviver. Várias semanas se passaram, durante as quais, sob a dieta escassa a que fui submetido, havia me recuperado parcialmente. Certa manhã, muito antes de eu estar em condições de trabalhar, Epps apareceu na porta da cabana e, me entregando uma saca, mandou-me para o campo de algodão. Até esse momento, eu não havia tido nenhuma experiência na colheita de algodão. Era um trabalho difícil, de fato. Enquanto os outros usavam ambas as mãos, pegando o algodão e depositando-o na boca da saca, com uma precisão e destreza incompreensíveis para mim, eu pegava o bulbo com uma mão e tirava a fibra branca e abundante com a outra.

Além disso, colocar o algodão na saca era uma dificuldade que exigia a habilidade das mãos e dos olhos. Eu o pegava do chão onde havia caído quase tão frequentemente quanto do galho onde crescera. Eu me confundia também com os galhos, carregados ainda com bulbos ainda fechados, com aquela saca enorme e desajeitada balançando de um lado para o outro de uma maneira que não era permitida no campo de algodão. Depois de um dia de muito trabalho, cheguei à casa da bolandeira com minha colheita. Quando a balança mediu apenas quarenta e poucos quilos, nem a metade da quantidade requerida para o pior colhedor, Epps me ameaçou com um severo açoite, mas, considerando que eu era novato, resolveu me perdoar naquela ocasião. No dia seguinte, e muitos dias depois, retornei à noite com melhores resultados – evidentemente não era feito para aquele tipo de trabalho. Eu não tinha o dom – os dedos ágeis e os movimentos rápidos de Patsey, que podia voar ao longo de uma fileira de algodão, despindo-a de sua brancura imaculada e velosa de maneira milagrosamente rápida. Prática e açoitamento eram igualmente inúteis, e Epps, finalmente conformado, amaldiçoou-me dizendo que eu era uma desgraça – que eu não podia me associar a um negro colhedor de algodão – que eu não conseguia colher o suficiente para um dia que valesse o trabalho de pesá-lo, e que eu não iria mais ao algodoal. Então, fui mandado para cortar e carregar madeira, e transportar algodão do campo para a casa da bolandeira e qualquer outro serviço que fosse necessário. Não preciso dizer que nunca me permitiram ficar ocioso.

Raramente passava um dia sem um ou mais açoitamentos. Isso ocorria quando o algodão era pesado. O infrator, cujo peso não era suficiente, era retirado do local, despido, deitado à força no chão de barriga para baixo, e recebia a punição proporcional ao seu delito. É verdade nua e crua que o estalo do chicote e os gritos dos escravos podiam ser ouvidos do cair da noite até a hora de dormir, na fazenda de Epps, todos os dias durante toda a temporada de colheita de algodão.

O número de açoites era calculado de acordo com a natureza do caso. Vinte e cinco são uma mera reprimenda, infligidos, por exemplo, quando uma folha seca ou um bulbo é encontrado no algodão, ou quando um galho é quebrado no campo; cinquenta é a penalidade padrão que precede todas as infrações do próximo grau; cem é considerado severo: é a punição infligida pelo delito grave de permanecer ocioso no campo; cento e cinquenta a duzentos açoites são infligidos àquele que briga com seus companheiros de cabana, e quinhentos, bem aplicados, além das mordidas dos cães, talvez, para o infeliz que tentar fugir, o que o fará passar uma semana de dor e agonia.

    Durante os dois anos em que Epps permaneceu na fazenda em Bayou Huff Power, ele tinha o hábito, a cada quinze dias, de chegar de Holmesville em casa bêbado. As disputas de tiro quase invariavelmente terminavam com uma farra. Nessas ocasiões, ele ficava bastante barulhento e um pouco louco. Muitas vezes quebrava os pratos, cadeiras e qualquer mobília em que pudesse colocar as mãos. Depois de satisfeito com a diversão na casa, pegava o chicote e caminhava para o quintal. Então ensinava os escravos a serem vigilantes e excessivamente cautelosos. O primeiro que chegasse perto dele sentiria o rigor de seu chicote. Às vezes, ele os fazia correr por horas em todas as direções, esgueirando-se pelas cabanas. Ocasionalmente, ele encontrava um desprevenido e, se conseguisse infligir um golpe bem dado, ele se deleitava. As crianças mais novas e os idosos que tinham se tornado inativos sofriam. No meio da confusão, sorrateiramente ele se posicionava atrás de uma cabana, esperando com um chicote empunhado, para descê-lo no primeiro rosto negro que espreitasse cautelosamente pela parede.

    Outras vezes ele voltava para casa com um humor menos brutal. Nessas ocasiões, ele promovia uma festa. Então todos deviam dançar junto com uma melodia. O senhor Epps gostava de satisfazer seus ouvidos melodiosos com a música de um violino. Ele se tornava expansivo, flexível e um alegre pé de valsa pela quinta e por toda a casa.

    Quando fui vendido, Tibeats havia dito que eu tocava violino. Ele havia recebido essa informação de Ford. Em virtude das importunações da senhora Epps, seu marido foi induzido a comprar um violino para mim durante uma visita a New Orleans. Frequentemente eu era chamado na casa para tocar diante da família, já que a senhora era apaixonada por música.

Todos nós nos reuníamos no salão da casa-grande sempre que Epps voltava para casa em seu humor festivo. Não importa quão exaustos ou cansados estivéssemos, todos deveriam dançar. Bem instalado no chão, eu começava uma música.

"Dancem, seus negros malditos, dancem", gritava Epps.

Então não podia haver pausa ou atraso, nem movimentos lentos ou lânguidos; tudo devia ser rápido, vivo e alerta. "Sobe, desce, na sola e na ponta dos pés, e vamos lá", era a ordem do momento. A forma corpulenta de Epps misturava-se com a de seus escravos, movendo-se rapidamente por todos os labirintos da dança.

Normalmente, estava com o chicote na mão, pronto para descer sobre os ouvidos do escravo presunçoso que ousasse descansar por um momento, ou mesmo parar para recuperar o fôlego. Quando ele próprio ficava exausto, havia uma breve pausa, mas muito breve. Com um golpe do chicote e um estalo, ele gritava de novo: "Dancem, negros, dancem", e lá iam mais uma vez, desorientados, enquanto eu, estimulado por um toque ocasional do chicote, ficava sentado num canto, extraindo do violino uma maravilhosa e rápida melodia. A senhora muitas vezes censurava-o, declarando que voltaria para a casa do pai em Cheneyville; no entanto, houve momentos em que ela não conseguiu conter uma gargalhada, ao testemunhar suas brincadeiras ruidosas. Frequentemente, ficávamos assim até quase de manhã. Alquebrados pelo trabalho excessivo – desejando de fato um pouco de descanso restaurador e sentindo como se pudéssemos nos lançar sobre o chão e chorar –, muitas noites na casa de Edwin Epps seus infelizes escravos eram obrigados a dançar e rir.

Além dessas privações para satisfazer os caprichos de um senhor pouco razoável, tínhamos que estar no campo assim que amanhecesse e, durante o dia, executar as tarefas costumeiras. Essas privações não poderiam justificar, no entanto, uma colheita menor do que a necessária na balança, ou no milharal não arar com a rapidez usual. Os açoites eram tão severos quanto se tivéssemos acordado pela manhã fortalecidos e revigorados pelo repouso de uma noite. De fato, depois de tais noites frenéticas, ele era sempre mais amargo e selvagem do que antes, punindo por causas menores e usando o chicote com mais energia e mais vingativo.

Trabalhei dez anos para aquele homem sem recompensa. Dez anos do meu trabalho incessante contribuiu para aumentar suas posses. Dez anos fui obrigado a dirigir-me a ele com os olhos baixos e a cabeça descoberta – com a atitude e o linguajar de um escravo. Não me sinto em dívida com ele por nada, a não ser pelo abuso e açoites não merecidos.

Fora do alcance de sua sujeição e em solo do estado livre onde nasci pude, graças a Deus, levantar a cabeça mais uma vez entre os homens. Com os olhos erguidos posso falar das injustiças que sofri e daqueles que as infligiram. Mas não tenho vontade de falar dele ou de qualquer outro se não de forma verdadeira. No entanto, falar verdadeiramente de Edwin Epps seria como dizer: ele é um homem em cujo coração não se encontra bondade ou justiça. Suas maiores características são uma energia bruta e rude unida a uma mente inculta e um espírito avarento. Ele é conhecido como um "domador de negros" e distinguido por sua capacidade de subjugar o ânimo de um escravo e se orgulha de sua reputação assim como um jóquei se orgulha de sua habilidade de lidar com um cavalo refratário. Ele olhava para um homem negro não como um ser humano, responsável diante do Criador pelo pequeno talento que lhe foi confiado, mas como uma "propriedade", como mera propriedade viva, não melhor, exceto em valor, do que sua mula ou cão. Quando a evidência, clara e indiscutível, foi colocada diante dele, de que eu era um homem livre e tinha tanto direito a minha liberdade quanto ele – quando, no dia em que fui embora, foi informado de que eu tinha esposa e filhos, tão queridos para mim quanto seus próprios filhos eram para ele, Epps apenas praguejou e esbravejou, xingando a lei que havia me tirado dele, e declarando que descobriria quem fora o homem que havia enviado a carta que revelava o meu cativeiro, se houvesse alguma virtude ou poder no dinheiro, e tiraria a vida dele. Ele não pensou em nada além de seu prejuízo e me amaldiçoou por ter nascido livre. Ele poderia assistir impassível à língua de seus pobres escravos ser arrancada pela raiz – poderia tê-los visto queimar até virar cinzas em um fogo lento, ou ser destroçados até a morte pelos cães, se isso lhe trouxesse lucro. Um homem assim tão duro, cruel e injusto é Edwin Epps.

Havia apenas um homem mais selvagem que ele em Bayou Boeuf. A fazenda de Jim Burns era cultivada, como já mencionado, exclusivamente por mulheres. Esse bárbaro mantinha as costas delas tão em carne viva que não conseguiam realizar o trabalho habitual diário de um escravo. Ele se vangloriava de sua crueldade e, por todo o país, era considerado um homem mais severo e enérgico até mesmo do que Epps. Bruto, Jim Burns não tinha uma pontinha de misericórdia por seus escravos embrutecidos e, como um tolo, açoitava e destruía a força da qual dependia seu ganho.

Epps permaneceu em Huff Power dois anos, quando, tendo acumulado uma quantia considerável, comprou uma fazenda na margem leste de Bayou Boeuf, onde ele ainda mora. Em 1845, depois das festas, ele tomou posse da propriedade. Epps levou para lá nove escravos, os quais, exceto eu e Susan, que já morreu, ainda estão lá. Ele não adquiriu mais nenhum e, durante oito anos, foram meus companheiros de alojamento: Abram, Wiley, Phebe, Bob, Henry, Edward e Patsey. Todos estes, exceto Edward, que nasceu lá, foram comprados de um lote por Epps quando era feitor de Archy B. Williams, cuja fazenda fica às margens do rio Vermelho, não muito longe de Alexandria.

Abram era alto, com a cabeça erguida acima de qualquer homem comum. Ele tinha sessenta anos e nasceu no Tennessee. Vinte anos antes, ele fora comprado por um comerciante, levado para a Carolina do Sul e vendido para James Buford, do condado de Williamsburgh, nesse estado. Quando jovem, era conhecido pela grande força, mas a idade e a labuta incansável destruíram um pouco de sua poderosa estrutura e enfraqueceram suas faculdades mentais.

Wiley tinha quarenta e oito anos. Nasceu na propriedade de William Tassle e, durante muitos anos, assumiu o comando da balsa desse senhor no Big Black River, na Carolina do Sul.

Phebe era escrava de Buford, vizinho de Tassle, e, tendo casado com Wiley, seu senhor a comprou por insistência dela. Buford era um senhor gentil, xerife do condado e, naqueles dias, um homem rico.

Bob e Henry são filhos de Phebe com um ex-marido, o qual ela abandonou para dar lugar a Wiley. Esse jovem sedutor se insinuara à afeição de Phebe e, portanto, a esposa infiel gentilmente expulsou o primeiro marido de sua cabana. Edward já nasceu em Bayou Huff Power.

Patsey tinha vinte e três anos e também vinha da fazenda de Buford. Ela não era de forma alguma ligada aos outros, mas se vangloriava de ser filha de um negro da Guiné que fora levado para Cuba em um navio negreiro e, por questões de negócios, enviado para Buford, que era proprietário da mãe dela.

Como aprendi com eles, esse é um relato genealógico dos escravos de meu senhor. Por anos eles estiveram juntos. Muitas vezes tinham lembranças de outros tempos e suspiravam ao refazer seus passos até o antigo lar, na Carolina. O senhor Buford teve problemas, o que trouxe muito mais problemas para eles. Ele se envolveu em dívidas e, incapaz de lidar com sua falta de dinheiro, foi obrigado a vender estes e outros de seus escravos. Acorrentados em grupo, eles foram levados além do Mississippi para a fazenda de Archy B. Williams. Edwin Epps, que por muito tempo fora seu capataz e feitor, estava para estabelecer-se nos negócios por conta própria nessa época e os aceitou como pagamento por seus serviços.

O velho Abram tinha um bom coração – uma espécie de patriarca entre nós, que gostava de entreter seus irmãos mais novos com um discurso solene e sério. Ele era profundamente versado na filosofia como é ensinada na cabana do escravo; mas o grande passatempo de tio Abram era o general Jackson, a quem seu jovem senhor no Tennessee seguiu durante as guerras. Ele adorava voltar, na imaginação, para o lugar onde nascera e contar as cenas de sua juventude durante aqueles tempos em que a nação pegava em armas. Ele havia sido atlético e mais vivaz e forte do que qualquer um de sua raça, mas agora seus olhos estavam opacos e sua força natural diminuíra. Com muita frequência, na verdade, enquanto discutia o melhor método de assar seu bolo de milho, ou discorrer amplamente sobre as glórias de Jackson, ele se esquecia de onde havia deixado o chapéu, ou a enxada, ou a cesta; e então riam dele, se Epps estivesse ausente, ou era açoitado se ele estivesse presente. Ele sempre ficava perplexo e suspirava ao pensar que estava envelhecendo e se deteriorando. A filosofia, Jackson e o esquecimento haviam lhe pregado uma peça e era evidente que os três combinados estavam rapidamente levando os cabelos grisalhos do tio Abram ao túmulo.

Tia Phebe havia sido uma excelente escrava no campo, mas havia pouco tempo fora levada para a cozinha, onde permaneceu, exceto algumas vezes, em momentos de correria. Ela era uma criatura velha e astuta e, quando não estava na presença de sua senhora ou de seu senhor, era muito tagarela.

Wiley, pelo contrário, era quieto. Executava suas tarefas sem murmurar ou reclamar, raramente se entregando ao luxo de falar algo, exceto para expressar seu desejo de estar longe de Epps e voltar para a Carolina do Sul.

Bob e Henry tinham vinte e vinte e três anos, e não se distinguiam por nada extraordinário ou incomum, enquanto Edward, um rapaz de treze anos, que ainda não podia trabalhar na fileira no milharal ou no algodoal, era mantido na casa-grande para servir aos filhos de Epps.

Patsey era magra e esguia. Era sempre tão ereta quanto a forma humana é capaz de se manter. Havia um ar de altivez em seus movimentos, que nem trabalho, nem cansaço, nem punição poderiam destruir. Verdadeiramente, Patsey era um animal esplêndido, e se a escravidão não tivesse comprometido seu intelecto em uma escuridão total e eterna, teria liderado dez mil de seu povo. Ela podia saltar as cercas mais altas, e apenas um cão era capaz de superá-la numa corrida. Nenhum cavalo conseguia derrubá-la de seu dorso. Ela tinha muita habilidade no manejo de carroça. Abria sulcos na terra melhor que muitos escravos e, ao cortar troncos de madeira, ninguém a superava. Quando a ordem de encerrar os trabalhos era ouvida à noite, ela levava as mulas ao estábulo, as desatrelava, alimentava e escovava, antes que tio Abram pudesse encontrar seu chapéu. No entanto, não era famosa por isso. Seus dedos movimentavam-se muito rápido como nenhum outro e, assim, na época da colheita de algodão, Patsey era a rainha do campo.

Ela tinha um temperamento agradável e cordial e era fiel e obediente. Naturalmente, ela era uma criatura alegre, uma moça risonha e jovial, regozijando-se apenas com o fato de existir. Mesmo assim, Patsey chorava e sofria mais do que qualquer um de seus companheiros. Ela tinha sido literalmente esfolada. Suas costas mostravam as cicatrizes de mil açoites; não porque não fazia bem seu trabalho, nem porque era desatenta e rebelde, mas porque tinha se tornado escrava de um senhor atrevido e de uma senhora ciumenta. Ela se encolhia diante do olhar lascivo dele e corria até perigo de vida nas mãos dela, entre os dois, ela estava de fato amaldiçoada. Na casa-grande, por muitos dias, havia gritos e insultos raivosos, dos quais ela era a causa inocente. Nada encantava tanto a senhora quanto vê-la sofrer, e, mais de uma vez, quando Epps recusara-se a vendê-la, ela tentou me subornar para matá-la em segredo e enterrar seu corpo em algum lugar solitário na margem do pântano. Com prazer, Patsey teria saciado esse espírito implacável, se pudesse, mas, ao contrário de José, não ousava escapar do senhor Epps, deixando suas roupas na mão dele. Patsey andava sob uma nuvem. Se pronunciasse uma palavra contrária à vontade de seu senhor, recorria-se imediatamente ao açoite para que obedecesse; se ela não estivesse atenta em sua cabana ou quando andasse no quintal, talvez um pedaço de madeira, ou uma garrafa quebrada, arremessada pela sua senhora, a ferisse inesperadamente no rosto. Vítima escrava da luxúria e do ódio, Patsey não tinha paz nessa vida.

Esses foram meus companheiros e colegas de escravidão, com os quais eu era levado ao campo e com quem morei por dez anos nas cabanas de madeira de Edwin Epps. Eles, se vivos, ainda estão trabalhando nas margens de Bayou Boeuf, destinados a nunca respirar, como eu agora, o ar abençoado da liberdade, nem a se livrar das pesadas algemas que os escravizam, até que se deitem para sempre debaixo da terra.

capítulo quatorze

Destruição Da Lavoura De Algodão Em 1845
Demanda Por Trabalhadores Na Paróquia De St. Mary's
Enviado Para Lá Em Um Bando – A Ordem Para Marchar
O Grand Cocteau – Contratado Pelo Juiz Turner Em Bayou Salle
Nomeado Capataz Em Seu Engenho De Açúcar
Serviço Dominical Para Obter Utensílios Extras
Festa Na Fazenda De Yarney Em Centerville – Grande Quantia
O Capitão Do Vapor – Sua Recusa Em Me Esconder
Retorno A Bayou Boeuf – Encontro Com Tibeats
Sofrimento De Patsey – Tumulto E Contenção
Caça Do Guaxinim E Gambá – A Esperteza Do Gambá
A Magreza Do Escravo – Descrição Da Armadilha De Peixe
O Assassinato Do Homem De Natchez
Epps É Desafiado Por Marshall – A Influência Da Escravidão
O Amor Pela Liberdade

No primeiro ano de residência de Epps na região, em 1845, as lagartas destruíram quase totalmente a lavoura de algodão. Havia pouco a ser feito, de modo que os escravos ficavam necessariamente ociosos na metade do tempo. No entanto, chegou um boato a Bayou Boeuf de que os salários eram altos e de que havia demanda de trabalhadores nas fazendas de cana-de-açúcar na paróquia de St. Mary. Essa paróquia situa-se na costa do Golfo do México, a cerca de duzentos e vinte quilômetros de Avoyelles. O rio Teche, uma corrente de água considerável, flui através de St. Mary's para o golfo.

Ao receberem essa informação, os senhores de engenho determinaram que se formasse um grupo de escravos para serem enviados a Tuckapaw, em St. Mary, para trabalhar nos campos de cana-de-açúcar. Assim, em setembro, cento e quarenta e sete escravos haviam sido reunidos em Holmesville, inclusive Abram, Bob e eu. Destes, cerca de metade eram mulheres. Epps, Alonson Pierce, Henry Toler e Addison Roberts eram os homens brancos selecionados para acompanhar e assumir o comando do lote. Eles tinham uma carroça puxada por dois cavalos e dois cavalos de sela para seu uso. Uma grande diligência, puxada por quatro cavalos e conduzida por John, um menino pertencente ao sr. Roberts, carregava os cobertores e as provisões.

Por volta das duas da tarde, depois de alimentados, foram feitos os preparativos para partir. Minha função era tomar conta dos cobertores e provisões e me certificar de que nada se perdesse pelo caminho. A carroça seguia à frente, depois vinham os escravos, enquanto dois cavaleiros seguiam na retaguarda e, nessa ordem, nossa procissão saiu de Holmesville.

Naquela noite, chegamos à fazenda de um tal sr. McCrow, a uma distância de quinze ou vinte e cinco quilômetros, então fomos obrigados a parar. Acenderam grandes fogueiras e cada um se deitou em seu cobertor no chão. Os homens brancos alojaram-se na casa-grande. Uma hora antes do amanhecer, fomos despertados pelos capatazes que haviam ido conosco estalando os açoites e ordenando que nos levantássemos. Então, os cobertores foram enrolados e, depois de entregues para mim e guardados na diligência, a procissão partiu novamente.

Na noite seguinte, choveu torrencialmente. Ficamos todos encharcados, com nossas roupas cheias de lama e água. Chegando a uma clareira, antigamente uma casa de bolandeira, encontramos abrigo. Não havia espaço para todos nós nos deitarmos. Ali permanecemos, amontoados, durante a noite. De manhã, continuando nossa marcha. Durante a viagem, éramos alimentados duas vezes por dia, cozinhando nosso toucinho e assando nosso pão de milho na fogueira da mesma maneira que em nossas cabanas. Passamos por Lafayetteville, Mountsville e New-Town até Centerville, onde Bob e tio Abram foram contratados. Nosso grupo diminuía à medida que avançávamos – quase todas as fazendas de cana-de-açúcar exigiam os serviços de um ou mais.

Em nosso caminho passamos pelo Grand Cocteau, uma vasta planície monótona, sem uma árvore, exceto uma ocasional que tivesse sido transplantada perto de alguma habitação decrépita. Fora uma vez densamente povoada e cultivada, mas por alguma razão havia sido abandonada. O negócio dos poucos habitantes dessa região é principalmente a criação de gado. Rebanhos imensos pastavam quando passamos. No centro do Grand Cocteau, é como se estivesse no oceano, fora da vista da terra. Tão distante quanto o olho pode alcançar, em todas as direções, só há uma vastidão inabitada.

Fui contratado pelo juiz Turner, um homem distinto e grande fazendeiro, cuja vasta propriedade está situada em Bayou Salle, a poucos quilômetros do golfo. Bayou Salle é um pequeno riacho que flui para a baía de Atchafalaya. Durante alguns dias, trabalhei na propriedade de Turner para consertar seu engenho de açúcar, quando um machado de cana foi colocado em minha mão e, com trinta ou quarenta outros escravos, fui enviado para o campo. Não encontrei a dificuldade na arte de cortar cana como tinha na colheita de algodão. Veio a mim natural e intuitivamente, e em pouco tempo conseguia acompanhar o mais rápido facão. Antes do fim da colheita, no entanto, o juiz Turner me transferiu do campo para o engenho como capataz. Desde o início do trabalho com o açúcar até ao final, a moagem e o cozimento não cessam nem de dia nem de noite. O chicote me foi dado com instruções para usá-lo em qualquer um que fosse pego ocioso. Se eu não obedecesse ao pé da letra, havia outro chicote para minhas próprias costas. Além disso, meu dever era chamar e desfazer os diferentes grupos quando fosse preciso. Eu não tinha descansos regulares e nunca tinha períodos de sono mais prolongados.

Na Louisiana, como presumo que seja em outros estados escravagistas, é costume que o escravo retenha qualquer compensação que consiga por serviços prestados aos domingos. Assim, apenas dessa forma conseguem se prover de qualquer luxo ou privilégio. Quando um escravo, comprado ou sequestrado no Norte é levado para uma cabana em Bayou Boeuf, ele não recebe faca, garfo, nem prato, chaleira, ou qualquer outra louça ou móvel de qualquer tipo. Ele recebe apenas um cobertor antes de chegar lá, e enrolando-se nele, pode ficar de pé ou deitar-se no chão ou em uma tábua para a qual seu senhor não dê utilidade. Ele pode procurar uma cabaça na qual guardar sua refeição, ou pode comer o milho da espiga, como quiser. Se pedisse ao seu senhor uma faca, frigideira ou qualquer outra conveniência, receberia como resposta um chute ou seria motivo de risos. Qualquer artigo dessa natureza encontrado em uma cabana foi comprado com dinheiro de domingo. Por mais nocivo que seja à moral, é certamente uma bênção para o escravo poder quebrar o descanso de domingo. Caso contrário, não conseguiria obter outros utensílios indispensáveis para quem é obrigado a cozinhar para si mesmo.

Nas fazendas de cana-de-açúcar, na temporada de manufatura do açúcar, não há distinção quanto aos dias da semana. Compreende-se que todos os escravos devem trabalhar no domingo e que especialmente aqueles que são contratados, como eu fui para o juiz Turner e por outros senhores nos anos subsequentes, receberão remuneração por isso. É comum, também, no momento mais corrido da colheita de algodão, que esse mesmo serviço extra seja exigido. Com essa fonte, os escravos geralmente têm a oportunidade de comprar uma faca, uma chaleira, tabaco e assim por diante. As mulheres, que descartam este último luxo, estão dispostas a gastar sua pequena quantia na compra de fitas espalhafatosas, com as quais enfeitam os cabelos no alegre período de festas.

Permaneci em St. Mary's até o dia primeiro de janeiro, período em que meu dinheiro de domingo chegou a dez dólares. Tive outros momentos de sorte, os quais devo ao meu violino, meu companheiro constante, fonte de renda e calmante de minhas tristezas durante anos de servidão. Houve uma grande festa de brancos na fazenda do sr. Yarney, em Centerville, uma aldeia nas proximidades da fazenda de Turner. Fui contratado para tocar para eles, e ele ficaram tão contentes com a apresentação, que me deram uma contribuição que chegou a dezessete dólares.

Com essa soma em posse, era visto pelos meus companheiros como milionário. Dava-me grande prazer olhar para esse dinheiro – contá-lo repetidas vezes, dia após dia. Visões de mobília para a cabana, de baldes de água, de canivetes, novos sapatos, casacos e chapéus flutuavam na minha imaginação, e vinha a contemplação triunfante de que eu era o negro mais rico de Bayou Boeuf.

As embarcações sobem o rio Teche até Centerville. Enquanto estava lá, um dia fui corajoso o suficiente para me apresentar para o capitão de um vapor e pedir permissão para me esconder entre a carga. Fui encorajado a arriscar esse passo ao ouvir uma conversa em que soube que ele era um nativo do Norte. Não contei a ele todas as particularidades de minha história, apenas expressei um ardente desejo de escapar da escravidão e ir para um estado livre. Ele teve pena de mim, mas disse que seria impossível evitar os vigilantes oficiais da alfândega em New Orleans e que se me pegassem ele estaria sujeito à punição, e sua embarcação ao confisco. Minhas súplicas sinceras evidentemente tiveram sua simpatia e, sem dúvida, ele teria cedido a elas, se conseguisse me atender com segurança. Fui compelido a sufocar a súbita chama que surgiu em meu peito com doces esperanças de libertação, e voltei meus passos para a escuridão do desespero que crescia.

Imediatamente após esse episódio, o grupo reuniu-se novamente em Centerville, e depois que vários dos proprietários chegaram e recolheram as quantias devidas pelos nossos serviços, fomos levados de volta a Bayou Boeuf. Foi em nosso retorno, enquanto passava por uma pequena aldeia, que avistei Tibeats, sentado à porta de um armazém sujo, parecendo meio decadente e sem manutenção. Paixão e uísque barato, não duvido, haviam acabado com ele.

Soube por tia Phebe e Patsey, que esta última se envolveu cada vez mais em problemas durante nossa ausência. A pobre garota era realmente um objeto de pena. "O Velho Cara de Porco", nome pelo qual Epps era chamado, quando os escravos estavam sozinhos, a havia espancado mais severa e frequentemente do que nunca. Tão certo quanto quão bêbado chegava de Holmesville – o que era frequente naqueles dias – ele a açoitava meramente para satisfazer a sua senhora; a punira de uma forma quase intolerável por uma ofensa da qual ele mesmo era a única e irremediável causa. Quando sóbrio, ele nem sempre deixava de atender à insaciável sede de vingança de sua esposa.

Livrar-se de Patsey – tirá-la de vista ou do alcance, com a sua venda, morte ou de qualquer outra forma, nos últimos anos, parecia ser o único pensamento e a paixão de minha senhora. Patsey era uma das favoritas quando criança, mesmo na casa-grande. Ela fora querida e admirada por sua incomum vivacidade e por ser agradável. Ela era alimentada muitas vezes, como contava tio Abram, até mesmo com biscoito e leite, quando a senhora, em sua juventude, costumava chamá-la para a varanda e fazer-lhe carinho como se fosse uma gatinha brincalhona. Mas uma triste mudança veio sobre o espírito daquela mulher. Agora, apenas o mal mais obscuro e raivoso tinha lugar em seu coração, até que só olhasse para Patsey com um veneno concentrado.

A senhora Epps não era naturalmente uma mulher má, afinal de contas. Estava possuída pelo diabo, pelo ciúme, é verdade, mas, além disso, havia muito para admirar em seu caráter. Seu pai, o sr. Roberts, residia em Cheneyville, era um homem influente e honrado e tão respeitado em toda a paróquia quanto qualquer outro cidadão. Ela tinha sido bem educada em alguma instituição desse lado do Mississippi; era linda, preparada e geralmente bem-humorada. Ela foi gentil com todos nós, exceto com Patsey – frequentemente, na ausência do marido, enviava-nos algum petisco de sua própria mesa. Em outras situações – em uma sociedade diferente daquela que existia nas margens de Bayou Boeuf –, ela teria sido declarada uma mulher elegante e fascinante. Vento desafortunado foi o que a levou aos braços de Epps.

Ele respeitava e amava a esposa tanto quanto uma natureza grosseira como a dele é capaz de amar, mas seu grande egoísmo sempre se sobrepunha ao afeto conjugal. "Ele amava tanto quanto as criaturas mais simples, mas aquele homem possuía maldade no coração e na alma." Ele estava sempre pronto para satisfazer qualquer capricho – para conceder qualquer pedido que ela fizesse, desde que não custasse muito. Patsey valia o mesmo que dois de seus escravos no algodoal. Ele não poderia substituí-la sem prejuízo. A ideia de se livrar dela, portanto, não podia ser considerada. A senhora não a considerava sob essa luz. O orgulho da arrogante mulher fora espicaçado; seu sangue sulista enfurecido fervia com a visão de Patsey, e nada menos do que acabar com a vida da serva indefesa a satisfaria.

Às vezes sua ira se voltava contra aquele que ela tinha motivos para odiar. Mas a tempestade de palavras furiosas cessava e um período de calmaria chegava novamente. Nessas ocasiões, Patsey tremia de medo e chorava como se seu coração fosse se partir, pois sabia, por dolorosa experiência, que se a senhora chegasse ao auge da raiva, Epps a acalmaria com uma promessa de que Patsey seria açoitada – promessa que ele deixaria de cumprir. Assim, o orgulho, o ciúme e a vingança guerreavam com a avareza e a paixão selvagem na mansão do meu senhor, enchendo-a com tumulto e discussões diárias. Assim, era sobre a cabeça de Patsey – a escrava simples, em cujo coração Deus implantou as sementes da virtude – que recaía a força de todas essas tempestades domésticas.

Durante o verão após meu retorno da paróquia de St. Mary, arquitetei um plano para conseguir comida, que, embora simples, superou as expectativas. Ele foi seguido por muitos outros na mesma condição que eu por toda a região, e trouxe tantos benefícios que quase me convenci de que fui um benfeitor para essas pessoas. Naquele verão, os vermes tomaram o toucinho. Nada, a não ser uma fome voraz nos fazia comê-lo. A ração semanal de comida era insuficiente para nos satisfazer. Era costume entre nós, como em toda aquela região, quando a ração acabava antes de sábado à noite, ou estava em estado nauseabundo e nojento, caçar guaxinim e gambá nos brejos. Isso, no entanto, deve ser feito à noite, após todo um dia de trabalho. Há fazendeiros cujos escravos ficam meses sem qualquer outra carne a não ser essa. Não havia objeção à caça, ainda mais que dispensa o defumadouro e todo guaxinim desatento morto poupa uma parte do milho guardado. Eles são caçados com cães e pedaços de pau, pois não é permitido aos escravos usar armas de fogo.

A carne do guaxinim é palatável, mas não há nada tão delicioso quanto um gambá assado. São animais roliços, de corpo comprido e uma cor esbranquiçada, com nariz de porco e cauda de rato. Eles se enterram entre as raízes e nas cavidades das árvores e são desajeitados e lentos. São criaturas traiçoeiras e astutas. Ao receber o menor toque de uma vara, deitam no chão e fingem-se de mortos. Se o caçador os abandona em busca de outro animal sem cuidar de quebrar-lhes o pescoço, é provável que, quando voltar, não os encontre mais. O pequeno animal pode enganar seu caçador – "fingindo-se de morto" – e fugir. Mas, depois de um longo e árduo dia de trabalho, o escravo, cansado, pouco tem vontade de ir ao brejo para procurar algo para jantar, e na maior parte das vezes prefere se jogar no chão da cabana sem comer. É do interesse do senhor que o escravo não tenha problemas devido à fome, assim como que ele não fique gordo por comer demais. Na perspectiva do proprietário, um escravo é mais útil se magro e ágil, como um cavalo de corrida. É nessa condição que geralmente são encontrados nas fazendas de açúcar e algodão ao longo do rio Vermelho.

Minha cabana ficava a poucos metros da margem do riacho, e sendo a necessidade de fato a mãe da invenção, inventei uma maneira de obter comida, sem ter de ir à noite ao brejo. Elaborei uma armadilha para peixes. Criei, na minha cabeça, um modo de fazê-lo e, no domingo seguinte, coloquei a ideia em prática. Talvez seja impossível mostrar ao leitor toda a ideia da forma como foi executada, mas o que vem a seguir servirá como uma descrição geral:

Faz-se uma armação com sessenta a noventa centímetros de lado e altura de acordo com a profundidade da água em que será mergulhada. Tábuas ou ripas são pregadas em três lados desse quadro, não muito rente, mas que possa evitar que a água circule livremente através delas. Uma portinha é encaixada no quarto lado, de maneira que deslize facilmente para cima e para baixo nas ranhuras laterais. Um fundo móvel é então fixado de modo que possa ser elevado ao topo da moldura sem dificuldade. No centro do fundo móvel, é feito um orifício e nele é colocada frouxamente a extremidade de uma vareta de modo que seja possível girá-la. A vareta sobe do centro do fundo móvel para o topo do quadro ou até a altura que se deseje. Acima e abaixo da vareta há diversos buracos através dos quais passam pequenos gravetos, estendendo-se para lados opostos da estrutura. Tantos desses pequenos gravetos saem da vareta maior em todas as direções, que um peixe de dimensões consideráveis não consegue passar sem se chocar em um deles. O quadro é então colocado na água e deixado parado.

A armadilha é preparada deslizando ou levantando a portinha, que deve ser mantida nessa posição com outra vareta, que tem uma extremidade apoiada em um entalhe no lado interno da estrutura e a outra extremidade em um entalhe feito na alça que parte do centro do fundo móvel. Coloca-se como isca na armadilha um punhado de farinha de milho úmida e algodão, que são embolados juntos até que fiquem duros, e então são colocados na parte de trás do quadro. Um peixe que nade através da portinha erguida em direção à isca necessariamente se chocará com um dos pequenos gravetos, o que fará girar a vareta maior, que irá deslocar a haste que sustenta a portinha, prendendo o peixe dentro da moldura. Segurando a parte superior do cabo, o fundo móvel é então puxado para a superfície da água e o peixe é retirado. Pode ter existido outras armadilhas antes da minha, mas, se houve, nunca tinha visto uma. Bayou Boeuf é abundante em peixes grandes e de excelente qualidade, e depois dessa armadilha, raramente fiquei sem peixe, assim como meus companheiros. Desse modo, uma mina foi descoberta – um novo recurso foi desenvolvido, até então não pensado pelos filhos escravizados da África, que trabalham e passam fome ao longo daquela costa preguiçosa, mas prolífica.

Na época em que escrevo, ocorreu um evento em nossa vizinhança que me impressionou profundamente, e que mostra a situação da sociedade que ali existia e a maneira como as afrontas são muitas vezes vingadas. Bem em frente ao nosso alojamento, do outro lado do riacho, ficava a fazenda do sr. Marshall. Ele pertencia a uma das famílias mais ricas e aristocráticas do país. Um cavalheiro de Natchez estava negociando com ele a compra da propriedade. Um dia veio um mensageiro apressado para a nossa fazenda, dizendo que uma luta sangrenta e medonha estava acontecendo na fazenda de Marshall – que sangue havia sido derramado – e que, a menos que os combatentes fossem separados imediatamente, o resultado seria desastroso.

Ao chegar à casa de Marshall, apresentou-se uma cena que é preciso descrever. No chão de uma das salas, estava o cadáver do homem de Natchez, enquanto Marshall, enfurecido e coberto de feridas e sangue, andava de um lado para o outro, "exalando ameaças e raiva". Uma dificuldade surgira no decorrer da negociação, então os homens sacaram as armas e proferiram palavras de baixo calão, e aí começou a contenda mortal que terminou tão desastrosamente. Marshall nunca foi preso. Foi feita uma espécie de julgamento ou investigação em Marksville, mas ele foi absolvido e voltou para a sua fazenda, mais respeitado, como me parecia, do que nunca pelo fato de que o sangue de outro homem havia manchado sua alma.

Epps se interessou por ele, acompanhando-o até Marksville e, em todas as ocasiões, justificando-o em voz alta, mas seus serviços não impediram que, mais tarde, um parente desse mesmo Marshall tentasse matá-lo. Houve uma briga entre eles em uma mesa de jogo, que terminou em uma disputa mortal. Cavalgando diante da casa um dia, armado com pistolas e uma faca de caça, Marshall desafiou-

-o a sair e resolver a briga ou iria entender que era um covarde, e matá-lo como um cão na primeira oportunidade. Não por covardia, nem por escrúpulos conscienciosos, na minha opinião, mas pela influência de sua esposa, ele não aceitou o desafio de seu inimigo. Houve, no entanto, uma reconciliação depois, e desde então compartilham uma grande intimidade.

Tais ocorrências, que trariam às partes envolvidas condenação e punição nos estados do Norte, são frequentes na região e passam despercebidas e quase sem comentários. Todo homem carrega sua faca de caça, e quando dois entram em desacordo, põem-se a retalhar e golpear um ao outro, mais como selvagens do que seres civilizados e esclarecidos.

A existência entre eles da escravidão em sua forma mais cruel tem a tendência de brutalizar os melhores sentimentos humanos de sua natureza. Testemunhas diárias do sofrimento humano – ouvindo os agonizantes gritos do escravo – vendo-os contorcer-se sob o chicote impiedoso – mordidos e dilacerados pelos cães – morrendo sem atenção e enterrados sem mortalha nem caixão –, não se pode esperar nada além de se tornarem brutos e indiferentes à vida humana. É verdade que há muitos homens bons e gentis na paróquia de Avoyelles – homens como William Ford –, que sentem piedade dos sofrimentos de um escravo, assim como existem, em todo o mundo, espíritos sensíveis e compreensíveis que não conseguem olhar com indiferença para os sofrimentos de qualquer criatura que o Todo-Poderoso tenha dotado de vida. Não é culpa de o proprietário de escravos ser cruel, mas do sistema sob o qual ele vive. Ele não consegue ser contrário à influência do hábito e das relações que o cercam. Ensinado desde a mais tenra infância por tudo o que ele vê e ouve que a vara serve para as costas do escravo, ele não estará apto a mudar de opinião na maturidade.

Podem existir senhores humanos, como certamente existem desumanos – existem escravos bem vestidos, bem alimentados e felizes, como certamente há aqueles maltrapilhos, famintos e infelizes; no entanto, a instituição que tolera tal injustiça e desumanidade, como aquelas que testemunhei, é cruel, injusta e bárbara. Os homens podem escrever ficções retratando a vida simples como ela é, ou como ela não é – podem discorrer com majestosa gravidade sobre a bênção da ignorância – dissertar imprudentemente de suas poltronas confortáveis sobre os prazeres da vida escrava; mas deixe-os trabalharem com os escravos no campo – dormirem com eles na cabana – comerem de sua comida; deixe-os se sentirem açoitados, caçados e pisoteados e eles voltarão com outra história para contar. Deixe-os conhecerem o *coração* do pobre escravo – descobrirem seus pensamentos secretos – pensamentos que ele não ousa proferir perto do homem branco; deixe-os sentarem-se ao lado deles nas silenciosas horas da noite – conversarem com eles com franqueza e confiança sobre "a vida, a liberdade e a busca da felicidade", e eles descobrirão que noventa e nove de cada cem são inteligentes o suficiente para entender a própria situação e acalentar no peito o amor pela liberdade tão apaixonadamente quanto eles.

capítulo quinze

Trabalho Nas Fazendas De Açúcar – Maneira De Plantar Cana
Canteiros De Cana – Corte De Cana
Descrição Do Facão De Cana – Preparo Para Colheita
Descrição Do Engenho De Hawkins Em Bayou Boeuf
As Festas De Natal – Carnaval Dos Filhos Do Cativeiro
A Ceia De Natal – Vermelho, A Cor Favorita
O Consolo Do Violino – A Dança De Natal
Lively, A Destruidora De Corações – Sam Roberts E Seus Rivais
Músicas De Escravos – A Vida No Sul Como Ela É
Três Dias No Ano – O Sistema De Matrimônio
Descaso De Tio Abram Com Seu Matrimônio

Em consequência da minha incapacidade em colher algodão, Epps tinha o costume de me empregar em fazendas de cana-de-açúcar durante a temporada de corte e produção de açúcar. Ele recebia um dólar por dia por meus serviços, e com o dinheiro colocava outro trabalhador em meu lugar no algodoal. Cortar cana era um serviço que me convinha, e por três anos seguidos comandei um grupo de cinquenta a cem escravos na fazenda Hawkins.

Em um capítulo anterior descrevi como é cultivado o algodão. Este pode ser o momento apropriado para descrever o cultivo da cana.

O solo é preparado em canteiros, assim como é preparado para receber as sementes de algodão, porém é arado mais fundo. Os sulcos são feitos da mesma maneira. O plantio começa em janeiro e vai até abril. É necessário plantar a cana-de-açúcar apenas uma vez a cada três anos. São feitas três colheitas antes que a semente ou planta esteja esgotada.

Três grupos de escravos são empregados nesse trabalho. Um deles extrai a cana, cortando o topo e as folhas do caule, deixando apenas a parte que é madura e saudável. Cada junta da cana tem um olho, como o olho de uma batata, de onde nasce um broto quando plantada no solo. Outro grupo coloca a cana nos sulcos, de duas em duas, lado a lado, de tal maneira que haja uma junta a cada quinze centímetros mais ou menos. O terceiro grupo trabalha com as enxadas, puxando terra sobre as juntas e cobrindo-as até uns dez centímetros.

Em quatro semanas, no mais tardar, os brotos começam a elevar-se acima do solo e, então, crescem bem rápido. Um campo de açúcar é arado três vezes, como o algodão, porém é puxada mais terra das raízes. A aragem termina nos primeiros dias de agosto. Em meados de setembro, o que for necessário para muda é cortado e empilhado. Em outubro está tudo pronto para a moagem ou engenho, e então começa a colheita. A lâmina de um facão para cortar cana tem quarenta centímetros de comprimento e dez centímetros de largura no meio, afunilando em direção à ponta e ao cabo. A lâmina é fina e, para ser útil, deve ser mantida muito afiada. Um escravo lidera outros dois ao seu lado. O escravo que conduz, primeiro, com um golpe do facão, corta as folhas do caule. Em seguida, o próximo corta o topo até onde a cana ainda está verde. Ele deve tomar cuidado para cortar a parte verde da parte madura, visto que o sumo da primeira azeda o melaço e o torna invendável. Então corta o caule perto da raiz e o joga logo atrás de si. Seus companheiros da direita e da esquerda colocam os caules, depois de cortados, sobre os dele. A cada três escravos vem uma carroça, na qual a cana é jogada pelos escravos mais jovens, e então é levada ao moinho.

Se houver suspeita de geada, a cana é cortada. Os caules são cortados antes da época e colocados longitudinalmente nos sulcos de água de modo que o topo de uns cubra o topo dos outros. Eles ficarão nessa condição por três semanas ou um mês sem azedar e protegidos da geada. Quando chega a época certa, eles são retirados, desbastados e levados para o engenho.

Em janeiro, os escravos vão para o campo novamente preparar outra colheita. O solo agora está coberto da ponta dos caules e de folhas cortadas do ano anterior. Em um dia seco, coloca-se fogo a esse lixo combustível, que varre o campo, deixando-o nu e limpo, pronto para as enxadas. A terra é revolvida próximo das raízes do velho restolho e, no decorrer do tempo, outra planta brota da semente do ano anterior. Ocorre o mesmo processo no ano seguinte;

mas no terceiro ano a força da semente se esgota, e o campo deve ser arado e semeado novamente. No segundo ano a cana é mais doce e rende mais do que no primeiro, e no terceiro ano mais do que no segundo.

Nas três temporadas que trabalhei na fazenda de Hawkins, ocupava uma parte considerável de meu tempo no moinho. Ele é conhecido como o produtor da melhor variedade de açúcar branco. A seguir, uma descrição geral de seu engenho e do processo de fabricação:

O moinho é uma imensa edificação de tijolos à margem do rio. Fora dessa construção há um galpão aberto, com pelo menos trinta metros de comprimento e doze ou quinze metros de largura. A caldeira na qual o vapor é gerado fica fora do edifício principal; o maquinário e o motor ficam em uma plataforma de tijolos, a quatro metros e meio do chão, dentro do corpo de toda a estrutura. As máquinas fazem girar dois grandes cilindros de ferro, com sessenta a noventa centímetros de diâmetro e dois metros ou dois metros e meio de comprimento. Eles são elevados acima da plataforma de tijolos e rolam um em direção ao outro. Uma longa esteira feita de corrente e madeira, como os cintos de couro usados em pequenos moinhos, se estende dos cilindros de ferro para fora da construção principal e ao longo do galpão aberto. As carroças em que a cana é trazida do campo logo que é cortada são descarregadas ao lado do galpão. Ao longo da esteira ficam crianças escravas, cuja função é colocar a cana sobre ela, que é, assim, transportada através do galpão até a construção principal, onde é jogada entre os cilindros e esmagada; o bagaço resultante disso é colocado sobre outra esteira que o transporta para fora da construção principal, na direção oposta, e deposita-o no topo de uma chaminé abaixo da qual está aceso um fogo, que o consome. É necessário queimá-lo dessa maneira, pois, se não, logo encheria o local, azedaria e causaria doenças. O suco da cana cai em um condutor sob os cilindros de ferro e é levado para um reservatório. Tubos transportam-no para cinco filtros, que contêm vários barris cada um. Esses filtros são preenchidos com uma substância que lembra pó de carvão. Ela é feita de ossos calcinados em vasos vedados e usada com a finalidade de descolorir, por filtração, o sumo da cana antes de ferver. Esse suco passa sucessivamente por esses cinco filtros e depois vai para um grande reservatório subterrâneo, de onde é levado, por meio de um motor a vapor, para um clarificador feito de chapas de ferro, onde é aquecido pelo vapor até a fervura. Do primeiro clarificador o suco é transportado em canos para um segundo e um terceiro, e daí para panelas de ferro fechadas através das quais passam tubos aquecidos por vapor. Enquanto ferve, o suco passa sucessivamente pelas três panelas e é então levado por outros canos até os resfriadores no chão. Os resfriadores são caixas de madeira com fundo de peneira feita de arame muito fino. Assim que o xarope passa pelos resfriadores e entra em contato com o ar, ele cristaliza e o melaço imediatamente escorre pelas peneiras para uma cisterna abaixo. É então que se tem o açúcar branco ou em torrão – claro, limpo e branco como a neve. Após resfriado, é retirado, guardado em barris e está pronto para o mercado. O melaço é levado da cisterna para o andar superior e, por meio de outro processo, é convertido em açúcar mascavo.

Há moinhos maiores e construídos de modo diferente do que descrevi de maneira imperfeita, mas nenhum, talvez, mais louvado do que este em todo Bayou Boeuf. Lambert, de New Orleans, é sócio de Hawkins. Ele é um homem de grande riqueza, tendo, como me foi dito, propriedade em parte de mais de quarenta fazendas de açúcar na Louisiana.

* * *

A única pausa no incessante trabalho dos escravos durante todo o ano é nas festas de Natal. Epps nos permitia três dias – outros fazendeiros permitiam quatro, cinco e até seis dias, de acordo com sua generosidade. É a única data que os escravos aguardam com interesse ou prazer. Ficam contentes quando a noite chega, não só porque lhes traz algumas horas de descanso, mas porque os aproxima um dia a mais do Natal. É saudado com igual prazer por velhos e jovens; até mesmo tio Abram deixa de glorificar Andrew Jackson e Patsey esquece suas muitas tristezas em meio à felicidade geral das festas. É época de festejar, divertir-se e tocar música – a temporada de carnaval dos filhos do cativeiro. São os únicos dias em que lhes é permitido um pouco de liberdade restrita e de fato eles gostam disso.

É costume os fazendeiros oferecerem uma "ceia de Natal", convidando os escravos das fazendas vizinhas a se juntarem; por exemplo, um ano é oferecida por Epps, a próxima por Marshall, depois por Hawkins e assim por diante. Geralmente, reúnem-se de trezentas a quinhentas pessoas, que vão a pé, em carroças, a cavalo, em mulas, em duplas e trios, às vezes um rapaz e uma moça, ou uma moça e dois rapazes, ou ainda um rapaz, uma moça e uma velha. Tio Abram montado em uma mula, com tia Phebe e Patsey atrás dele, trotando em direção ao jantar de Natal, não seria uma visão incomum em Bayou Boeuf.

Mais do que nos outros dias do ano, os escravos se vestem com seus melhores trajes nessa época. O casaco de algodão é lavado, um toco de vela de sebo é passado nos sapatos e, se tivessem a sorte de ter um chapéu sem aba ou topo, seria usado alegremente na cabeça. Eles são acolhidos com a mesma cordialidade, se com a cabeça descoberta ou descalços. De um modo geral, as mulheres usam lenços amarrados na cabeça, mas, se por acaso tiverem uma fita vermelha, ou se um boné da avó de sua patroa for descartado, com certeza elas usarão em tais ocasiões. Vermelho – o vermelho-sangue profundo – é decididamente a cor favorita entre as donzelas escravizadas que conheço. Se uma fita vermelha não circunda o pescoço, certamente os cabelos estarão amarrados com laços vermelhos de um tipo ou de outro.

A mesa é posta ao ar livre e servida com variedades de carne e legumes. Toucinho e farinha de milho são dispensados nesses momentos. Às vezes, a comida é preparada na cozinha da fazenda, outras, à sombra de grandes árvores. Neste último caso, um buraco é cavado no chão, e a madeira é colocada ali e queimada até que fique cheio de brasas incandescentes, sobre as quais são assados galinhas, patos, perus, porcos e, não raramente, todo o corpo de um boi selvagem. Eles recebem também farinha, com a qual fazem biscoitos, e muitas vezes pêssego e outras conservas, todos os tipos de tortas, menos de carne, que ainda não conhecem. Somente o escravo que viveu vários anos com sua escassa ração de farinha de milho e toucinho pode apreciar esses jantares. Muitos brancos se reúnem para testemunhar esses prazeres gastronômicos.

Eles se sentam à mesa rústica – os homens de um lado, as mulheres do outro. Aqueles que compartilham alguma ternura, invariavelmente, conseguem sentar-se de frente um para o outro; pois o cupido onipresente não deixa de lançar suas flechas no coração simples dos escravos. Alegria pura e exultante ilumina os rostos escuros de todos eles. Os dentes de marfim, contrastando com a pele negra, exibem duas longas fileiras brancas em toda a extensão da mesa. Ao redor, uma infinidade de olhos se revolvem em êxtase. Risos e gargalhadas e o barulho de talheres e louças se sucedem. O cotovelo de Cuffee cutuca o vizinho, impelido por um impulso involuntário de diversão; Nelly sacode o dedo para Sambo e ri, mas não sabe por quê, e assim a diversão e a alegria fluem.

Quando a carne acaba e a fome dos filhos da escravidão está satisfeita, dá-se início à dança natalina. Minha função nesses dias de gala sempre foi tocar violino. A raça africana é amante da música, proverbialmente; e havia muitos entre os meus companheiros com grande sensibilidade musical e que podiam dedilhar o banjo com destreza; mas, a despeito de parecer egoísta, devo, no entanto, declarar que fui considerado o Ole Bull de Bayou Boeuf. Meu senhor recebia muitas cartas, às vezes vindas de lugares a dezesseis quilômetros dali, pedindo que me enviasse para tocar em bailes ou festivais dos brancos. Ele recebia sua compensação por isso, e eu geralmente também retornava com algumas moedas tilintando em meus bolsos – eram as contribuições extras daqueles para cujo prazer eu tinha contribuído. Dessa maneira, tornei-me mais conhecido na região do que seria de outra forma. Os rapazes e as moças de Holmesville sempre sabiam que haveria festa em algum lugar quando viam o Platt de Epps passar pela cidade com seu violino na mão. "Aonde está indo agora, Platt?" e "O que vai ter hoje à noite, Platt?" eram as perguntas que vinham das portas e janelas, e muitas vezes quando não tinha pressa, atendendo aos pedidos, empunhava meu arco e, montado em minha mula, tocava para uma multidão de crianças encantadas, reunidas a minha volta na rua.

Ai! Se não fosse pelo meu amado violino, mal consigo conceber os longos anos de escravidão. Ele me apresentou a grandes casas – me aliviou de muitos dias de trabalho no campo – me proporcionou conveniências para minha cabana – como cachimbos e tabaco, e pares extras de sapatos, e muitas vezes me levou para longe da presença de um senhor duro, para testemunhar cenas de alegria e risos. Foi meu companheiro – o amigo do peito – que triunfou alto quando eu estava alegre e proferia suas consolações suaves e melodiosas quando eu estava triste. Muitas vezes, à meia-noite, quando o sono fugia assustado da cabana, e minha alma estava assolada e perturbada com a contemplação do meu destino, ele entoava uma canção de paz. Nos dias sagrados de domingo, quando eram permitidas uma ou duas horas de lazer, ele me acompanhava até um lugar tranquilo na margem do riacho e elevava sua voz gentil e agradavelmente. Levou meu nome por todo a região – apresentou-me amigos que, de outra forma, não me notariam – deu-me um lugar de honra nas festas anuais e assegurou-me as boas-vindas mais fervorosas e sinceras de todos na dança de Natal. A dança de Natal! Ó vocês, filhos e filhas do ócio, que procuram o prazer, que se movem com passos medidos, ágeis e sinuosos pelo lento salão de dança, se desejam a celeridade, senão a "poesia do movimento" – diante da felicidade genuína, desenfreada e livre – vão à Louisiana e vejam os escravos dançando sob à luz das estrelas de uma noite de Natal.

Naquele Natal em particular, que tenho agora em mente, cuja descrição servirá como ideia geral, a srta. Lively e o sr. Sam, a primeira pertencente a Stewart e o último a Roberts, começaram a dança. Era bem sabido que Sam nutria uma paixão ardente por Lively, assim como um dos filhos de Marshall e outro de Carey; afinal Lively era realmente *vivaz* e uma destruidora de corações. Foi uma vitória para Sam Roberts, quando, levantando-se da mesa, ela lhe deu a mão para a primeira dança em vez de para um de seus rivais. Eles ficaram um tanto de crista baixa e, balançando a cabeça com raiva, insinuaram que gostariam de pegar o sr. Sam e dar-lhe uma surra. Mas nenhum sentimento de ira abalou o peito plácido de Samuel, enquanto suas pernas voavam como baquetas ao lado de sua sedutora parceira. Todos os aplaudiram ruidosamente e, excitados pelos aplausos, os dois continuaram a "arrebentar" mesmo depois que todos os outros já estavam exaustos e pararam por um instante para recuperar o fôlego. Mas os esforços sobre-humanos de Sam finalmente o superaram e ele deixou Lively sozinha, que ainda girava como um pião. Então um de seus rivais, Pete Marshall, correu para o salão e, com força e energia, pulou e dançou e se jogou de todas as formas possíveis, como se estivesse determinado a mostrar à srta. Lively e todo o mundo que Sam Roberts não sabia nada.

O afeto de Pete, no entanto, era maior que sua discrição. Tal exercício violento tirou totalmente seu fôlego e ele caiu como um saco vazio. Então foi a vez de Harry Carey tentar a sorte; mas Lively também logo lhe deu uma canseira, em meio a urras e gritos, sustentando sua merecida reputação de ser a "garota mais rápida" do riacho.

Quando um parceiro se cansava, outro tomava o seu lugar, e quem permanecesse mais tempo no salão recebia mais aplausos barulhentos, e assim a dança continuava até a luz do dia. O som do violino não para, mas, nesse caso, alguns presentes executavam uma música própria. Esse estilo é chamado de "tapinha", acompanhado de uma canção sem letra, composta mais para ser adaptada a certa melodia ou compasso do que para expressar qualquer ideia. O tapinha é feito batendo as mãos nos joelhos, depois com as palmas e então batendo no ombro direito com uma mão e no esquerdo com a outra – o tempo todo mantendo o ritmo com os pés e cantando, talvez, esta música:

> *O ribeirão de Harper é um riacho ruidoso,*
> *Minha querida, vamos viver para sempre;*
> *Então vamos para a nação além,*
> *Tudo que eu quero nesta vida*
> *É uma bela mulherzinha e uma grande fazenda.*
>
> (REFRÃO)   *Para lá daquele carvalho e riacho abaixo,*
> *Dois capatazes e um negrinho.*

Ou, se essas palavras não combinam com a melodia, pode ser que "Old Hog Eye", um tipo de versificação bastante solene e surpreendente, que, no entanto, é para ser apreciado apenas no Sul, combine. É mais ou menos assim:

> *Quem esteve aqui desde que eu fui embora?*
> *Uma garotinha bonita com um sorriso no rosto*
> *Olho de porco!*
> *Velho olho de porco!*
> *E Hosey também!*

> *Nunca vi em toda a vida,*
> *Aí vem uma garotinha com um sorriso bonito.*
> *Olho de porco!*
> *Velho olho de porco!*
> *E Hosey também!*

Ou pode ser o seguinte, talvez, igualmente sem sentido, mas cheio de melodia, no entanto, quando flui da boca do negro:

> *Ebo Dick e Jurdan Jo,*
> *Os dois negros me roubaram.*
> (Refrão) *Pule, Jim,*
> *Ande, Jim*
> *Fale, Jim... etc.*

> *O velho preto Dan é preto como alcatrão*
> *Ele se alegra de não estar lá.*
> *Pule, Jim... etc.*

Nos dias depois do Natal, os escravos recebem um salvo-conduto e têm permissão para ir aonde desejarem em uma distância limitada, ou podem permanecer e trabalhar na fazenda, para o qual são pagos. É muito raro, no entanto, que a última alternativa seja aceita. Eles são vistos nesses momentos correndo para todas as direções, como meros mortais felizes sobre a terra. Eles são seres diferentes de quando estão no campo; o descanso temporário, a breve libertação do medo e do açoite, produz uma metamorfose em sua aparência e seu comportamento. Ao fazer visitas, cavalgar, renovar velhas amizades ou, por acaso, reviver alguma relação antiga ou ir atrás de qualquer prazer que possa surgir, o tempo é bem usado. Essa é a "vida do Sul como ela é", *três dias no ano*, como eu a vi – os outros trezentos e sessenta e dois dias são de cansaço, medo, sofrimento e trabalho sem fim.

O casamento frequentemente acontece durante as festas, se se pode dizer que tal instituição existe entre os escravos. Antes desse enlace sagrado, no entanto, é necessário obter o consentimento dos proprietários. Geralmente o casamento é encorajado pelos senhores de escravas mulheres. Qualquer parte pode ter tantos maridos ou esposas quanto o proprietário permitir, e tem a liberdade de se separar conforme quiser. A lei em relação ao divórcio, ou à bigamia, e assim por diante, não é aplicável a escravos, é claro. Se a esposa não pertencer à mesma fazenda que o marido, ele poderá visitá-la nas noites de sábado, se não for muito longe. A esposa do tio Abram morava a onze quilômetros de Epps, em Bayou Huff Power. Ele tinha permissão para visitá-la uma vez a cada quinze dias, mas ele estava envelhecendo, como já foi dito, e na verdade ultimamente estava a esquecendo. Tio Abram não tinha tempo para perder em suas meditações sobre o general Jackson – o flerte conjugal era bom para os jovens e imaturos, mas impróprio para um filósofo sério e solene como ele.

capítulo dezesseis

Feitores – Como Eram Armados E Acompanhados
O Homicídio – A Execução Em Marksville – Escravos
Capatazes – Nomeado Na Ida Para Bayou Boeuf
A Prática Faz A Perfeição
A Tentativa De Epps De Cortar A Garganta De Platt
A Fuga – Protegido Pela Senhora
Proibido De Ler E Escrever
Uma Folha De Papel Depois De Nove Anos
A Carta – Armsby, O Branco Médio – Confiança Parcial Nele
Sua Traição – Suspeitas De Epps
Como Elas Foram Dissolvidas – Queimando A Carta
Armsby Deixa A Fazenda – Desaparecimento E Desespero

Com exceção de minha viagem à paróquia de St. Mary e de minha ausência durante as temporadas de corte de cana, eu sempre era empregado na fazenda do senhor Epps. Ele era considerado um pequeno fazendeiro, sem escravos suficientes que exigissem os serviços de um feitor, assim ele mesmo executava essa função. Como não podia aumentar o número de trabalhadores, costumava contratar escravos extras durante a colheita de algodão.

Em propriedades maiores, que empregavam cinquenta ou cem, talvez duzentos escravos, o feitor era indispensável. Esses senhores cavalgam pelo campo, sem exceção que eu saiba, armados com pistolas, faca de caça, chicotes e acompanhados por vários cães. Eles seguem, dessa maneira, na retaguarda dos escravos, mantendo um olhar atento sobre todos eles. As qualificações necessárias para um feitor são a crueldade, a brutalidade e a violência. É da sua conta garantir grandes colheitas e, assim, não importa o sofrimento que possa ter de causar. A presença dos cães é necessária para capturar um fugitivo que resolva escapar, como às vezes acontece, e, quando fraco ou doente, é incapaz de manter sua fileira e de suportar o chicote. As pistolas são reservadas para qualquer emergência perigosa, tendo havido casos em que tais armas foram necessárias. Levado à loucura incontrolável, até mesmo o escravo às vezes se volta contra seu opressor. Em janeiro passado ainda estava montada em Marksville a forca em que foi executado há um ano um escravo por matar seu feitor. Ocorreu a poucos quilômetros da fazenda de Epps no rio

Vermelho. O escravo recebeu a tarefa de cortar lenha. No decorrer do dia, o feitor mandou-o fazer outra coisa que ocupou tanto seu tempo que não lhe foi possível realizar a primeira tarefa. No dia seguinte, ele foi chamado para dizer o que acontecera, mas o atraso que a outra tarefa havia causado não era desculpa, e o feitor lhe ordenou se ajoelhar e tirar a camisa para receber os açoites. Eles estavam na floresta sozinhos – além do alcance da visão ou da audição. O rapaz se submeteu até ficar enlouquecido diante dessa injustiça e, louco de dor, levantou-se de um pulo, pegou um machado e literalmente cortou o feitor em pedaços. Ele não tentou esconder o que tinha feito, mas, apressando-se a seu senhor, relatou todo o caso e declarou-se pronto para expiar o mal com o sacrifício de sua vida. Ele foi conduzido à forca e, enquanto a corda estava em volta de seu pescoço, manteve uma atitude imperturbável e destemida, justificando-se com suas últimas palavras.

Além do feitor, há capatazes sob ele em número proporcional à quantidade de escravos no campo. Os capatazes são negros que, além de trabalhar nas mesmas funções que os escravos, são obrigados a açoitar seus vários grupos. Andam com um chicote pendurado em torno do pescoço, e se não os usam devidamente, eles próprios são açoitados. Eles têm alguns privilégios, no entanto; por exemplo, no corte da cana, os escravos não podem se sentar por tempo suficiente para comer sua comida. Carrinhos cheios de pão de milho, preparados na cozinha, são levados para o campo ao meio-dia. Os pães são distribuídos pelos capatazes e devem ser ingeridos o mais rápido possível.

Quando o escravo para de respirar, como costuma acontecer quando é exigido além de sua força, ele cai no chão e fica totalmente indefeso. É então dever do capataz arrastá-lo para a sombra de um pé de algodão ou de cana, ou de uma árvore próxima, onde ele lhe joga baldes de água, e usa outros meios para fazê-lo respirar novamente, e então é ordenado que volte a seu lugar e continue o trabalho.

Em Huff Power, quando cheguei à fazenda de Epps, Tom, um dos negros de Roberts, era capataz. Ele era um sujeito corpulento e bastante severo. Depois da ida de Epps para Bayou Boeuf, essa distinta honra foi conferida a mim. Até a minha partida eu tive de usar um chicote em volta de meu pescoço quando no campo. Se Epps estivesse presente, não me atreveria a mostrar nenhuma complacência, uma vez que eu não tinha a coragem cristã de um certo reconhecido Pai Tomás para enfrentar sua ira, recusando-me a realizar o ofício. Só assim eu escapei do martírio imediato que ele sofreu e, além disso, poupei muito sofrimento para os meus companheiros, como se demonstrou no final. Epps, logo descobri, se no campo ou não, sempre estava a nos vigiar. Da varanda, atrás de uma árvore ou de outro ponto escondido, ele estava sempre nos observando. Se um de nós estivesse atrasado ou ocioso ao longo do dia, seríamos informados sobre isso ao retornar aos alojamentos, e como era uma questão de princípio para ele reprovar cada ofensa desse tipo de que tivesse conhecimento, não só era certo que o infrator receberia uma punição por seu atraso, mas eu também era punido por permitir isso.

Se, por outro lado, ele tivesse me visto usar o chicote livremente, ficaria satisfeito. "A prática faz a perfeição", realmente; e, durante meus oito anos de experiência como capataz, aprendi a manusear o chicote com destreza e precisão maravilhosas, jogando-o próximo ao cabelo, à orelha, ao nariz, sem, no entanto, tocar neles. Se Epps fosse visto a distância, ou desconfiássemos de que ele estava se esgueirando em algum lugar nas proximidades, eu começaria a manusear vigorosamente o chicote, e então, de acordo com o combinado, eles se contorciam e gritavam como se em agonia, embora nenhum deles, na verdade, tenha sido acertado. Patsey aproveitava, quando ele aparecia, para resmungar algumas queixas de que Platt os estava açoitando o tempo todo, e tio Abram, com sua peculiar aparência de honestidade, declarava abertamente que eu acabara de açoitá-

-los mais severamente do que o general Jackson atacara o inimigo em New Orleans. Se Epps não estivesse bêbado e em um de seus humores bestiais, isso, em geral, bastava a ele. Ao contrário, algum ou mais de nós sofreria, como de costume. Às vezes, sua violência assumia uma forma perigosa, colocando em risco a vida de seu gado humano. Em uma ocasião, o bêbado louco pensou em se divertir cortando minha garganta.

Ele estivera ausente em Holmesville, para assistir a uma disputa de tiro, e nenhum de nós estava ciente de seu retorno. Enquanto eu trabalhava com a enxada ao lado de Patsey, ela falou em voz baixa, de repente: "Platt, o senhor ouviu o Velho Porco me chamando para ir até ele?".

Olhando para o lado, eu o vi na beirada do campo, fazendo gestos e caretas, como era seu hábito quando meio bêbado. Ciente de suas intenções lascivas, Patsey começou a chorar. Sussurrei-lhe para não olhar para ele e continuar seu trabalho, como se não o tivesse visto. Suspeitando do que estava acontecendo, no entanto, ele logo cambaleou até mim enraivecido.

"O que você disse para Patsey?", ele exigiu, ameaçando. Dei-lhe uma resposta evasiva, que apenas aumentou sua violência.

"Há quanto tempo esta plantação é sua, maldito negro?", ele perguntou, com um malicioso sorriso de desprezo, ao mesmo tempo que pegava o colarinho da minha camisa com uma das mãos e enfiava a outra no bolso. "Vou cortar esse pescoço negro; é o que eu vou fazer", puxando um canivete do bolso enquanto dizia isso. Mas ele foi incapaz de abri-lo apenas com uma mão, até finalmente agarrar a lâmina com os dentes, então vi que ele estava prestes a conseguir e senti a necessidade de fugir, pois naquele estado inconsequente era evidente que ele não estava brincando, de maneira nenhuma. Minha camisa estava aberta na frente, e quando eu me virei rapidamente e escapei dele, enquanto ele ainda me segurava, ela foi arrancada totalmente de meu corpo. Não havia dificuldade agora em fugir. Ele me perseguiria até perder o fôlego, pararia para se recuperar, me xingaria e recomeçaria a perseguição. Depois mandaria que eu fosse até ele, tentando me persuadir, mas eu tinha o cuidado de manter uma distância respeitosa. Dessa forma, corremos o campo várias vezes, com ele dando botes desesperados, e eu os evitando, mais divertido que assustado, ciente de que, quando sua sobriedade voltasse, ele riria da própria loucura embriagada. No final, observei a senhora de pé junto à cerca do quintal, observando nossas manobras meio sérias e meio cômicas. Passando por ele, corri diretamente até ela. Epps, ao vê-la, não me seguiu. Ele ficou no campo mais uma hora, durante a qual permaneci ao lado da senhora e lhe relatei o que acontecera. *Ela* enfureceu-se novamente, xingando o marido e Patsey da mesma maneira. Por fim, Epps aproximou-se da casa, a essa altura quase sóbrio, andando desanimado, com as mãos atrás do corpo e tentando parecer tão inocente quanto uma criança.

Ao se aproximar, no entanto, a senhora Epps começou a repreendê-lo, cobrindo-lhe de muitos xingamentos desrespeitosos e exigindo uma explicação por ter tentado cortar minha garganta. Epps fingiu não saber de nada, e para minha surpresa jurou por todos os santos do calendário que não havia falado comigo naquele dia.

"Platt, seu negro mentiroso, *falei com você* hoje?", me perguntou, em desafio.

Não é seguro contradizer um senhor, mesmo que seja com a verdade. Então fiquei em silêncio, e quando ele entrou na casa eu voltei para o campo, e o caso nunca mais foi mencionado.

Pouco depois, uma circunstância quase divulgou o segredo de meu nome verdadeiro e de minha história, que eu possuía há tanto tempo e cuidadosamente escondia, e da qual, me convenci, dependia minha fuga final. Logo depois que me comprou, Epps me perguntou se eu sabia escrever e ler. Ao saber que eu havia recebido alguma instrução nesses ramos da educação, ele me assegurou, enfaticamente, que, se me pegasse com um livro ou uma pena na mão, me açoitaria cem vezes. Queria que eu entendesse que ele comprava negros para trabalhar e não para educar. Ele nunca perguntou uma palavra da minha vida passada ou de onde tinha vindo. A senhora, no entanto, me perguntava com frequência sobre Washington, que ela supôs ser minha cidade natal, e mais de uma vez comentou que eu não falava nem agia como os outros negros, e que ela tinha certeza de que eu tinha visto mais do mundo do que eu admitia.

Meu grande objetivo sempre foi inventar meios para enviar secretamente uma carta para o correio, endereçada a alguns de meus amigos ou familiares no Norte. A dificuldade disso não pode ser compreendida por alguém que não conhece as severas restrições que me eram impostas. Em primeiro lugar, fui privado de pena, tinta e papel. Em segundo lugar, um escravo não pode deixar a fazenda sem um salvo-conduto, nem um funcionário do correio postará uma carta para um escravo sem instruções escritas de seu senhor. Fui escravo por nove anos e sempre estive atento e alerta, até que tive a sorte de conseguir uma folha de papel. Enquanto Epps estava em New Orleans, durante um inverno, vendendo seu algodão, a senhora me mandou para Holmesville, com uma encomenda de vários artigos, entre os quais, certa quantidade de papel. Eu peguei uma folha e escondi-a na cabana embaixo da tábua onde dormia.

Depois de vários experimentos, consegui fazer tinta, fervendo a casca branca do bordo e, com uma pena arrancada da asa de um pato, fiz uma caneta. Quando todos estavam dormindo na cabana, à luz das brasas, deitado em minha cama de tábua, consegui redigir uma epístola um pouco longa. Era endereçada a um velho conhecido em Sandy Hill, contando sobre minha condição e instando-o a tomar providências para me devolver a liberdade. Eu mantive essa carta comigo por bastante tempo, planejando uma forma de postá-la com segurança no correio. Por fim, um sujeito baixo, conhecido como Armsby, até então um estranho, chegou à vizinhança em busca de trabalho como feitor. Ele se candidatou na fazenda de Epps e trabalhou ali por vários dias. Em seguida, foi até a fazenda de Shaw, próximo dali, e ficou com ele por várias semanas. Shaw geralmente estava cercado por pessoas sem valor, sendo ele mesmo conhecido como jogador e um homem sem princípios. Ele tomara por esposa sua escrava Charlotte e uma ninhada de jovens mulatos crescia em sua casa. Armsby tornou-se então tão pobre que foi obrigado a trabalhar junto com seus escravos. Um homem branco trabalhando no campo é um espetáculo raro e incomum em Bayou Boeuf. Eu aproveitei todas as oportunidades de cultivar sua amizade em particular, a fim de ter sua confiança até poder confiar-lhe a carta. Ele visitava Marksville diversas vezes, me dizia, cidade a cerca de trinta quilômetros, e lá, pensei, é que a carta deveria ser postada.

Deliberando cuidadosamente sobre a maneira mais adequada de abordá-lo sobre o assunto, concluí que perguntaria a ele apenas se poderia postar uma carta para mim no correio de Marksville na próxima vez que fosse para lá, sem lhe revelar quem a havia escrito nem seu conteúdo; tinha medo de que me traísse e sabia que deveria oferecer algum incentivo financeiro para que pudesse confiar nele. Certa madrugada, saí em silêncio da minha cabana e, cruzando o campo até a casa de Shaw, encontrei-o dormindo na varanda. Eu tinha apenas algumas moedas – resultado de minhas apresentações, mas prometi a ele tudo o que eu tinha no mundo se ele me fizesse esse favor. Implorei que não me expusesse se não pudesse atender ao pedido. Ele me garantiu, por sua honra, que postaria a carta no correio de Marksville, e que manteria tudo em segredo para sempre. Embora a carta estivesse no meu bolso nesse momento, não me atrevi a entregá-la, mas disse que a entregaria em um dia ou dois, lhe dei boa noite e voltei para minha cabana. Era impossível não desconfiar dele, e durante toda a noite fiquei acordado, pensando na forma mais segura de prosseguir. Eu estava disposto a arriscar muito para atingir meu propósito, mas, se a carta caísse nas mãos de Epps, seria um golpe mortal em minhas aspirações. Eu estava extremamente confuso.

Minhas suspeitas tinham fundamento, como os fatos demonstraram. Nos dias depois, enquanto desbastava algodão no campo, Epps se sentou na cerca que dividia a fazenda de Shaw e a sua, como se para supervisionar nosso trabalho. Logo, Armsby apareceu e, subindo na cerca, sentou-se ao lado dele. Eles ficaram duas ou três horas ali, durante as quais fiquei em agonia e apreensivo.

Naquela noite, enquanto cozinhava meu toucinho, Epps entrou na cabana com o chicote de couro cru na mão.

"Bem, rapaz", disse ele, "vejo que tenho um crioulo letrado, que escreve cartas e tenta fazer com que os companheiros brancos as enviem. Você sabe quem ele é?"

Meus piores medos se realizaram e, embora possa não ser considerado inteiramente digno, mesmo sob essas circunstâncias, ainda assim mentir e fingir que não sabia de nada era a melhor alternativa.

"Não sei nada sobre isso, senhor Epps", respondi, assumindo um ar de ignorância e surpresa. "Não sei nada sobre isso, senhor."

"Você não foi até a fazenda de Shaw duas noites atrás?", ele perguntou.

"Não, senhor", foi a resposta.

"Você não pediu a Armsby para postar uma carta para você em Marksville?"

"Senhor, ora, nunca falei mais que três palavras com ele em toda a minha vida. Eu não sei o que o senhor quer dizer."

"Bem", ele continuou, "Armsby me disse hoje que o diabo está entre os meus negros, que eu tinha de vigiá-lo ou ele fugiria, e quando perguntei por quê, ele me disse que você foi à fazenda de Shaw, acordou-o no meio da noite e lhe pediu que levasse uma carta para Marksville. O que você tem a dizer sobre isso, hein?"

"Só tenho a dizer, senhor", respondi, "que não há verdade nisso. Como eu poderia escrever uma carta sem tinta ou papel? Não há ninguém para quem eu queira escrever, porque, pelo que sei, não tenho amigos vivos. Armsby é um sujeito bêbado e mentiroso, dizem, e ninguém acredita nele de qualquer maneira. O senhor sabe que eu sempre digo a verdade e que nunca saio da fazenda sem autorização. Agora, senhor, sei muito bem o que Armsby quer. Ele não queria que o senhor o contratasse como feitor?"

"Sim, ele queria", respondeu Epps.

"É isso", eu disse, "ele quer que o senhor acredite que todos nós vamos fugir, e então contrate um feitor para nos vigiar. Inventou essa história, porque quer o trabalho. É tudo mentira, senhor, acredite."

Epps refletiu por um tempo, evidentemente impressionado com a plausibilidade da minha teoria e exclamou:

"Maldito seja, Platt, se eu não acredito que você diz a verdade. Ele deve me achar um idiota de pensar que poderia vir com esse tipo de história para cima de mim. Talvez ache que pode me enganar; talvez pense que eu não sei nada – que não posso cuidar de meus próprios negros! O molenga do velho Epps, eh! Hahaha! Diabos, Armsby! Solte os cães nele, Platt", e com muitos outros comentários descritivos do caráter geral de Armsby e sobre sua capacidade de cuidar de seus próprios negócios e de seus próprios negros, o senhor Epps deixou a cabana. Assim que saiu, queimei a carta e, com o coração desanimado e desesperado, contemplei a epístola que me custara tanta ansiedade e reflexão, e que eu esperava que fosse minha precursora para a terra da liberdade, contorcer-se e murchar no leito de brasas e dissolver-se em fumaça e cinzas. Armsby, o desgraçado traiçoeiro, foi expulso da fazenda de Shaw não muito depois, para meu alívio, pois temi que ele pudesse retomar a conversa e talvez induzir Epps a acreditar nele.

Eu não sabia mais como conseguir minha libertação. Esperanças surgiam em meu coração apenas para serem esmagadas e arruinadas. O verão da minha vida estava passando; eu sentia que estava envelhecendo prematuramente; que mais alguns anos de trabalho e sofrimento, e os miasmas venenosos dos pântanos, fariam o seu trabalho sobre mim – me levariam ao abraço da sepultura, para a putrefação e esquecimento. Repelido, traído, afastado da esperança de socorro, só consegui me prostrar no chão e gemer em indizível angústia. A esperança de resgate era a única luz que lançava um raio de conforto em meu coração. Mas ela era agora fraca, trêmula e baixa; outro sopro de desapontamento a extinguiria completamente, deixando-me tatear em total escuridão até o fim da vida.

capítulo dezesete

Wiley Dispensa Os Conselhos De Phebe E Tio Abram,
E É Pego Pelos Patrulheiros
O Grupo E Seus Deveres – Wiley Foge
Especulações Em Relação A Ele – Seu Inesperado Retorno
Sua Captura No Rio Vermelho E Prisão Em Alexandria
Encontrado Por Joseph B. Roberts
Dominando Os Cães Antes De Fugir
Fugitivos Em Great Pine Woods
Capturado Por Adam Taydem E Os Índios
Augustus É Morto Pelos Cães
Nelly, Moça Do Escravo Eldret – A História De Celeste
O Movimento Organizado – Lew Cheney, O Traidor
A Ideia De Insurreição

O ano de 1850, momento a que agora chego, omitindo muitos casos desinteressantes para o leitor, foi um ano de azar para meu companheiro Wiley, o marido de Phebe, cuja natureza taciturna e reservada o havia mantido em segundo plano até agora. Não obstante Wiley raramente abrisse a boca e permanecesse em sua órbita obscura e despretensiosa sem resmungar, mesmo assim os calorosos elementos da sociabilidade eram fortes no seio daquele negro quieto. Na exuberância de sua autoconfiança, desconsiderando a filosofia do tio Abram e dispensando totalmente os conselhos de tia Phebe, ele teve a insensatez de tentar uma visita noturna a uma cabana vizinha sem permissão.

Tão atraente era sua companhia, que Wiley não se preocupou com o passar das horas até que a luz do sol começou a romper no Leste antes que ele percebesse. Correndo para casa o mais rápido que podia, esperava chegar aos seus aposentos antes que o sinal soasse; mas, infelizmente, foi visto no caminho por um grupo de patrulheiros.

Como é em outros lugares obscuros da escravidão não sei, mas em Bayou Boeuf há uma organização de patrulheiros cujo trabalho é apreender e açoitar qualquer escravo que encontrem vagando longe da fazenda a qual pertencem. Eles andam a cavalo, liderados por um capitão, armados e acompanhados por cães. Eles têm o direito, por lei, ou por consentimento geral, de infligir castigo variável a um negro pego além dos limites da propriedade de seu senhor sem permissão, e até mesmo de atirar nele se tentar fugir. Cada grupo tem uma certa distância para cobrir na região. Eles são recompensados pelos fazendeiros, que contribuem proporcionalmente ao número de escravos que possuem. O barulho dos cascos de seus cavalos galopando pode ser ouvido a qualquer hora da noite, e frequentemente são vistos levando um escravo à frente deles ou preso a uma corda no pescoço até a fazenda de seu senhor.

Wiley tentou fugir de um desses grupos achando que chegaria a sua cabana antes que pudessem alcançá-lo; mas um de seus cães, um grande cão bravo, o agarrou pela perna e segurou-o. Os patrulheiros o chicotearam severamente e trouxeram-no, prisioneiro, para Epps. Dele recebeu outro açoite ainda mais severo, de modo que os cortes do chicote e as mordidas do cão o deixaram dolorido, ferido e miserável de tal forma que mal conseguia se mexer. Era impossível, em tal estado, manter sua fileira no algodoal e não havia uma hora do dia que Wiley não sentisse o couro cru do açoite de seu senhor sobre suas costas nuas e ensanguentadas. Seu sofrimento tornou-se intolerável e, finalmente, ele resolveu fugir. Sem revelar suas intenções nem mesmo para sua esposa, Phebe, tomou providências para colocar em prática seu plano. Tendo cozido a ração de toda a semana, deixou a cabana com cautela em uma noite de domingo, depois que todos nos alojamentos tinham dormido. Quando o sinal soou pela manhã, Wiley não apareceu. Foi feita uma busca por ele nas cabanas, no silo de milho, na casa da bolandeira e em todos os cantos do lugar. Todos nós fomos interrogados caso tivéssemos qualquer informação que pudesse esclarecer seu desaparecimento repentino ou seu paradeiro. Epps praguejou e esbravejou, e montado em seu cavalo galopou pelas fazendas vizinhas, perguntando por ele. A busca foi infrutífera. Nada foi esclarecido quanto ao que acontecera com o homem desaparecido. Os cães foram levados até o brejo, mas não encontraram nenhuma trilha. Andavam em círculo pela floresta, farejando, mas invariavelmente logo retornavam ao ponto inicial.

Wiley havia escapado de modo tão secreto e cuidadoso que conseguiu despistar qualquer perseguição. Dias e até semanas se passaram, e nada se ouviu sobre ele. Epps não fez outra coisa além de amaldiçoá-lo e xingá-lo. Era a única conversa entre nós quando sozinhos. Entramos em muita especulação em relação a ele, sugerindo que ele poderia ter se afogado no riacho, visto que nadava mal; ou que tivesse sido devorado por crocodilos, ou mordido pela venenosa mocassim, o que quer dizer morte certa e súbita. Nossa calorosa e sincera solidariedade, no entanto, estava com o pobre Wiley, onde quer que ele estivesse. Muitas orações fervorosas saíram dos lábios do tio Abram, suplicando segurança ao andarilho.

Em cerca de três semanas, quando toda a esperança de o ver novamente se fora, para nossa surpresa, ele apareceu. Ao sair da fazenda, ele nos informou, era sua intenção voltar para a Carolina do Sul – para os alojamentos do senhor Buford. Durante o dia ele se escondia, às vezes nos galhos de uma árvore, e à noite avançava pelos brejos. Finalmente, certa manhã, logo no amanhecer, ele chegou à margem do rio Vermelho. Enquanto estava na margem, pensando em como o atravessaria, um homem branco o abordou e exigiu seu salvo-conduto. Sem um, e evidentemente fugitivo, foi levado para Alexandria, cidade da paróquia de Rapides, e preso. Vários dias depois Joseph B. Roberts, tio da senhora Epps, estava na região e, indo à prisão, reconheceu-o. Wiley trabalhou em sua fazenda, quando Epps morava em Huff Power. Ele pagou a fiança e lhe escreveu um salvo-conduto e um bilhete logo abaixo para Epps, pedindo-lhe para não o açoitar em seu retorno, e Wiley foi enviado de volta para Bayou Boeuf. Foi a esperança com o pedido de Roberts de garantia de que seria respeitado por seu senhor que o sustentava ao se aproximar da casa. O pedido, no entanto, como se pode supor facilmente, foi desconsiderado. Depois de ser mantido em suspense por três dias, Wiley foi despido e compelido a suportar um daqueles açoites desumanos aos quais o pobre escravo é tão frequentemente submetido. Foi a primeira e última tentativa de fuga de Wiley. As longas cicatrizes nas costas, que ele levará consigo até o túmulo, lembram-no perpetuamente dos perigos de tal feito.

Não houve um dia durante os dez anos que pertenci a Epps em que não pensei em fugir. Elaborei muitos planos, que na época eu considerava excelentes, mas, um após o outro, foram todos abandonados. Nenhum homem que nunca tenha estado em tal situação pode compreender os mil obstáculos que aparecem no caminho do escravo fugitivo. A mão de todo homem branco é levantada contra ele – os patrulheiros o vigiam – os cães estão sempre prontos para seguir sua trilha, e a natureza da região é tal que torna impossível atravessá-la com segurança. Pensei, no entanto, que talvez chegasse a hora de correr novamente pelos brejos. Concluí, nesse caso, que estava preparado para os cães de Epps, se me perseguissem. Ele tinha vários, um dos quais era um notório caçador de escravos e o mais feroz e selvagem de sua matilha. Quando caçava guaxinim ou gambá, nunca perdi uma oportunidade de, quando sozinho, chicoteá-los severamente. Assim, consegui dominá-los. Eles tinham medo de mim e obedeciam a minha voz imediatamente enquanto os outros não tinham controle sobre eles. Se me seguissem e me surpreendessem, duvido que não desistiriam de me atacar.

Não obstante a certeza de serem capturados, as florestas e os pântanos estão sempre cheios de escravos fugitivos. Muitos deles, quando doentes ou tão cansados a ponto de não conseguirem cumprir com suas tarefas, escapam para os brejos, dispostos a sofrer a punição imposta por essa ofensa, apenas com o objetivo de obter um dia ou dois de descanso.

Quando estava em propriedade de Ford, involuntariamente ajudei a encontrar o esconderijo de seis ou oito escravos que haviam se infiltrado no Great Pine Woods. Adam Taydem frequentemente me enviava dos moinhos para a clareira atrás de provisões. Todo o caminho era então uma densa floresta de pinheiros. Por volta das dez horas de uma bela noite de luar, enquanto caminhava pela estrada para o Texas, voltando para os moinhos, carregando um porco em uma sacola, ouvi passos atrás de mim e, virando-me, vi dois homens negros vestidos como escravos se aproximando em um ritmo rápido. Quando a uma curta distância um deles levantou um pedaço de pau para me atingir, o outro pegou a sacola. Consegui escapar deles e, agarrando uma pinha, lancei-a com tal força contra a cabeça de um deles, que caiu aparentemente sem sentidos. Então mais dois surgiram de um dos lados da estrada. Antes que pudessem me pegar, consegui passar por eles e, correndo, fugi, muito aturdido, em direção aos moinhos. Quando Adam soube da aventura, ele se apressou para a aldeia indígena, e despertando Cascalla e vários de sua tribo, começou a perseguição aos salteadores. Acompanhei-os até a cena do ataque, onde vimos uma poça de sangue na estrada, no local caíra o homem que eu havia ferido com a pinha. Depois de vasculhar cuidadosamente a mata por algum tempo, um dos homens de Cascalla avistou uma fumaça se elevando através dos galhos de vários pinheiros derrubados, cujos topos haviam caído perto um do outro. O encontro foi cautelosamente cercado e todos eles foram feitos prisioneiros. Eles haviam escapado de uma fazenda próxima a Lamourie e ficaram escondidos por cerca de três semanas. Eles não tinham nenhuma má intenção comigo, exceto me assustar para roubar o porco. Como me viram passar na direção da fazenda de Ford logo no início da noite, e suspeitando do que eu iria fazer, eles me seguiram, viram-me matar e limpar o porco e começar a voltar. Eles foram atraídos pela comida e levados a esse extremo por necessidade. Adam os transferiu para a cadeia da paróquia e foi generosamente recompensado.

Não é raro o fugitivo perder a vida na tentativa de fugir. A propriedade de Epps era limitada por um lado pela de Carey, uma grande fazenda de açúcar. Ele cultiva anualmente pelo menos mil e quinhentos acres de cana, fabricando dois mil e duzentos a dois mil e trezentos barris de açúcar; um barril e meio é o rendimento médio de um acre. Além disso, ele também cultiva quinhentos ou seiscentos acres de milho e algodão. No ano passado tinha cento e cinquenta e três escravos no campo e quase o mesmo número de crianças, e contrata anualmente um rebanho deste lado do Mississippi durante a estação mais trabalhosa.

Um de seus capatazes negros, um rapaz agradável e inteligente, chamava-se Augustus. Durante as festas e, às vezes, enquanto trabalhava em campos adjacentes, tive a oportunidade de conhecê-lo melhor, o que acabou evoluindo para um apego mútuo e caloroso. No verão anterior, ele teve a infelicidade de desagradar o feitor, um brutamontes rude e cruel, que o açoitou severamente. Augustus fugiu. Alcançando um monte de cana na fazenda de Hawkins, ele se escondeu no topo. Todos os cães de Carey foram colocados em sua procura – cerca de quinze deles – e logo farejaram seus passos para o esconderijo. Eles cercaram o monte, latindo e agitando-se, mas não o alcançavam. Então, guiados pelo barulho dos cães, os perseguidores foram até o lugar e o feitor subiu até ele. Quando Augustus rolou para o chão, toda a matilha foi para cima, e antes que pudessem ser afugentados, já tinham mordido e mutilado seu corpo da maneira mais chocante, seus dentes tendo penetrado até o osso em centenas de lugares. Ele foi amarrado em cima de uma mula e levado para casa. Mas esse foi o último problema de Augustus. Ele aguentou até o dia seguinte, quando a morte procurou o rapaz infeliz e gentilmente o livrou de sua agonia.

Não era incomum também que as mulheres escravas tentassem fugir. Nelly, a moça de Eldret, com quem trabalhei cortando madeira em Big Cane Brake, ficou escondida no silo de milho de Epps por três dias. À noite, quando sua família dormia, ela saía para roubar comida e voltava para o silo de novo. Concluímos que não era mais seguro para nós que ela continuasse dessa forma, e ela voltou para a própria cabana.

Mas o exemplo mais notável de alguém que tenha conseguido fugir dos cães e caçadores foi este: Entre as moças de Carey havia Celeste. Ela tinha dezenove ou vinte anos e era muito mais branca do que seu dono ou qualquer de seus descendentes. Era necessária uma inspeção minuciosa para distinguir em seus traços o menor vestígio de sangue africano. Um estranho nunca teria sonhado que ela era descendente de escravos. Eu estava sentado na minha cabana tarde da noite, tocando uma música baixa no violino, quando a porta se abriu com cuidado, e Celeste apareceu diante de mim. Ela estava pálida e abatida. Se uma aparição tivesse surgido da terra, eu não teria ficado mais assustado.

"Quem é você?", exigi, depois de olhar para ela por um momento.

"Estou com fome; me dê um pouco de toucinho", foi a resposta dela.

Minha primeira impressão foi de que ela era uma jovem senhora demente, que, fugindo de casa, estava vagando não sabia para onde e fora atraída para minha cabana pelo som do violino. O vestido grosso de algodão que ela usava, no entanto, logo dissipou essa suposição.

"Qual é o seu nome?", perguntei novamente.

"Meu nome é Celeste", ela respondeu. "Pertenço a Carey e estive os últimos dois dias entre as palmeiras. Estou doente e não posso trabalhar; prefiro morrer no brejo a ser açoitada até a morte pelo feitor. Os cachorros de Carey não vão me seguir. Eles já tentaram. Há um segredo entre eles e Celeste, e eles não se importam com as ordens diabólicas do feitor. Dê-me um pouco de toucinho – estou morrendo de fome."

Dividi com ela minha escassa ração, e enquanto isso ela relatou como conseguira escapar e descreveu onde estava escondida. À beira do brejo, a menos de um quilômetro da casa de Epps, havia uma grande área com milhares de acres densamente coberta por palmeiras. Árvores altas, cujos caules longos se entrecruzam, formando um dossel acima deles, tão denso que omitia os raios do sol. Ali era sempre penumbra, mesmo no meio do dia mais ensolarado. No centro dessa grande área, que nada além de serpentes exploram – um lugar sombrio e solitário –, Celeste construíra uma cabana precária com galhos mortos caídos no chão e a cobrira com as folhas das palmeiras. Esta era a morada que escolhera. Ela não tinha mais medo dos cachorros de Carey do que eu tinha dos de Epps. Esse é um fato que nunca consegui explicar, que há algumas pessoas cujos rastros os cães não seguem. Celeste era uma delas.

Várias noites ela veio à minha cabana para comer. Numa delas, os cães latiram quando se aproximou, o que despertou Epps e o fez examinar a propriedade. Ele não a descobriu, mas depois disso não era prudente que ela viesse ao quintal. Quando tudo ficava em silêncio, eu carregava provisões para um ponto combinado, onde ela as encontraria.

Dessa forma Celeste passou a maior parte do verão. Ela recuperou a saúde e voltou a ser forte e saudável. Em todas as estações do ano, os uivos dos animais selvagens podem ser ouvidos à noite ao longo das margens do brejo. Várias vezes eles faziam um chamado para ela à meia-noite, despertando-a do sono com um resmungo. Aterrorizada por essas desagradáveis saudações, ela finalmente deixou sua morada solitária; ao voltar para o seu senhor, como era esperado, ela foi açoitada com o pescoço preso ao tronco e depois foi enviada ao campo novamente.

No ano anterior à minha chegada à região, houve um movimento combinado entre vários escravos em Bayou Boeuf que, de fato, terminou tragicamente. Foi, acredito eu, algo notório no jornal na época, mas tudo o que sei vem dos relatos daqueles que viviam naquele período na vizinhança do ocorrido. Tornou-se um assunto de interesse geral e certo em todas as cabanas de escravos do brejo e, sem dúvida, irá passar às gerações seguintes como sua principal tradição. Lew Cheney, que conheci – um negro perspicaz e astuto, mais inteligente que a média da raça, mas inescrupuloso e traiçoeiro –, planejou um grupo suficientemente forte para lutar contra todos os opositores e fugir para o território vizinho do México.

Um local remoto, nas profundezas do brejo, atrás da fazenda de Hawkins, foi escolhido como o ponto de encontro. Lew passava de uma fazenda para a outra, na calada da noite, pregando uma cruzada até o México e, como Pedro, o Eremita, criando um furor de excitação onde quer que aparecesse. Por fim, reuniram-se muitos escravos fugitivos; mulas roubadas, milho colhido nos campos e toucinho saqueado dos defumadouros foram levados para a floresta. A expedição estava prestes a prosseguir, quando seu esconderijo foi descoberto. Lew Cheney, convencido do derradeiro fracasso de seu projeto, a fim de obter um favor de seu senhor e evitar as consequências previstas, deliberadamente resolver sacrificar todos os seus companheiros. Partindo em segredo do acampamento, contou para os fazendeiros sobre o grupo escondido no brejo e, em vez de declarar o objetivo verdadeiro deles, afirmou que a intenção era sair do esconderijo na primeira oportunidade favorável e matar todos os brancos da região.

Tal anúncio, exagerado ao passar de boca em boca, espalhou terror pela região. Os fugitivos foram cercados e feitos prisioneiros, levados acorrentados para Alexandria e enforcados pela população. Não apenas aqueles, mas muitos outros suspeitos, embora inocentes, foram retirados do campo e da cabana sem qualquer julgamento e levados ao cadafalso. Os fazendeiros de Bayou Boeuf finalmente se rebelaram contra a destruição tão imprudente de patrimônio, mas apenas quando um regimento de soldados chegou vindo de algum forte na fronteira texana, demoliu a forca e abriu as portas da prisão de Alexandria, que o massacre indiscriminado acabou. Lew Cheney fugiu e foi até mesmo recompensado por sua traição. Ainda está vivo, mas seu nome é desprezado e execrado por toda a sua raça nas paróquias de Rapides e Avoyelles.

A ideia de uma insurreição, no entanto, não é nova entre a população escravizada de Bayou Boeuf. Mais de uma vez, juntei-me a conversas sérias sobre o assunto, e houve momentos em que uma palavra minha teria desafiado centenas de meus colegas de confiança. Sem armas ou munição, ou mesmo com elas, uma atitude dessa resultaria em derrota, desastre e morte, e sempre levantei minha voz contra isso.

Durante a guerra mexicana, lembro-me bem das esperanças extravagantes que surgiram. A notícia da vitória enchia a casa-grande de júbilo, mas trazia apenas tristeza e decepção na cabana. Na minha opinião – e tive a oportunidade de saber algo sobre o sentimento de que falo – há no máximo cinquenta escravos nas margens de Bayou Boeuf que não saudariam com prazer a aproximação de um exército invasor.

Engana-se quem acredita que o escravo ignorante e sem estudo não conhece a magnitude do que lhes acontece. Enganam-se aqueles que imaginam que o escravo levanta de seus joelhos, com as costas laceradas e sangrando, apenas com um espírito de resignação e perdão. Um dia poderá chegar – e virá, se as orações forem ouvidas –, um dia terrível de vingança, quando o senhor, por sua vez, clamará em vão por misericórdia.

capítulo dezoito

O'niel, O Curtidor De Couro – Conversa Com A Tia Phebe
Epps No Negócio Do Couro – Esfaqueamento De Tio Abram
A Ferida Feia – Epps Ciumento – Ausência De Patsey
A Volta Da Fazenda De Shaw – Harriet, Esposa De Shaw
Epps Enfurecido – Patsey Nega As Acusações
Nua, Ela É Amarrada A Quatro Estacas
O Açoitamento Desumano – Castigo De Patsey
A Beleza Do Dia – O Balde De Água Com Sal
Vestido Empapado De Sangue – A Melancolia De Patsey
Sua Ideia Sobre Deus E A Eternidade
Sobre O Céu E A Liberdade – O Efeito Do Açoitamento
O Filho Mais Velho De Epps – "O Menino É Pai Do Homem"

Wiley sofreu severamente nas mãos do senhor Epps, como foi relatado no capítulo anterior, mas a esse respeito ele não teve sorte pior do que seus infelizes companheiros. "Não poupe a vara" era uma ideia difundida pelo nosso senhor. Ele estava sempre sujeito a períodos de mau humor, e nessas ocasiões, por mais que houvesse pouca provocação, uma punição era infligida. As circunstâncias do meu penúltimo açoitamento mostrarão como uma causa trivial era suficiente para ele recorrer ao chicote.

Um tal de sr. O'Niel, residente nas proximidades de Big Pine Woods, foi visitar Epps com o propósito de me comprar. Ele era curtidor e tingidor de couro, dono de um negócio considerável, e queria que eu trabalhasse em algum departamento de seu estabelecimento, desde que me comprasse. Tia Phebe, enquanto preparava a mesa para o jantar na casa-grande, ouviu a conversa deles. Ao voltar para o quintal à noite, a velha correu ao meu encontro, para, é claro, me colocar a par das notícias. Ela começou uma repetição minuciosa de tudo que ouvira, e ela era daquelas cujos ouvidos nunca deixavam de absorver cada palavra de uma conversa proferida ao seu redor. Ela se concentrou no fato de que o senhor Epps ia me vender para um curtidor em Pine Woods, mas sua voz era tão alta que atraiu a atenção da senhora, que, na varanda, ouvia nossa conversa.

"Bem, tia Phebe", disse eu, "fico feliz com isso. Estou cansado de desbastar algodão e preferiria ser curtidor. Espero que ele me compre."

O'Niel, no entanto, não me comprou, pois as partes diferiram quanto ao preço, e, na manhã seguinte à sua chegada, foi embora. Ele tinha ido há pouco tempo, quando Epps apareceu no campo. Nada pode irritar mais violentamente um senhor, especialmente Epps, do que a ameaça de que um de seus servos gostaria de deixá-lo. A senhora Epps repetira para ele o que eu havia dito para tia Phebe na noite anterior, como soube por esta última depois, pois a senhora mencionou a ela que nos ouvira. Ao entrar no campo, Epps foi direto até mim.

"Então, Platt, está cansado de desbastar algodão, é? Quer trocar de senhor, hein? Você gosta de se mudar – viajante, não é? Ah, sim – gosta de viajar pela sua saúde, pode ser? Sente-se superior ao desbaste de algodão. Então vai entrar no negócio de couro? Bom negócio – muito bom negócio. Negro empreendedor! Acho que também vou entrar nesse negócio. De joelhos e tira esse trapo das costas! Vou treinar minha mão no seu couro."

Eu implorei sinceramente, e me esforcei para acalmá-lo com desculpas, mas foi em vão. Não havia alternativa; ajoelhando-me, apresentei minhas costas nuas para o chicote.

"Como você gosta de curtir o couro?", ele exclamou, enquanto o couro cru do chicote descia sobre minha carne. "Como você gosta de curtir o couro?", ele repetiu a cada golpe. Dessa maneira, ele me deu vinte ou trinta chicotadas, repetindo a todo momento a palavra "couro" de alguma forma. Quando suficientemente "curtido", ele permitiu que eu me levantasse, e com uma risada meio maliciosa me assegurou que, se eu ainda gostasse do negócio, ele me daria mais instruções sempre que eu quisesse. Desta vez, ele comentou, só tinha me dado uma pequena lição sobre o negócio do couro, da próxima ele iria me tornar um especialista.

Tio Abram também era sempre tratado com muita brutalidade, embora fosse uma das criaturas mais amáveis e fiéis do mundo. Ele foi meu companheiro de cabana por anos. Havia em seu rosto uma expressão benevolente, agradável de se ver. Ele nos via com uma espécie de sentimento parental, sempre nos aconselhando com notável seriedade e deliberação.

Ao retornar da fazenda de Marshall uma tarde, para onde eu tinha sido enviado para algumas tarefas da senhora, eu o encontrei deitado no chão da cabana, suas roupas estavam cobertas de sangue. Ele me disse que havia sido esfaqueado! Enquanto espalhava algodão na plataforma, Epps chegou de Holmesville bêbado. Achou problema em tudo, dando tantas ordens contraditórias que era impossível executar qualquer uma delas. Tio Abram, cujas faculdades estavam falhando, confundiu-se e cometeu um erro bobo, sem consequência grave. Epps ficou tão enfurecido que, com a imprudência da embriaguez, voou sobre o velho e o apunhalou pelas costas. Era uma ferida grande e feia, mas não penetrara o suficiente para ser fatal. Ela foi costurada pela senhora, que censurou o marido com extrema severidade, não apenas denunciando sua desumanidade, mas declarando que ele levaria a família à pobreza – que mataria todos os escravos da fazenda em alguns de seus ataques bêbados.

Não era incomum ele atacar tia Phebe com uma cadeira ou pau de madeira; mas o açoite mais cruel que fui obrigado a testemunhar – que lembro sempre com horror – foi infligido à infeliz Patsey.

Já foi visto que o ciúme e o ódio da senhora Epps tornavam o dia a dia de sua jovem e ágil escrava completamente miserável. Fico feliz de acreditar que em muitas ocasiões eu pude evitar a punição dessa garota indefesa. Na ausência de Epps, a senhora muitas vezes mandava que eu a chicoteasse sem qualquer motivo. Eu recusava, dizendo que temia o descontentamento do meu senhor, e várias vezes me aventurei a contestar o tratamento que Patsey recebia. Eu me esforçava para fazê-la acreditar que Patsey não era responsável pelos atos de que reclamava e que, como ela era uma escrava e estava sujeita inteiramente à vontade de seu senhor, somente ele tinha culpa.

Por fim, "o monstro de olhos verdes" penetrou também na alma de Epps e foi então que ele se juntou à sua esposa irada em um regozijo infernal pelas misérias da menina.

Em um domingo, na temporada de aragem, não muito tempo atrás, estávamos à margem do riacho, lavando nossas roupas, como era nosso costume. Patsey estava ausente nesse dia. Epps a chamou em voz alta, mas não houve resposta. Ninguém a viu saindo do quintal, e não sabíamos para onde tinha ido. Algumas horas depois, ela foi vista se aproximando, vindo da fazenda de Shaw. Esse homem, como foi insinuado, era um notório perdulário, e não estava nos termos mais amigáveis com Epps. Harriet, sua esposa, conhecendo os problemas de Patsey, era gentil com ela, que, por isso, tinha o hábito de visitá-la sempre que podia. Ela era motivada apenas pela amizade, mas a suspeita de que outra paixão a levava até lá – que não era Harriet que ela ia encontrar, mas o libertino sem-vergonha do vizinho – gradualmente tomou conta da mente de Epps. Em seu retorno, Patsey encontrou seu senhor em um estado terrível de raiva. Sua violência a alarmou tanto que, a princípio, ela tentou evitar respostas diretas a suas perguntas, o que só serviu para aumentar suas suspeitas. Finalmente, ela se colocou com orgulho e, indignada, corajosamente negou suas acusações.

"A senhora não me dá sabão para me lavar, como faz com os outros", disse Patsey, "e o senhor sabe por quê. Fui até a casa de Harriet para pegar um pedaço." Dizendo isso, ela o tirou do bolso do vestido e mostrou a ele. "Foi para isso que fui à fazenda de Shaw, senhor Epps", continuou ela. "O Senhor sabe que foi só por isso."

"Você mente, sua negra prostituta!", gritou Epps.

"Eu *não* minto, senhor. Mesmo que me mate não vou dizer outra coisa."

"Oh! Vou te pegar. Vou te ensinar a não ir até a propriedade de Shaw. Vou te esfolar", ele murmurou ferozmente através dos dentes cerrados.

Então, voltando-se para mim, ordenou que quatro estacas fossem fincadas no chão, apontando com a ponta da bota onde as queria. Quando as estacas foram fincadas na terra, ele ordenou que ela fosse totalmente despida. Cordas foram então trazidas, e a menina, nua, foi deitada com o rosto virado para o chão e os punhos e os pés firmemente amarrados às estacas. Na varanda, ele pegou um chicote pesado e, colocando-o em minhas mãos, ordenou que eu a açoitasse. Por mais desagradável que fosse, eu era obrigado a obedecê-lo. Em nenhum lugar aquele dia, na face de toda a terra, atrevo-me a dizer que houve uma exposição tão demoníaca como a que se seguiu.

A senhora Epps estava na varanda com os filhos, assistindo à cena com um ar de impiedosa satisfação. Os escravos se amontoaram a uma pequena distância com o semblante mostrando a tristeza de seus corações. A pobre Patsey orou por misericórdia, mas foi em vão. Epps rangeu os dentes e pisou firme no chão, gritando para mim, como um demônio louco, para golpeá-la com mais força.

"Golpeie *mais forte*, ou você será o próximo, seu canalha", ele gritou.

"Oh, misericórdia, senhor! Oh! Tenha misericórdia, senhor! Oh Deus! Tende piedade de mim", Patsey exclamava continuamente, lutando em vão, com a carne tremendo a cada golpe.

Depois de golpeá-la cerca de trinta vezes, parei e me virei para Epps, esperando que ele estivesse satisfeito; mas, com xingamentos e ameaças, ele ordenou que eu continuasse. Conferi mais dez ou quinze golpes. A essa altura, suas costas estavam cobertas por longos vergões, que se cruzavam como uma rede. Epps ainda estava furioso e selvagem como nunca, perguntando se ela gostaria de ir à casa de Shaw novamente, e jurando que ele a açoitaria até que ela desejasse estar no inferno. Jogando o chicote no chão, disse que não podia mais puni-la. Ele ordenou que eu continuasse, ameaçando-me com um açoitamento ainda mais severo do que o dela, caso eu recusasse. Meu coração revoltou-se com a cena desumana e, arriscando arcar com as consequências, me recusei a levantar o chicote de novo. Ele então se apoderou dele e a golpeou com dez vezes mais força do que eu. Os gritos de dor e os berros da torturada Patsey, misturados às maldições e aos xingamentos de Epps, encheram o ar. Ela estava terrivelmente lacerada – posso dizer, sem exagero, literalmente esfolada. O chicote ficou molhado de sangue, que escorria e pingava no chão. Finalmente ela parou de lutar. Sua cabeça pendeu indiferente no chão. Seus gritos e súplicas diminuíram gradualmente e morreram em um gemido baixo. Ela não se contorcia mais nem se encolhia quando o chicote lhe cortava pequenos pedaços da carne. Achei que ela estivesse morrendo!

Era um domingo do Senhor. Os campos sorriam à luz do sol quente – os pássaros cantavam alegremente entre as folhas das árvores – a paz e a felicidade pareciam reinar em toda parte, exceto no peito de Epps e de sua vítima sôfrega e das testemunhas silenciosas ao redor. As tempestuosas emoções que ali se agitavam não estavam em harmonia com a beleza calma e tranquila do dia. Eu só conseguia olhar para Epps com repugnância e aversão impensáveis, e refleti: "Diabo, mais cedo ou mais tarde, em algum momento no curso da justiça eterna, você responderá por este pecado!".

Finalmente, ele parou de golpeá-la por puro esgotamento e ordenou a Phebe que trouxesse um balde de água com sal. Depois de lavá-la completamente com isso, me disseram para levá-la para sua cabana. Desatando as cordas, eu a levantei em meus braços. Ela era incapaz de ficar de pé e, com a cabeça apoiada no meu ombro, repetiu muitas vezes, com uma voz fraca, quase imperceptível: "Oh Platt... Platt!" e mais nada. O vestido dela foi recolocado, mas ele grudou em suas costas e logo ficou empapado de sangue. Nós a deitamos sobre algumas tábuas na cabana, onde ela permaneceu por muito tempo, com os olhos fechados e gemendo de dor. À noite, Phebe aplicou sebo derretido às suas feridas e, o quanto podíamos, todos tentavam ajudá-la e consolá-la. Dia após dia, ela ficava deitava em sua cabana com o rosto virado para baixo, as feridas impedindo-a de descansar em qualquer outra posição.

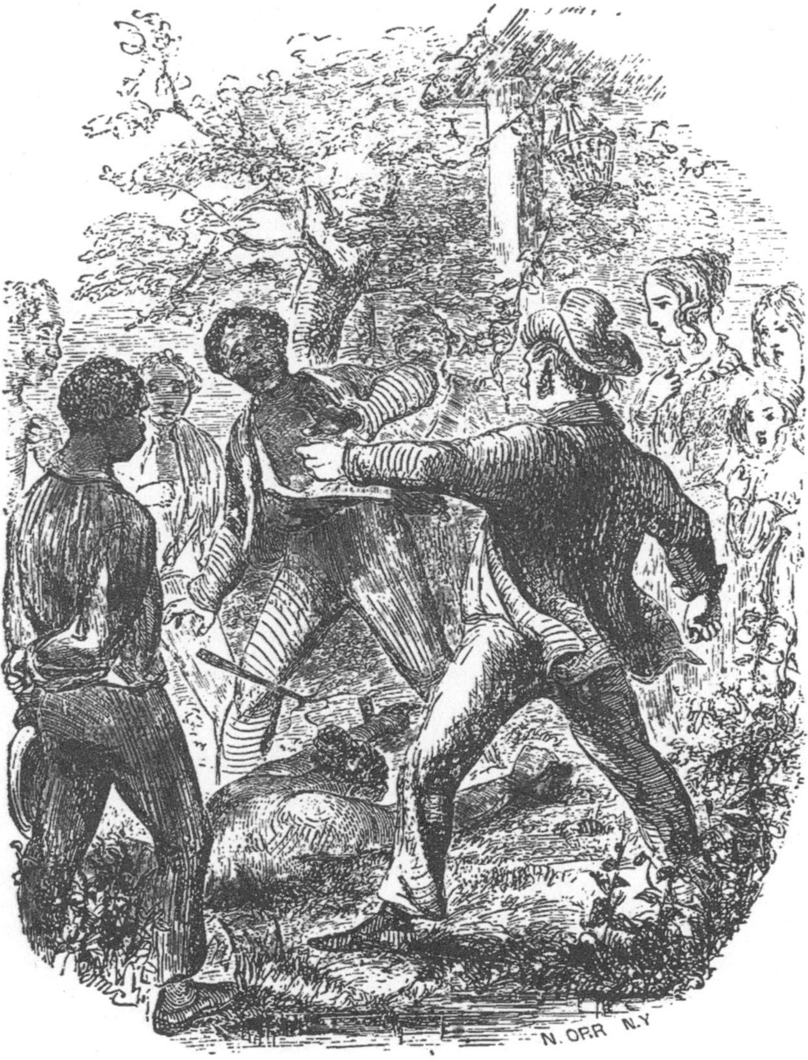
N. ORR N.Y

Teria sido uma bênção para ela – teria lhe poupado dias e semanas e meses de sofrimento – se ela nunca mais tivesse levantado a cabeça com vida novamente. De fato, desse período em diante ela já não era mais a mesma. O fardo de uma profunda melancolia pesava-lhe muito. Ela já não se movia com aquele passo flexível e elástico – não havia aquele brilho alegre em seus olhos que antes a distinguia. O seu vigor – o espírito alegre e cheio de riso de sua juventude se fora. Ela se rendeu a um humor triste e desanimado, e muitas vezes despertava de seu sono, com as mãos levantadas, implorando por misericórdia. Ela se tornou mais quieta do que no passado, trabalhando o dia todo sem dizer uma palavra. Uma expressão desgastada, digna de pena, se instalou em seu rosto, e agora seu humor era o choro, em vez da alegria. Se alguma vez houve um coração partido – um coração esmagado e arruinado pelo peso cruel do sofrimento e da má sorte – foi o de Patsey.

Ela tinha sido tratada como os animais de seu senhor – vista apenas como um animal valioso e bonito – e, consequentemente, tinha poucos conhecimentos. No entanto, uma luz fraca lançava seus raios sobre o intelecto, de modo que não era totalmente obscurecido. Ela tinha alguma percepção de Deus e da eternidade, e um pouco menos de um Salvador que morrera por ela. Tinha algumas poucas noções confusas de uma vida futura – não compreendia a diferença entre existência corpórea e espiritual. A felicidade, em sua mente, era a ausência do açoite – do trabalho – da crueldade dos senhores e feitores. Sua ideia da alegria celestial era simplesmente *descansar*, o que é plenamente expressa nestas linhas de um bardo melancólico:

> *Não desejo um paraíso nas alturas,*
> *Com os cuidados na terra oprimidos,*
> *O único céu pelo qual eu suspiro,*
> *É descanso, descanso eterno.*

É uma opinião errada que prevalece em alguns lugares de que o escravo não entende o termo – não compreende a ideia de liberdade. Mesmo em Bayou Boeuf, onde eu acredito que a escravidão existe em sua forma mais abjeta e cruel – onde exibe características totalmente desconhecidas em estados mais ao norte –, os mais ignorantes geralmente sabem muito bem o seu significado. Eles compreendem os privilégios e as isenções que lhes pertencem – que lhes confeririam os frutos do próprio trabalho e que lhes asseguraria o gozo da felicidade doméstica. Eles não deixam de notar a diferença entre sua própria condição e a do mais cruel homem branco, e conhecem a injustiça das leis que os coloca em seu poder não apenas para apropriar-se dos lucros de seu trabalho, mas também para sujeitá-los a punições imerecidas e sem razão, sem remédio, ou o direito de resistir ou protestar.

A vida de Patsey, especialmente depois do açoitamento, foi um longo sonho de liberdade. Longe, a uma distância incomensurável, ela sabia que havia uma terra de liberdade. Mil vezes ouvira dizer que em algum lugar do distante Norte não havia escravos – nenhum senhor. Em sua imaginação, era uma região encantada, o paraíso na terra. Morar onde o homem negro pode trabalhar para si mesmo – morar em sua própria cabana –, trabalhar o próprio solo, era um sonho feliz para Patsey – um sonho que, ai!, nunca poderá realizar.

O efeito dessas demonstrações de brutalidade na casa do senhor de escravos é aparente. O filho mais velho de Epps é um rapaz inteligente de dez ou doze anos de idade. É lamentável, às vezes, vê-lo castigando, por exemplo, o venerável tio Abram. Ele faz o velho homem lhe prestar contas, e se necessário em seu julgamento infantil, ele o sentencia a certo número de chicotadas, que ele mesmo aplica com muita severidade e cuidado. Montado em seu pônei, muitas vezes vai ao campo com seu chicote, brincando de feitor, para deleite do pai. Nesses momentos, ele aplica seu açoite sem discriminação, fazendo os escravos andarem aos gritos e xingamentos, enquanto o velho ri e o elogia como um bom menino.

"O menino é o pai do homem", e com tal treinamento, qualquer que seja sua disposição natural, não será diferente, ao chegar à maturidade verá os sofrimentos e misérias do escravo com total indiferença. A influência do sistema iníquo necessariamente fomenta um espírito cruel e insensível, até mesmo no peito daqueles que, entre seus iguais, são considerados humanos e generosos.

O jovem senhor Epps possuía algumas qualidades nobres, mas nenhum processo racional poderia fazê-lo compreender que, aos olhos do Todo-Poderoso, não há distinção de cor. Ele via um negro simplesmente como um animal, diferindo em nenhum aspecto de qualquer outro, exceto pelo dom da fala e por instintos um pouco mais desenvolvidos e, portanto, mais valiosos. Trabalhar como as mulas de seu pai – ser chicoteado, chutado e açoitado toda a vida –, dirigir-se ao homem branco com o chapéu na mão e os olhos voltados para baixo, para ele, eram o destino natural e adequado do escravo. Crescido com tais ideias – com a noção de que nos falta a palidez da humanidade –, não é de admirar que os opressores do meu povo sejam uma raça impiedosa e implacável.

capítulo dezenove

Avery, De Bayou Rouge – Peculiaridade Das Casas
Epps Constrói Uma Nova Casa – Bass, O Carpinteiro
Suas Nobres Qualidades – Sua Aparência Pessoal E Excentricidades
Bass E Epps Discutem A Escravidão – Opinião De Epps Sobre Bass
Eu Me Deixo Ser Conhecido Por Ele – Nossa Conversa
Sua Surpresa – Encontro À Meia-Noite À Margem Do Riacho
Garantias De Bass – Ele Declara Guerra Contra A Escravidão
Por Que Não Revelei Minha História – Bass Escreve Cartas
Cópia De Sua Carta Para Os Srs. Parker E Perry
A Febre Da Expectativa – Decepções
Bass Se Esforça Para Me Encorajar – Minha Fé Nele

Em junho de 1852, cumprindo um contrato anterior, o sr. Avery, carpinteiro de Bayou Rouge, iniciou a construção de uma casa para o senhor Epps. Já foi dito que não há celeiros em Bayou Boeuf; mas, tal é a natureza baixa e pantanosa do solo, as casas-grandes são geralmente construídas sobre grandes estacas. Outra peculiaridade é que os quartos não são rebocados, mas o teto e as paredes são cobertos com tábuas de cipreste pintadas de acordo com o gosto do proprietário. Geralmente, as tábuas são serradas com cerrotes pelos escravos, pois não há força hidráulica com a qual os moinhos possam ser construídos em muitos quilômetros na região. Quando o fazendeiro constrói sua morada, portanto, há muito trabalho extra para seus escravos. Tendo tido alguma experiência como carpinteiro com Tibeats, fui tirado do campo quando Avery e seus carpinteiros chegaram.

Entre eles havia um com quem tenho uma incomensurável dívida de gratidão. Não fosse ele, sem dúvida, eu teria terminado meus dias em cativeiro. Ele foi meu salvador – um homem cujo bom coração transbordava de sentimentos nobres e generosos. Até o último momento de minha existência, vou me lembrar dele com gratidão. Seu nome era Bass, e naquela época residia em Marksville. Será difícil transmitir uma impressão honesta de sua aparência ou caráter. Ele era um homem grande, entre quarenta e cinquenta anos de idade, de pele e cabelos claros. Ele era muito calmo e seguro, gostava de argumentar, mas sempre falava com extrema deliberação. Era o tipo de pessoa cujas maneiras eram tais que nada que dissesse jamais ofendia.

O que era intolerável, vindo dos lábios de outro, poderia ser dito por ele impunemente. Não havia um homem no rio Vermelho, talvez, que concordasse com ele sobre política ou religião, e não havia um homem, arrisco dizer, que falasse tanto sobre os mesmos assuntos. Parecia certo que ele sempre estaria do lado impopular de todas as questões locais, e sempre divertia em vez de desagradar seus ouvintes com seu modo engenhoso e original de ser controverso. Ele era solteiro – um "velho solteirão", de acordo com o verdadeiro significado do termo – e não tinha nenhum parente vivo, imaginava ele, no mundo. Também não tinha residência fixa – vagava de um estado para o outro, como sua vontade ditava. Havia morado em Marksville por três ou quatro anos e, como fruto de seus negócios como carpinteiro e também de suas peculiaridades, era amplamente conhecido em toda a paróquia de Avoyelles. Era bastante liberal; e seus muitos atos de cortesia e bondade de coração tornaram-no popular na comunidade, sentimento que ele incessantemente combatia.

Ele era nativo do Canadá, de onde veio na juventude, e depois de visitar todas as principais localidades nos estados do Norte e do Oeste, durante suas peregrinações, chegou à região insalubre do rio Vermelho. Sua última parada tinha sido Illinois. Onde está agora, lamento dizer, eu não sei. Ele pegou seus pertences e partiu silenciosamente de Marksville na véspera de minha ida, uma vez que as suspeitas de que fora ele que me ajudou a obter minha libertação tornavam necessário que assim o fizesse. Por ter cometido um ato justo e nobre, ele teria, sem dúvida, sofrido com a morte, se tivesse permanecido ao alcance da tribo de açoitadores de escravos de Bayou Boeuf.

Um dia, enquanto trabalhava na nova casa, Bass e Epps envolveram-se em um desacordo, o qual, como se supõe, ouvi com grande interesse. Eles discutiam a escravidão.

"Eu lhe digo, Epps", disse Bass, "está tudo errado – tudo errado, senhor –, não há justiça nem direito nisso. Eu não teria um escravo mesmo se eu fosse rico como Creso, o que não sou, como o senhor perfeitamente sabe, principalmente meus credores. Há outro embuste – o sistema de crédito – é uma farsa, senhor; sem crédito, sem dívida. O crédito leva um homem à tentação. O dinheiro é a única coisa que o livrará do mal. Mas a questão da *escravidão*; que direito você tem sobre seus negros?"

"Que direito!", exclamou Epps, rindo. "Comprei e paguei por eles."

"Claro que sim, a lei diz que você tem o direito de comprá-los, mas a lei que me desculpe. Sim, Epps, a lei é mentirosa, e a verdade não está nela. Tudo o que está na lei é certo? Suponha que se crie uma lei que tire sua liberdade e faça de você um escravo!"

"Oh, isso não vem ao caso", disse Epps, ainda rindo. "Espero que você não me compare com um negro, Bass."

"Bem", Bass respondeu gravemente, "não, não exatamente. Mas já vi negros tão bons quanto eu, e não conheço nenhum homem branco nestas áreas melhor do que eu. Agora, aos olhos de Deus, qual é a diferença, Epps, entre um homem branco e um negro?"

"Toda a diferença do mundo", respondeu Epps. "Você também vai perguntar qual é a diferença entre um homem branco e um babuíno? Eu vi dessas criaturas em Orleans que sabia tanto quanto qualquer um de meus negros. Você os chamaria de cidadãos, acredito eu", e se entrega a uma risada alta.

"Olhe aqui, Epps", continuou. "Você pode rir. Alguns homens são inteligentes e outros não tanto quanto pensam que são. Agora deixa eu te fazer uma pergunta. Todos os homens são criados livres e iguais, como afirma a Declaração de Independência?"

"Sim", respondeu Epps, "mas todos os homens, não os negros e macacos", e então rompe em uma gargalhada ainda mais ruidosa do que antes.

"Há macacos entre homens brancos e negros, se quiser pensar assim", observou Bass. "Eu conheço alguns homens brancos que usam argumentos que nenhum macaco sensato teria. Mas deixe isso para lá. Esses negros são seres humanos. Se eles não sabem tanto quanto seus senhores, de quem é a culpa? Eles não *podem* saber as coisas. Você tem livros e documentos e pode ir aonde quiser e reunir informações de mil maneiras. Mas seus escravos não têm esses privilégios. Você os chicoteia se pegá-los lendo um livro. Eles são mantidos em cativeiro, geração após geração, privados de desenvolvimento mental, como se pode esperar que eles tenham conhecimento? Se eles não conseguem evoluir, com a criação bruta que têm, vocês serão responsabilizados por isso. Se eles são babuínos, ou não são mais evoluídos mentalmente do que esses animais, você e homens como você são os responsáveis por isso. Há um pecado, um pecado terrível, que recai sobre este país e que não ficará impune para sempre. Haverá um acerto de contas sim, Epps, chegará um dia que queimará como um forno. Mais cedo ou mais tarde, mas é tão certo quanto o Senhor é justo."

"Se você morasse entre os ianques na Nova Inglaterra", disse Epps, "acharia que é um desses fanáticos malditos que sabem mais do que a Constituição e andam por aí vendendo relógios e persuadindo os negros a fugir."

"Se eu morasse na Nova Inglaterra", respondeu Bass, "seria exatamente como sou aqui. Eu diria que a escravidão é uma crueldade e deveria ser abolida. Diria que não há razão nem justiça na lei ou na constituição que autorize que um homem mantenha outro homem em cativeiro. Seria difícil para você perder sua propriedade, com certeza, mas não seria tão difícil quanto perder a liberdade. Você não tem mais direito à liberdade, quando se fala de justiça, do que o tio Abram. Fala-se sobre a pele negra e o sangue negro; quantos escravos tem nessa região tão brancos como qualquer um de nós? E qual a diferença na cor da alma? Ahh! Todo o sistema é tão absurdo quanto cruel. Você pode ter negros, mas eu não teria nem para a melhor fazenda da Louisiana."

"Você gosta de ouvir a própria voz, Bass, mais do que qualquer homem que eu conheça. Você diria que o preto é branco e o branco é preto, se alguém o contradissesse. Nada está bom para você neste mundo, e não acredito que ficaria satisfeito com o próximo, se pudesse escolher viver nele."

Conversas parecidas com essas não eram incomuns entre os dois; Epps o incitava mais para divertir-se do que para realmente discutir os méritos da questão. Ele considerava Bass um homem que estava sempre pronto para dizer qualquer coisa apenas pelo prazer de ouvir a própria voz; um tanto arrogante, talvez, lutando contra a própria crença e julgamento, simplesmente para expor sua habilidade de argumentação.

Bass permaneceu na fazenda de Epps durante o verão, visitando Marksville geralmente uma vez a cada quinze dias. Quanto mais eu o via, mais me convencia de que ele era um homem em quem eu podia confiar. No entanto, minha má experiência anterior me ensinara a ser extremamente cauteloso. Não era meu direito falar com um homem branco a não ser quando ele viesse até mim, mas aproveitei todas as oportunidades de estar em seu caminho e me esforçava de todas as formas possíveis para chamar sua atenção. No início de agosto, estávamos trabalhando sozinhos na casa, os outros carpinteiros tinham ido embora e Epps estava ausente, no campo. Aquele era o momento, se é que alguma vez chegaria o momento certo, de abordar o assunto e resolvi fazê-lo, submetendo-me às possíveis consequências. Nós estávamos ocupados no trabalho à tarde, quando parei de repente e disse:

"Senhor Bass, gostaria de perguntar, de que parte do país o senhor veio?"

"Por quê, Platt, o que te faz perguntar isso?", ele respondeu. "Não conheceria se eu falasse." Depois de um momento, ele acrescentou: "Eu nasci no Canadá; agora adivinhe onde é".

"Oh, eu sei onde é o Canadá", disse, "já estive lá."

"Sim, imagino que você esteja bem familiarizado com todo o país", ele comentou, rindo, incrédulo.

"Tão certo quanto o fato de estar vivo, senhor Bass", respondi, "estive lá. Estive em Montreal, Kingston, Queenston e muitos outros lugares no Canadá, e também estive no estado de York – em Buffalo, Rochester e Albany, e posso lhe dizer os nomes das aldeias na região do canal Erie e do canal Champlain."

Bass virou-se e olhou para mim por muito tempo sem proferir uma sílaba.

"Como veio parar aqui?", ele perguntou.

"Senhor Bass", respondi, "se houvesse justiça, eu não estaria aqui."

"Bem, como assim?", ele perguntou. "Quem é você? Já esteve no Canadá com certeza. Conheço todos os lugares que mencionou. Como você chegou aqui? Venha, conte-me tudo.

"Não tenho amigos aqui", foi a minha resposta, "em que posso confiar. Tenho medo de lhe dizer, embora não acredite que você contaria ao senhor Epps se eu falasse."

Ele me assegurou que manteria cada palavra que lhe dissesse em segredo e teve a curiosidade fortemente aguçada. Era uma longa história, informei-lhe, e levaria algum tempo para contá-la. O senhor Epps voltaria em breve, mas se ele me encontrasse naquela noite depois que todos estivessem dormindo, eu contaria tudo a ele. Ele concordou prontamente e me orientou a entrar na construção onde estávamos trabalhando, nos encontraríamos lá. Por volta da meia-noite, quando tudo estava quieto e silencioso, saí sorrateiramente da cabana e, sem fazer barulho, entrei na construção e encontrei-o à minha espera.

Depois de mais promessas de que não me trairia, iniciei a história da minha vida e infortúnios. Ele ficou profundamente interessado, fazendo inúmeras perguntas sobre lugares e acontecimentos. Quando terminei, pedi-lhe que escrevesse a alguns de meus amigos do Norte, informando-lhe minha situação e pedindo que enviassem documentos da minha condição de homem livre ou tomassem as medidas adequadas para a minha libertação. Ele prometeu fazê-lo, mas reforçou quão perigoso era caso descobrissem e me pressionou sobre a necessidade de manter segredo e silêncio. Antes de nos separarmos, organizamos nosso plano.

Concordamos em nos encontrar na noite seguinte em um local entre as plantas altas na margem do rio, a alguma distância da residência do senhor. Lá ele escreveria num papel os nomes e endereços de várias pessoas, antigos amigos do Norte, a quem mandaria as cartas durante sua próxima visita a Marksville. Não era prudente nos encontrarmos na casa nova, até porque a luz que seria necessária poderia possivelmente nos revelar. No decorrer do dia, consegui alguns fósforos e um pedaço de vela na cozinha, sem que ninguém percebesse, enquanto tia Phebe estava ausente. Bass tinha lápis e papel na sua caixa de ferramentas.

Na hora marcada, nos encontramos às margens do riacho e, esgueirando-me entre as plantas altas, acendi a vela, enquanto ele pegava lápis e papel e preparava-se para escrever. Dei-lhe os nomes de William Perry, Cephas Parker e juiz Marvin, todos de Saratoga Springs, no condado de Saratoga, Nova York. Eu tinha sido empregado deste último no United States Hotel, e fizera diversos negócios com os primeiros. Acreditava que pelo menos um deles ainda estaria vivendo na região. Ele escreveu cuidadosamente os nomes e, em seguida, comentou, pensativo:

"Faz tantos anos que você deixou Saratoga, todos esses homens podem estar mortos, ou podem ter se mudado de lá. Você diz que obteve os documentos na aduana em Nova York. Provavelmente há um registro lá, e acho que seria bom escrever para eles e averiguar."

Concordei com ele e novamente repeti as circunstâncias relatadas até então e relacionadas à minha visita à aduana com Brown e Hamilton. Ficamos na margem do riacho uma hora ou mais, conversando sobre esse assunto que agora absorvia nossos pensamentos. Eu não duvidava mais de sua fidelidade e falei abertamente sobre as muitas tristezas que eu tinha suportado em silêncio e por tanto tempo. Contei de minha esposa e meus filhos, mencionando seus nomes e idades, focando na felicidade indescritível que seria abraçá-los junto ao peito mais uma vez antes de morrer. Segurei-o pela mão e, com lágrimas e súplicas apaixonadas, implorei que me ajudasse – que me levasse de volta à minha família e à liberdade –, prometendo que cansaria o Céu pelo resto de minha vida com orações para abençoá-lo. No gozo da liberdade – cercado pelas relações de minha juventude e devolvido ao seio de minha família –, essa promessa ainda não foi esquecida, e jamais será, enquanto eu tiver forças para levantar meus olhos suplicantes para o alto.

"Oh, abençoai sua voz gentil e seus cabelos prateados, abençoai toda a sua vida, até que ele me encontre."

Ele me encheu de garantias de amizade e fidelidade, dizendo que nunca antes havia se interessado tão profundamente pelo destino de qualquer pessoa. Falava de si mesmo em um tom um tanto lúgubre, como um homem solitário, um andarilho pelo mundo – que estava envelhecendo e logo chegaria ao fim de sua jornada terrestre e se deitaria para o descanso final sem a família ou os amigos para chorar por ele ou lembrar-se dele –, que sua vida tinha pouco valor e, assim, se dedicaria à conquista de minha liberdade e a uma luta incessante contra a amaldiçoada vergonha da escravidão.

Depois desse dia, raramente conversamos ou nos vimos. Além disso, passou a ter menos liberdade em suas conversas com Epps sobre a escravidão. A mais remota suspeita de que houvesse qualquer intimidade – qualquer entendimento secreto entre nós – nunca chegou à mente de Epps ou de qualquer outra pessoa, branca ou negra, na fazenda.

Muitas vezes me perguntam, com incredulidade, como consegui esconder por tantos anos de meus companheiros do dia a dia meu verdadeiro nome e minha história. A terrível lição que Burch me ensinou imprimiu indelevelmente em minha mente o perigo e a inutilidade de afirmar que eu era um homem livre. Não havia possibilidade de qualquer escravo poder me ajudar, mas poderia me expor. Quando lembro de toda a corrente de meus pensamentos, durante doze anos, voltada para a contemplação da fuga, não me surpreende que sempre fui cauteloso e atento. Teria sido um ato de loucura proclamar meu *direito* à liberdade; isso só teria me submetido a uma vigilância ainda mais severa – provavelmente teria me levado a uma região mais distante e inacessível que Bayou Boeuf. Edwin Epps não tinha nenhum interesse nos direitos ou injustiças do homem negro – totalmente destituído de qualquer senso natural de justiça, como eu bem sabia. Era importante, portanto, não apenas para a minha esperança de libertação, mas também para os poucos privilégios pessoais que me eram permitidos, manter a história da minha vida em segredo.

No sábado à noite, depois de nossa conversa à margem do riacho, Bass foi para casa em Marksville. Como o dia seguinte era domingo, ele passou em seu próprio quarto escrevendo cartas. Uma delas era para o fiscal da aduana em Nova York, outra para o juiz Marvin e outra para os senhores Parker e Perry em conjunto. Foi esta última que me levou à libertação. Ele assinou as cartas com meu verdadeiro nome, mas dizia que elas não tinham sido escritas por mim. A carta em si mostra que ele achava que estava envolvido em um empreendimento perigoso – dizia que estava nada menos do que correndo "risco de vida, se descoberto". Eu não vi a carta antes de ser enviada, mas obtive uma cópia, que transcrevo a seguir:

Bayou Boeuf, 15 de agosto de 1852
SR. WILLIAM PERRY OU O SR. CEPHAS PARKER:
Cavalheiros: Passou-se um longo tempo desde que eu os vi ou ouvi falar dos senhores e, sem saber se ainda vivem, é com incerteza que lhes escrevo, mas a necessidade do caso é minha desculpa.

Tendo nascido livre, do outro lado do rio dos senhores, estou certo de que devem me conhecer, e agora sou aqui um escravo. Peço que consigam os papéis que atestem minha liberdade e os envie para mim em Marksville, Louisiana, Paróquia de Avoyelles, por favor.

Seu, SOLOMON NORTHUP.

O modo como me tornei escravo, fiquei doente em Washington e inconsciente por algum tempo. Quando recuperei a consciência, meus documentos de liberdade haviam sido roubados e me vi preso a grilhões a caminho deste estado, e nunca encontrei alguém que pudesse escrever por mim, até agora; e este que escreve por mim corre o risco de vida se descoberto.

A alusão a mim no trabalho recentemente publicado, *A Key to Uncle Tom's Cabin*, contém a primeira parte dessa carta, mas omite o pós-escrito. Não constam também de forma correta os nomes completos dos senhores a quem se destina, havendo uma pequena discrepância, provavelmente um erro tipográfico. Ao pós-escrito, mais do que para ao texto da carta em si, que devo minha libertação, como veremos.

Quando Bass retornou de Marksville, me informou o que havia feito. Continuamos nossas conversas à meia-noite, sem nunca falarmos um com o outro durante o dia, exceto no que era necessário para o trabalho. Pelo que ele pôde constatar, levaria duas semanas para que a carta chegasse a Saratoga pelo correio e o mesmo tempo para ter uma resposta. Em seis semanas, no mais tardar, concluímos, teríamos uma resposta, se tivéssemos. Muitas sugestões foram feitas, e conversamos muito sobre qual seria a forma mais segura e adequada para receber os documentos de minha liberdade. Eles estavam entre ele e um mal maior, caso fôssemos surpreendidos e presos ao deixar a região. Não era uma violação da lei, por mais que provocasse hostilidade individual, ajudar um homem livre a recuperar sua liberdade.

Ao final de quatro semanas, ele foi novamente para Marksville, mas nenhuma resposta havia chegado. Fiquei muito desapontado, mas ainda me acalmei ao pensar que não havia decorrido tempo suficiente – que poderia haver atrasos – e que não poderia esperar uma resposta tão cedo. Seis, sete, oito e dez semanas se passaram, porém, e nada veio. Eu ficava com febre de ansiedade toda vez que Bass ia a Marksville e mal conseguia fechar os olhos até que voltasse. Finalmente a casa do meu senhor foi finalizada e chegara a hora de Bass ir embora. Na noite anterior à sua partida, fiquei completamente entregue ao desespero. Eu me agarrara a ele como um homem se afogando se agarra à boia, sabendo que, se ela lhe escapar, ele afundará para sempre sob as ondas. A esperança gloriosa, à qual eu havia me agarrado, estava se transformando em cinzas em minhas mãos. Senti como se afundasse em meio às águas amargas da escravidão, de cujas profundezas insondáveis nunca mais voltaria.

O generoso coração do meu amigo e benfeitor ficou comovido ao ver minha aflição. Ele se esforçou para me animar, prometendo retornar na véspera do Natal, e se não tivesse nenhuma novidade nesse meio-tempo, daria mais alguns passos para efetivar nosso projeto. Ele me exortou a manter o ânimo – a confiar em seus esforços contínuos em meu favor, assegurando-me, de forma séria e franca, que minha libertação seria, a partir dali, o principal objetivo de seus pensamentos.

Na sua ausência, o tempo passou devagar. Eu esperei pelo Natal com muita ansiedade e impaciência. Tinha desistido da expectativa de receber qualquer resposta para as cartas. Elas podem ter extraviado ou ter sido mal endereçadas. Talvez aqueles em Saratoga, a quem elas tinham sido enviadas, estivessem todos mortos; talvez, engajados em suas atividades, não se importassem o suficiente com o destino de um negro obscuro e infeliz. Toda minha esperança estava depositada em Bass. Minha fé nele me era sempre renovada e me ajudou a enfrentar a decepção que me dominava.

Eu estava tão absorto com minha situação e perspectivas, que os escravos com os quais trabalhava no campo notaram. Patsey me perguntava se eu estava doente, e tio Abram, Bob e Wiley estavam sempre curiosos para saber em que estava pensando com tanto afinco. Mas eu evitei suas perguntas com alguma observação trivial e mantinha meus pensamentos fechados dentro do peito.

capítulo vinte

Bass É Fiel À Sua Palavra – Sua Chegada Na Véspera De Natal
A Dificuldade Em Falar Com Ele – O Encontro Na Cabana
A Não Chegada Da Carta
Bass Anuncia Sua Intenção De Ir Ao Norte – Natal
Conversa Entre Epps E Bass
A Jovem Senhora M'coy, A Beleza De Bayou Boeuf
O Melhor Dos Jantares – Música E Dança
Presença Da Senhora – Sua Grande Beleza
O Último Baile De Escravos – William Pierce
Durmo Demais – O Último Açoite – Desânimo
A Manhã Fria – As Ameaças De Epps – A Carroça
Estranhos Se Aproximando Do Campo De Algodão
A Última Hora Em Bayou Boeuf

Fiel à sua palavra, na véspera de Natal, Bass chegou ao quintal, no cair da noite.

"Como vai?", perguntou Epps, sacudindo-o pela mão, "feliz em vê-lo."

Ele não teria ficado tão feliz se soubesse o objetivo de sua missão.

"Muito bem, muito bem", respondeu Bass. "Tinha alguns negócios no riacho e resolvi vir e passar a noite."

Epps deu ordens para que um dos escravos se encarregasse de seu cavalo e, com muita conversa e risadas, entraram juntos na casa. Mas não antes de Bass olhar para mim de maneira significativa, querendo dizer: "Fique tranquilo, nós nos entendemos". Eram dez horas da noite, quando os trabalhos do dia acabaram e eu entrei na cabana. Naquela época, tio Abram e Bob a dividiam comigo. Deitei-me sobre minha tábua e fingi dormir. Quando meus companheiros caíram em sono profundo, eu saí sorrateiramente, observei e procurei ouvir atentamente algum sinal ou som de Bass. Lá fiquei até depois da meia-noite, mas não vi nem ouvi nada. Como suspeitava, ele não ousou sair da casa, com medo de levantar a suspeita por parte da família. Julguei, corretamente, que ele acordaria mais cedo do que de costume e aproveitaria a oportunidade para me encontrar antes de Epps. Assim, acordei tio Abram uma hora mais cedo e mandei-o para a casa-grande acender o fogo; nessa época do ano, fazia parte dos deveres dele.

Também dei um chocalhão em Bob e perguntei se ele pretendia dormir até o meio-dia, dizendo que o senhor estaria de pé mais cedo e que as mulas deveriam ser alimentadas. Ele sabia muito bem qual seria a consequência disso, e, pondo-se de pé, foi para o pasto dos cavalos em um piscar de olhos.

Então, depois que os dois já tinham saído, Bass entrou na cabana.

"Nenhuma carta ainda, Platt", disse ele. O anúncio caiu sobre meu coração como chumbo.

"Oh, escreva outra vez, senhor Bass", choraminguei. "Eu lhe darei os nomes de muitos que conheço. Certamente não estão todos mortos. Alguém há de ter pena de mim."

"Não adianta", respondeu Bass, "não adianta. Eu me decidi quanto a isso. Temo que o funcionário do correio de Marksville desconfie de alguma coisa, pois perguntei muitas vezes lá. É muito incerto – muito perigoso."

"Então está tudo acabado", exclamei. "Oh, meu Deus, como poderei terminar meus dias aqui!"

"Você não vai terminar seus dias aqui", disse ele, "a menos que morra muito em breve. Pensei muito sobre tudo isso e cheguei a uma conclusão. Há mais de uma maneira de resolver isso e um modo melhor e mais seguro do que escrever cartas. Eu tenho um ou dois trabalhos que serão concluídos em março ou abril. A esta altura, terei uma quantia considerável de dinheiro e, então, Platt, eu mesmo vou a Saratoga."

Eu mal podia acreditar em meus próprios sentidos quando as palavras saíram de seus lábios. Mas ele me assegurou, de uma maneira que não deixava dúvidas quanto a sua intenção, que, se sua vida fosse poupada até a primavera, certamente empreenderia essa jornada.

"Já morei nesta região por tempo suficiente", continuou ele. "Posso ficar aqui ou em qualquer outro lugar. Há muito tempo venho pensando em voltar para o lugar onde nasci. Estou cansado da escravidão assim como você. Se eu conseguir levá-lo para longe daqui, será uma boa ação sobre a qual pensarei durante toda a vida. Vou conseguir, Platt. Tenho que conseguir. Agora, deixe-me dizer o que eu quero. Epps vai acordar em breve e não pode me ver aqui. Pense em todos os homens em Saratoga e Sandy Hill, e naquela região, que um dia o conheceram. Vou arranjar uma desculpa para vir para cá novamente no inverno, quando anotarei todos esses nomes. Então, quando eu for para o Norte, saberei quem procurar. Pense em todos que conseguir. Alegre-se! Não desanime. Estou com você, na vida ou na morte. Adeus. Deus o abençoe", e dizendo isso ele deixou a cabana rapidamente e entrou na casa-grande.

Era manhã de Natal – o dia mais feliz do ano para o escravo. Nessa manhã, ele não precisava correr para o campo, com sua cabaça e saca de algodão. A felicidade brilhava nos olhos e refletia no semblante de todos. Era hora de festejar e dançar. Os campos de cana e algodão estavam desertos. Era o dia para usar o vestido limpo – a fita vermelha. Haveria reencontros, alegria e risos, e todos se apressando de um lado para o outro. Era para ser um dia de *liberdade* entre os filhos da escravidão. Portanto, eles estavam felizes e rejubilavam-se.

Depois do café da manhã, Epps e Bass passearam pelo quintal, conversando sobre o preço do algodão e vários outros assuntos.

"Onde seus negros festejam o Natal?", Bass perguntou.

"Platt vai para a fazenda de Tanner hoje. Seu violino é muito requisitado. Na segunda-feira ele vai para a fazenda de Marshall, e a senhorita Mary McCoy, da antiga fazenda Norwood, me escreveu dizendo que quer que ele toque para seus negros na terça-feira."

"Ele é um rapaz esperto, não é?", disse Bass. "Venha aqui, Platt", acrescentou ele, olhando para mim enquanto eu caminhava até eles, como se nunca antes tivesse prestado atenção em mim.

"Sim", respondeu Epps, segurando meu braço e apertando, "não há uma articulação ruim nele. Não há rapaz algum no vale que valha mais do que ele – perfeitamente sadio e comportado. Ele não é como os outros negros; não se parece com eles – não age como eles. Ofereceram-me mil e setecentos dólares por ele na semana passada."

"E não aceitou?", Bass perguntou, surpreso.

"Imagina, não, diabos, claro que não. Ora, ele é um gênio; sabe fazer eixo de arado, de carroça – qualquer coisa, assim como você. Marshall queria trocar um de seus negros por ele, mas eu disse que preferiria ver o diabo."

"Não vejo nada de especial nele", observou Bass.

"Ora, apenas o examine", respondeu Epps. "Não se vê rapazes como ele por aí. Ele tem pele fina e não suporta muitos açoites como outros; mas ele tem músculos, sem dúvida."

Bass me apalpou, virou-me e fez um exame minucioso, enquanto Epps ficava pensando nos meus pontos positivos. Mas seu visitante pareceu ter pouco interesse no assunto, e logo o esqueceu. Bass logo partiu, lançando-me outro olhar de reconhecimento e cumplicidade, enquanto saía do quintal.

Quando ele se foi, obtive um salvo-conduto e partir para a fazenda de Tanner – não de Peter Tanner, como já mencionei, mas de um parente dele. Toquei durante o dia e a maior parte da noite, e o dia seguinte, o domingo, passei em minha cabana. Na segunda-feira, cruzei o riacho até a fazenda de Douglas Marshall, junto com todos os escravos de Epps e, na terça-feira, fui à velha Norwood, que é a terceira fazenda acima da de Marshall, do mesmo lado do rio.

Essa propriedade pertence agora a srta. Mary McCoy, uma moça adorável, com cerca de vinte anos de idade. Ela é a beleza e a glória de Bayou Boeuf. Ela tem cem escravos, além de muitos empregados domésticos, garotos que cuidam do quintal e crianças. Seu cunhado, que mora na propriedade vizinha, a ajuda em tudo. Ela é adorada por todos os seus escravos, e é fato que eles devem ser gratos por estarem em mãos tão gentis. Em nenhum lugar da região há festas tão divertidas quanto as da jovem senhora McCoy. Ali, mais do que em qualquer outro lugar, os velhos e os jovens próximos se reúnem para as festas de Natal; em nenhum outro lugar há refeições tão deliciosas; em nenhum outro lugar uma voz fala tão agradavelmente com eles. Ninguém é tão querido – ninguém preenche um espaço tão grande no coração de mil escravos como a jovem senhora McCoy, a dona órfã da antiga propriedade de Norwood.

Quando cheguei a sua casa, encontrei duzentos ou trezentos escravos reunidos. A mesa foi arrumada dentro de uma longa construção feita especialmente para os escravos dançarem. Estava coberta com todas as variedades de comida que o país oferecia, e foi considerada por todos o melhor banquete da região. Peru, porco, frango, pato e todos os tipos de carne, assados, cozidos e grelhados, formavam uma linha em toda a extensão da mesa, enquanto os espaços vagos estavam cheios de tortas, geleias, bolo gelado e massa doce de muitos tipos. A jovem patroa caminhou ao redor da mesa, sorrindo e dizendo palavras gentis para todos, e pareceu apreciar muito a cena.

Quando o jantar terminou, a mesa foi removida para dar lugar aos bailarinos. Afinei meu violino e toquei uma música animada; enquanto alguns se juntaram para dançar, outros batucavam e cantavam suas canções, enchendo a grande sala de música misturada com o som de vozes humanas e o ruído de muitos pés.

À noite, a dona voltou e ficou parada na porta por um longo tempo, olhando para nós. Ela estava magnificamente disposta. Seus cabelos e olhos escuros contrastavam com sua pele clara e delicada. Sua forma era esbelta, mas imponente, e seus movimentos eram uma combinação de dignidade e graça naturais. Enquanto ela estava lá, vestida com roupas caras, com o rosto animado de prazer, notei que nunca tinha visto um ser humano tão belo. Concentro-me satisfeito na descrição dessa boa e gentil senhora não apenas porque ela me inspirou com emoções de gratidão e admiração, mas porque o leitor entenderia que todos os proprietários de escravos de Bayou Boeuf não são como Epps ou Tibeats, ou Jim Burns. Às vezes, encontra-se, mesmo que raramente, de fato, um homem bom como William Ford, ou um anjo de bondade como a jovem senhora McCoy.

A terça-feira encerrou os três dias de feriado que Epps nos permitiu no ano. A caminho de casa, na manhã de quarta-feira, enquanto passava pela fazenda de William Pierce, esse cavalheiro me saudou, dizendo ter recebido um bilhete de Epps levado por William Varnell, permitindo que ele ficasse comigo com o propósito de tocar por seus escravos naquela noite. Era a última vez que assistiria a um baile de escravos nas margens do Bayou Boeuf. A festa de Pierce continuou alegre até a luz do outro dia, quando voltei para a casa do meu senhor, estava um pouco cansado com a falta de descanso, mas feliz na posse de numerosas quinquilharias e moedas que os brancos, satisfeitos com minhas apresentações musicais, tinham me dado.

No sábado pela manhã, pela primeira vez em anos, dormi demais. Estava com medo de sair da cabana para encontrar os escravos que já estavam no campo. Eles haviam me precedido uns quinze minutos. Deixando para trás minha comida e a cabaça de água, corri atrás deles o mais rápido que pude. O sol ainda não havia nascido, mas Epps estava na varanda quando saí da cabana e gritou para mim que era uma linda hora do dia para se levantar. Com um esforço extra, minha fileira estava pronta quando ele chegou depois do café da manhã. Isso, no entanto, não era desculpa para a ofensa de dormir demais. Ele mandou que eu tirasse a roupa e me deitasse e deu-me dez ou quinze chicotadas, no fim das quais perguntou se eu achava que, depois disso, eu poderia levantar em alguma hora boa da *manhã* ainda. Eu disse que sim, que poderia, e, com as costas ardendo, voltei ao trabalho.

No dia seguinte, domingo, meus pensamentos estavam em Bass e nas probabilidades e esperanças que eu tinha com sua ação e determinação. Considerei a incerteza da vida e que, se fosse a vontade de Deus que ele morresse, minha perspectiva de libertação e de felicidade neste mundo seria totalmente terminada e destruída. Minha dor nas costas, talvez, não me permitia me tornar excepcionalmente alegre. Sentia-me desanimado e infeliz o dia todo e, quando me deitava na tábua dura à noite, meu coração ficava oprimido com tanto pesar, que parecia que iria se romper.

Segunda-feira de manhã, dia 3 de janeiro de 1853, estávamos no campo bem cedo. Era uma manhã fria, como é incomum naquela região. Eu estava adiantado, tio Abram ao meu lado, atrás dele Bob, Patsey e Wiley, com nossas sacas de algodão no pescoço. Epps apareceu (algo raro, de fato) naquela manhã sem seu açoite. Ele praguejou, de uma maneira que envergonharia um pirata, que não estávamos fazendo nada. Bob se atreveu a dizer que seus dedos estavam tão entorpecidos de frio, que ele não conseguia colher rápido. Epps se amaldiçoou por não ter trazido seu açoite e declarou que quando voltasse nos aqueceria bem; sim, ele nos deixaria mais quentes que o reino de fogo em que às vezes sou obrigado a acreditar que ele próprio acabará residindo.

Com essas expressões fervorosas, ele nos deixou. Quando ele não mais podia nos ouvir, começamos a conversar sobre como era difícil sermos obrigados a manter nossas tarefas com os dedos dormentes; sobre quão irracional era nosso senhor e usando termos nada lisonjeiros para falar dele. Nossa conversa foi interrompida por uma carroça que ia com pressa em direção à casa. Olhando para cima, vimos dois homens se aproximando de nós através do campo de algodão.

Tendo agora trazido esta narrativa para a última hora que passei em Bayou Boeuf – tendo chegado à minha última colheita de algodão e prestes a me despedir do senhor Epps –, devo pedir ao leitor que volte comigo para o mês de agosto; a ler a carta de Bass em sua longa viagem a Saratoga; a entender o efeito que causou – e que enquanto me recuperava e me desesperava na cabana de escravos de Edwin Epps, graças à amizade de Bass e à bondade da Providência, as coisas trabalhavam juntas para minha libertação.

capítulo vinte e um

A Carta Chega A Saratoga – É Encaminhada A Anne
É Entregue A Henry B. Northup – A Lei De 14 De Maio De 1840
Suas Disposições – Declaração De Anne Ao Governador
Os Depoimentos Que A Acompanham – Carta Do Senador Soule
Partida Do Agente Nomeado Pelo Governador
Chegada A Marksville – O Excelentíssimo John P. Waddill
A Conversa Sobre A Política De Nova York
Uma Boa Ideia – A Reunião Com Bass – O Segredo É Revelado
Procedimentos Jurídicos Definidos
Partida De Northup E Do Xerife De Marksville Para Bayou Boeuf
Arranjos – Chegada À Fazenda De Epps
Encontro Com Seus Escravos No Algodoal – A Reunião
A Despedida

Sou grato ao sr. Henry B. Northup e muitos outros pelos diversos detalhes contidos neste capítulo.

A carta escrita por Bass, endereçada a Parker e Perry, e que foi postada no correio em Marksville no dia 15 de agosto de 1852, chegou a Saratoga no início de setembro. Algum tempo antes disso, Anne havia se mudado para Glens Falls, no condado de Warren, onde cuidava da cozinha do Carpenter's Hotel. Ela ainda mantinha a casa, no entanto, vivendo com nossos filhos e ausentando-se somente para cumprir suas obrigações no hotel.

Os senhores Parker e Perry, ao receber a carta, enviaram-na imediatamente a Anne. Ao lê-la, as crianças ficaram animadas e, sem demora, correram para a aldeia vizinha de Sandy Hill, para consultar Henry B. Northup e obter seus conselhos e assistência no assunto.

Após pesquisas, esse senhor encontrou entre os estatutos do Estado uma lei que previa o resgate de cidadãos livres da escravidão. Aprovada em 14 de maio de 1840, chama-se "Lei para proteção de cidadãos livres deste estado do sequestro e submissão à escravidão". Estabelece que é dever do governador, após receber informações satisfatórias de que qualquer cidadão ou habitante deste Estado foi detido indevidamente em outro estado ou território dos Estados Unidos, sob a alegação ou pretensão de ser um escravo, ou que pelo costume da cor ou regra da lei é considerado ou tomado como escravo, tomar medidas para restaurar a tal pessoa a liberdade, conforme julgar necessário. E para esse fim, ele está autorizado a nomear e empregar um agente, e orientado a fornecer a ele credenciais e instruções que lhe permitam realizar o objeto de sua nomeação. Requer que o agente assim designado recolha a prova apropriada para estabelecer o direito de tal pessoa à liberdade; que faça viagens, tome tais medidas, institua tais procedimentos legais etc., conforme seja necessário para devolver tal pessoa a esse Estado, e se incumba de todas as despesas incorridas na execução da lei em vigor com dinheiro do Tesouro para esse fim.

Era necessário atestar dois fatos para a satisfação do governador: primeiro, que eu era um cidadão livre de Nova York; e em segundo lugar, que eu estava injustamente preso em cativeiro. Quanto ao primeiro ponto, não houve dificuldade, todos os habitantes mais velhos nas vizinhanças estavam prontos para testemunhar. O segundo ponto dependia inteiramente da carta a Parker e Perry, escrita por mão desconhecida, e da carta escrita a bordo do brigue *Orleans*, que, infelizmente, fora extraviada ou perdida.

Uma declaração foi preparada e direcionada a Sua Excelência, o governador Hunt, atestando meu casamento, minha partida da cidade de Washington; o recebimento das cartas; que eu era um cidadão livre e outros fatos considerados importantes, assinados e verificados por Anne. Acompanhando essa declaração foram enviados depoimentos de cidadãos proeminentes de Sandy Hill e Fort Edward, corroborando plenamente o que dizia, e também um pedido de vários senhores conhecidos do governador para que Henry B. Northup fosse nomeado agente segundo ato legislativo.

Ao ler a declaração e os depoimentos, Sua Excelência manifestou um grande interesse no assunto, e no dia 23 de novembro de 1852, sob o selo do Estado, "constituiu, nomeou e empregou Henry B. Northup, cavalheiro, agente com pleno poder para efetuar" minha libertação e tomar as medidas mais cabíveis para isso, e o instruiu a ir para a Louisiana com todo os recursos necessários.

A natureza urgente dos compromissos profissionais e políticos de Northup atrasou sua partida até dezembro. No dia 14, ele saiu de Sandy Hill e seguiu para Washington. O Excelentíssimo Pierre Soule, senador no Congresso da Louisiana, o Excelentíssimo sr. Conrad, secretário de Guerra, e o juiz Nelson, da Suprema Corte dos Estados Unidos, após ouvirem uma declaração dos fatos e examinarem tudo, assim como as cópias autenticadas da declaração e os depoimentos, forneceram cartas abertas aos cavalheiros da Louisiana, solicitando veementemente a sua ajuda no cumprimento do objetivo de sua nomeação.

O senador Soule interessou-se especialmente pelo assunto, insistindo, em linguagem convincente, que era dever e interesse de todos os fazendeiros de seu Estado ajudar a restaurar-me à liberdade e que acreditava que os sentimentos de honra e justiça no seio de todo cidadão da comunidade os recrutariam em meu nome. Tendo obtido essas cartas valiosas, o sr. Northup retornou a Baltimore e partiu dali para Pittsburgh. Era sua intenção original, de acordo com os conselhos de amigos em Washington, ir diretamente a New Orleans e consultar as autoridades da cidade. Providencialmente, no entanto, ao chegar à foz do rio Vermelho, ele mudou de ideia. Se tivesse continuado, não teria se encontrado com Bass, em cujo caso a busca por mim provavelmente teria sido infrutífera.

Embarcando no primeiro vapor, ele seguiu sua jornada pelo rio Vermelho, um riacho lento e sinuoso, que fluía por uma vasta região de florestas primitivas e pântanos impenetráveis, quase totalmente destituídos de habitantes. Por volta das nove horas da manhã, em 1º de janeiro de 1853, ele deixou o barco a vapor em Marksville e seguiu diretamente para Marksville Court House, uma pequena aldeia a seis quilômetros do rio.

Como a carta endereçada aos senhores Parker e Perry fora carimbada em Marksville, ele supôs que eu estivesse naquele lugar ou por perto. Ao chegar à cidade, imediatamente relatou sua missão para o Excelentíssimo John P. Waddill, um cavalheiro da lei distinto e um homem de genialidade e impulsos nobres. Depois de ler as cartas e os documentos que lhe foram apresentados e de ouvir as circunstâncias pelas quais eu havia sido levado ao cativeiro, o sr. Waddill imediatamente ofereceu seus serviços e se dedicou ao caso com grande zelo e seriedade. Ele, em comum com outros de caráter elevado, considerou o sequestrador com abjeção. Não somente o título de seus colegas paroquianos e clientes à propriedade que constituía a maior proporção da riqueza deles dependia apenas da boa-fé com que as vendas de escravos eram feitas, mas ele também era um homem em cujo coração honrado a indignação foi despertada por esse exemplo de injustiça.

Marksville, apesar de ocupar uma posição proeminente e se destacar em um impressionante realce de grafia no mapa da Louisiana, é, na verdade, apenas uma pequena e insignificante aldeia. Além de uma taverna, mantida pela generosidade de um homem, o tribunal, povoado por vacas e porcos sem lei na época de férias, e um cadafalso, com a corda pendurada no ar, há pouco que chame a atenção de um forasteiro.

Solomon Northup era um nome que o sr. Waddill nunca ouvira, mas estava confiante de que, se houvesse um escravo com essa denominação em Marksville ou na vizinhança, seu rapaz negro Tom o conheceria. Tom foi chamado, mas em todo o seu extenso círculo de conhecidos não havia tal pessoa.

A carta para Parker e Perry fora datada em Bayou Boeuf. Nesse lugar, portanto, conforme concluíra, eu deveria ser procurado. Mas então surgiu uma dificuldade, de fato muito grave. Bayou Boeuf, em seu ponto mais próximo, estava a trinta e sete quilômetros de distância, e era o nome aplicado à parte do país que se estendia de oitenta a cento e sessenta quilômetros, em ambos os lados daquele rio. Milhares e milhares de escravos residiam em suas margens, uma vez que a notável riqueza e fertilidade do solo atraíra um grande número de fazendeiros. As informações da carta eram tão vagas e indefinidas que dificultavam saber o que fazer. Foi finalmente decidido, no entanto, que o único plano que apresentava qualquer perspectiva de sucesso era que Northup e o irmão de Waddill, um estudante no escritório deste último, deveriam se dirigir ao Bayou, subindo por um lado e descendo pelo outro toda a sua extensão e perguntando em cada fazenda por mim. O sr. Waddill ofereceu sua carruagem e foi decidido que eles deveriam começar a excursão na manhã de segunda-feira.

Será visto a seguir que essa medida muito provavelmente teria tido sucesso. Teria sido impossível para eles irem aos campos e examinar todos os grupos de trabalho. Eles não sabiam que eu era conhecido apenas como Platt; e se tivessem perguntado ao próprio Epps, ele teria dito que não sabia nada de Solomon Northup.

O arranjo uma vez combinado, no entanto, não havia mais nada a fazer até o fim do domingo. A conversa entre os senhores Northup e Waddill, no decorrer da tarde, voltou-se para a política de Nova York.

"Eu mal posso compreender as boas distinções e os tons dos partidos políticos em seu Estado", observou o sr. Waddill. "Vejo sobre radicais e moderados *hunkers* e *barnburners*, cabeças de algodão e cinza-prateados, e sou incapaz de entender a diferença exata entre eles. Qual é?"

Northup, enchendo de novo seu cachimbo, fez uma narrativa bastante elaborada sobre a origem dos vários partidos e concluiu dizendo que havia outro partido em Nova York, conhecido como *free-soilers* ou abolicionista. "Você não viu nenhum deles nesta parte do país, eu presumo", o sr. Northup comentou.

"Apenas um", respondeu Waddill, rindo. "Tem um aqui em Marksville, uma criatura excêntrica, que prega o abolicionismo com tanta veemência quanto qualquer fanático do Norte. Ele é um homem generoso e inofensivo, mas sempre apoia o lado errado nas discussões. Isso nos diverte muito. Ele é um excelente mecânico e quase indispensável nesta comunidade. Ele é carpinteiro. Seu nome é Bass."

Mais alguma conversa bem-humorada foi feita à custa das peculiaridades de Bass, quando Waddill de repente ficou pensativo e pediu para ver a misteriosa carta novamente.

"Deixe-me ver – deixe-me ver!", ele repetiu, reflexivo, passando os olhos pela carta mais uma vez. "'Bayou Boeuf, 15 de agosto.' Quinze de agosto – postada aqui. 'Este que está escrevendo por mim...' Onde Bass trabalhou no verão passado?", ele perguntou, virando-se de repente para o irmão. Seu irmão não conseguiu informar, mas, levantando-se, deixou o escritório e logo voltou com a informação de que "Bass trabalhou no verão passado em algum lugar em Bayou Boeuf".

"É ele, batendo na mesa, "quem pode nos contar tudo sobre Solomon Northup", exclamou Waddill.

Bass foi imediatamente procurado, mas não encontrado. Após alguma investigação, verificou-se que ele estava no porto do rio Vermelho. Após contratar um transporte, o jovem Waddill e Northup não demoraram a percorrer os poucos quilômetros até esse lugar. Logo ao chegarem, Bass foi encontrado a ponto de partir e se ausentar por quinze dias ou mais. Depois de se apresentar, Northup pediu para falar com ele em particular por um momento. Eles caminharam juntos em direção ao rio, quando a seguinte conversa se deu:

"Sr. Bass", disse Northup, "o senhor esteve em Bayou Boeuf em agosto passado?"

"Sim, senhor, eu estava lá em agosto", foi a resposta.

"Você escreveu uma carta em nome de um homem negro naquele lugar para algum cavalheiro em Saratoga Springs?"

"Desculpe-me, senhor, se eu digo que não é da sua conta", respondeu Bass, parando e olhando atentamente para o rosto de seu interlocutor.

"Talvez eu tenha me precipitado, sr. Bass; peço-lhe perdão; mas vim do Estado de Nova York para cumprir o propósito do autor de uma carta datada de 15 de agosto, postada em Marksville. As circunstâncias me levaram a pensar que talvez seja o senhor quem a escreveu. Estou em busca de Solomon Northup. Se você o conhece, peço-lhe que me informe francamente onde ele está, e garanto-lhe que a fonte de qualquer informação que puder me dar não será divulgada, se o senhor assim o quiser."

Bass olhou fixamente seu novo conhecido por um longo tempo, sem abrir a boca. Ele parecia examinar em sua própria mente se era essa uma tentativa de enganá-lo. Finalmente disse:

"Eu não tenho do que me envergonhar. Fui eu quem escreveu a carta. Se o senhor veio resgatar Solomon Northup, fico feliz em vê-lo."

"Quando o viu pela última vez e onde ele está?", Northup perguntou.

"Eu o vi pela última vez no Natal, uma semana atrás. Ele é escravo de Edwin Epps, um fazendeiro em Bayou Boeuf, perto de Holmesville. Ele não é conhecido como Solomon Northup; ele é chamado de Platt."

O segredo fora revelado – o mistério fora desvendado. Através da nuvem negra e grossa, por cujas sombras escuras e sombrias eu andei doze anos, rompeu-se a estrela que me iluminaria de volta à liberdade. A desconfiança e hesitação foram logo deixadas de lado, e os dois homens conversaram longa e livremente sobre o assunto que dominava seus pensamentos. Bass expressou o interesse que teve por mim – sua intenção de ir para o Norte na primavera e conseguir minha emancipação, se estivesse sob seu poder. Ele descreveu o início e o progresso de sua relação comigo e escutou com muita curiosidade sobre minha família e minha infância. Antes de se despedir, desenhou um mapa da região em uma tira de papel com um pedaço de giz vermelho, mostrando a localização da fazenda de Epps e a estrada que conduzia diretamente a ela.

Northup e seu jovem companheiro retornaram a Marksville, onde iniciariam os procedimentos legais para testar a questão do meu direito à liberdade. Eu fui considerado o autor, sr. Northup meu tutor e Edwin Epps, o réu. O processo tinha a natureza de desembargo, dirigido ao xerife da paróquia, ordenando-lhe que me levasse em custódia e me detivesse até a decisão do tribunal. Quando os papéis foram devidamente redigidos, era meia-noite – tarde demais para obter a assinatura do juiz, que residia a alguma distância da cidade. Outras decisões foram suspensas até a manhã de segunda-feira.

Ao que tudo indicava, tudo estava caminhando bem, até o domingo à tarde, quando Waddill ligou para o quarto de Northup para expressar sua apreensão por causa de dificuldades que não esperava. Bass ficou alarmado e colocou suas coisas nas mãos de uma pessoa no porto, comunicando sua intenção de deixar o Estado. Essa pessoa traiu a confiança depositada até certo ponto, e um boato começou a correr pela cidade, de que o estranho no hotel, que havia sido observado na companhia do advogado Waddill, estava atrás de um dos escravos do velho Epps. Epps era conhecido em Marksville, e visitava frequentemente o lugar durante as sessões dos tribunais, e o medo do conselheiro de Northup era de que a informação chegasse a ele ainda naquela noite, dando-lhe a oportunidade de me esconder antes da chegada do xerife.

Essa apreensão acelerou consideravelmente as questões. O xerife, que morava fora da aldeia, foi solicitado a ficar de prontidão logo depois da meia-noite, enquanto o juiz foi informado de que seria chamado ao mesmo tempo. É justo dizer que as autoridades de Marksville prestaram toda a assistência que podiam.

Logo após a meia-noite, quando a fiança foi definida e a assinatura do juiz obtida, um coche com o sr. Northup e o xerife, conduzido pelo filho do proprietário, saiu rapidamente da aldeia de Marksville, na estrada em direção a Bayou Boeuf.

Supunha-se que Epps contestaria o meu direito à liberdade e, portanto, sugeriu-se ao sr. Northup que o depoimento do xerife, descrevendo meu primeiro encontro com ele, talvez se tornasse material para o julgamento. Então, no caminho, foi decidido que, antes que eu tivesse a oportunidade de falar com o sr. Northup, o xerife deveria me fazer algumas perguntas, quantos filhos eu tinha e o nome deles, o nome da minha esposa antes do casamento, de lugares que eu conhecia no Norte, e assim por diante. Se minhas respostas correspondessem às declarações dele, a prova seria considerada necessariamente conclusiva.

Por fim, pouco depois de Epps ter deixado o campo, com a afirmação enternecedora de que logo voltaria e nos *esquentaria*, como foi dito na conclusão do capítulo anterior, eles chegaram à fazenda e nos encontraram trabalhando. Descendo com o coche e orientando o condutor a seguir para a casa-grande, com instruções para não mencionar a ninguém o porquê de sua missão até que se encontrassem novamente, Northup e o xerife deixaram a estrada e vieram até nós no algodoal. Olhamos para a direção do coche e os vimos – um bem à frente do outro. Era singular e incomum ver homens brancos se aproximando de nós daquela maneira, e especialmente naquela hora adiantada da manhã, e tio Abram e Patsey fizeram alguns comentários, expressando espanto. Andando até Bob, o xerife perguntou:

"Onde está o rapaz que chamam de Platt?"

"Lá, senhor", respondeu Bob, apontando para mim e tirando o chapéu.

Eu me perguntei o que ele poderia querer comigo e, me virando, olhei-o até que chegasse. Durante minha longa permanência no pântano, familiarizei-me com o rosto de cada fazendeiro em muitos quilômetros; mas esse homem era um completo estranho – certamente nunca o tinha visto antes.

"Seu nome é Platt, é?", ele perguntou.

"Sim, senhor", respondi.

Apontando para Northup, de pé a alguns metros, ele exigiu: "Você conhece aquele homem?".

Olhei na direção indicada e, quando meus olhos pousaram em seu rosto, um mundo de imagens invadiu meu cérebro; uma multidão de rostos conhecidos – de Anne, de meus queridos filhos e os de meu velho pai; todas as cenas e relações da infância e juventude; todos os amigos de dias mais felizes apareceram e desapareceram, voando e flutuando como sombras diante da visão de minha imaginação, até que finalmente a lembrança perfeita daquele homem veio e, levantando as mãos para o Céu, exclamei, em uma voz mais alta do que teria em um momento menos excitante:

"*Henry B. Northup*! Graças a Deus – graças a Deus!"

Em um instante, compreendi por que estavam ali e senti que a hora da minha libertação havia chegado. Comecei a andar em sua direção, mas o xerife se aproximou de mim:

"Pare um momento", disse ele. "Você tem outro nome?"

"Solomon Northup é o meu nome, senhor", respondi.

"Você tem família?", ele perguntou.

"Eu *tinha* esposa e três filhos."

"Quais eram os nomes de seus filhos?"

"Elizabeth, Margaret e Alonzo."

"E o nome de sua esposa antes do casamento?"

"Anne Hampton."

"Quem casou vocês?"

"Timothy Eddy, de Fort Edward."

"Onde esse cavalheiro mora?", novamente apontando para Northup, que permaneceu em pé no mesmo lugar onde o reconheci pela primeira vez.

"Ele mora em Sandy Hill, condado de Washington, Nova York", foi a resposta.

Ele ia fazer mais perguntas, mas eu passei por ele, incapaz de me conter mais. E segurei meu velho conhecido com as duas mãos. Eu não conseguia falar. Eu não pude conter as lágrimas.

"Sol", disse ele finalmente. "Estou feliz em ver você."

Eu tentei falar algo, mas a emoção sufocou minha voz e fiquei em silêncio. Os escravos, confusos, observaram a cena, com a boca aberta e os olhos atentos indicando surpresa e espanto. Durante dez anos, eu vive entre eles, no campo e na cabana, suportando as mesmas dificuldades, compartilhando a mesma refeição, misturando minhas aflições com as deles, participando das mesmas alegrias escassas; no entanto, até aquele momento, o último que permaneceria entre eles, não tinham a mais remota suspeita de qual era meu verdadeiro nome, ou conheciam minha história real.

Nem uma palavra foi dita por vários minutos, durante os quais me agarrei a Northup, olhando para seu rosto, com medo de acordar e descobrir que tudo não passava de um sonho.

"Largue essa saca", acrescentou Northup, finalmente. "Seus dias de colheita de algodão acabaram. Venha conosco falar com o homem com quem você mora."

Obedeci e, andando entre ele e o xerife, nos encaminhamos para a casa-grande. Depois de percorrer alguma distância recuperei minha voz o suficiente para perguntar se minha família estava viva. Ele me informou que tinha visto Anne, Margaret e Elizabeth, mas fazia um tempo; que Alonzo também estava vivo e tudo estava bem. Minha mãe, no entanto, não a veria mais. Quando comecei a me recuperar um pouco da súbita e grande emoção que me dominava, fiquei zonzo e fraco, e com dificuldade pude andar. O xerife segurou meu braço e me ajudou, ou eu teria caído. Quando entramos no quintal, Epps ficou ao lado do portão conversando com o condutor. Aquele jovem, fiel às instruções, não lhe deu a menor informação em resposta às suas repetidas perguntas sobre o que estava acontecendo. Quando chegamos, ele ficou quase tão surpreso e intrigado quanto Bob ou tio Abram.

Apertando a mão do xerife e sendo apresentado ao sr. Northup, ele os convidou para entrar na casa, ordenando que eu levasse um pouco de lenha. Demorou algum tempo para eu conseguir cortar uma braçada, tendo, de alguma forma, inexplicavelmente perdido o poder de empunhar o machado com precisão. Quando finalmente entrei, a mesa estava repleta de papéis, cujo um dos quais Northup estava lendo. Eu provavelmente levei mais tempo do que o necessário colocando os gravetos no fogo, sendo minucioso quanto à posição exata de cada um deles. Ouvi as palavras "o dito Salomon Northup" e "o declarante ainda diz" e "cidadão livre de Nova York" serem repetidas muitas vezes, e então entendi que o segredo que eu tanto escondi do senhor e da senhora Epps havia sido finalmente descoberto. Demorei o tempo que a prudência permitia e estava prestes a sair da sala, quando Epps perguntou:

"Platt, você conhece esse cavalheiro?"

"Sim, senhor", respondi, "eu o conheço desde sempre."

"Onde ele mora?"

"Em Nova York."

"Você já morou lá?"

"Sim, senhor, nascido e criado lá."

"Você era livre, então. Seu negro maldito", exclamou ele, "por que você não me disse isso quando comprei você?"

"Senhor Epps", eu respondi, em um tom um pouco diferente daquele em que eu estava acostumado a falar com ele. "Senhor Epps, você não se deu ao trabalho de me perguntar; além disso, eu disse a um de meus donos – o homem que me sequestrou – que eu era livre, e fui açoitado quase até a morte."

"Parece que alguém escreveu uma carta por você. Quem foi?", ele exigiu, autoritariamente. Eu não respondi. "Quem escreveu essa carta?", ele exigiu novamente.

"Talvez eu mesmo tenha escrito", disse.

"Você não foi ao correio de Marksville e voltou antes de o sol se pôr, que eu sei."

N. ORR

Ele insistiu que eu lhe dissesse e insisti que não o faria. Ele fez muitas ameaças veementes contra o homem, quem quer que ele fosse, e insinuou que sua vingança seria sangrenta e selvagem, quando o encontrasse. Todo o seu trejeito e linguagem mostravam um sentimento de raiva em relação a essa pessoa desconhecida que escrevera por mim e de irritação com a ideia de perder essa propriedade. Dirigindo-se ao sr. Northup, jurou que, se tivesse tido apenas uma hora, teria lhe poupado o trabalho de me levar de volta a Nova York; que ele teria me mandado para o brejo, ou outro lugar desabitado, onde todos os xerifes da terra não poderiam ter me encontrado.

Saí em direção ao quintal e estava passando pela porta da cozinha, quando algo me atingiu as costas. Tia Phebe, vindo pela porta dos fundos da casa-grande com uma porção de batatas, jogara uma delas com violência desnecessária, o que me fez entender que ela queria falar comigo por um momento, a sós. Correndo até mim, ela sussurrou em meu ouvido com muita seriedade:

"Deus Todo-Poderoso, Platt! O que é isso? Aqueles homens vieram atrás de você. Ouvi eles dizendo que você é livre – tem esposa e filhos lá de onde você veio. Você vai embora? Tolo, se não quiser, eu bem que gostaria de ir", disse tia Phebe, acelerada.

Logo a senhora Epps apareceu na cozinha. Ela disse muitas coisas para mim e perguntou por que eu não havia contado quem eu era. Ela disse que lamentava, elogiando-me e dizendo que preferia perder qualquer outro criado na fazenda. Se Patsey estivesse naquele dia no meu lugar, a alegria de minha senhora teria transbordado. Agora não havia mais ninguém que pudesse consertar uma cadeira ou uma peça de mobília – ninguém que fosse de alguma utilidade para a casa – ninguém que pudesse tocar violino – e a senhora Epps chegou mesmo às lágrimas.

Epps pedira para Bob trazer seu cavalo de sela. Os outros escravos, vencendo o medo de serem punidos, deixaram o trabalho e foram para o quintal. Estavam atrás das cabanas, fora da vista de Epps. Eles me chamaram, e com toda a ansiedade da curiosidade, muito animados, conversaram e me questionaram. Se eu pudesse repetir as palavras exatas deles, com a mesma ênfase – se eu pudesse pintar suas várias atitudes e a expressão de seus rostos –, seria realmente um quadro interessante. Para eles, eu me erguera de repente – havia me tornado um ser de imensa importância.

Os papéis legais foram apresentados e tudo se arranjou para que Epps os encontrasse no dia seguinte em Marksville; Northup e o xerife entraram no coche para voltar para lá. Quando eu estava prestes a me sentar no banco do condutor, o xerife disse que eu deveria dizer adeus ao senhor e à senhora Epps. Corri de volta para a varanda onde eles estavam e tirei o chapéu:

"Adeus, senhora."

"Adeus, senhor", disse a sra. Epps, gentilmente.

"Adeus, senhor."

"Ah! Seu negro maldito", resmungou Epps, num tom de voz malicioso e mal-humorado. Não precisa ficar assanhado – você ainda não foi embora –, vou ver esse negócio em Marksville amanhã."

Eu era apenas um *negro* e conhecia o meu lugar, mas sentia, tão forte como se fosse um homem branco, que teria sido uma alegria se tivesse ousado dar-lhe um pontapé de despedida. No caminho de volta para o coche, Patsey saiu de trás de uma cabana e jogou os braços ao redor do meu pescoço:

"Oh! Platt", gritou, com lágrimas escorrendo pelo rosto. "Você vai ser livre – está indo para muito longe, não vamos mais ver você. Você me salvou de muitos açoites, Platt. Fico feliz que esteja livre – mas oh! Meu Senhor, meu Senhor! O que será de mim?"

Eu me soltei dela e entrei no coche. O condutor desceu o chicote e fomos embora. Olhei para trás e vi Patsey, com a cabeça abaixada, meio reclinada no chão. A sra. Epps estava na varanda; tio Abram, Bob, Wiley e tia Phebe estavam ao lado do portão, olhando para mim. Acenei com a mão, mas o coche entrou em uma curva junto ao riacho, escondendo-os dos meus olhos para sempre.

Paramos um momento no engenho de açúcar de Carey, onde um grande número de escravos estava trabalhando, já que um estabelecimento desse era uma curiosidade para um homem do Norte. Epps passou por nós a cavalo a toda velocidade – a caminho, como soubemos no dia seguinte, de Pine Woods para ver William Ford, que me trouxera para a região.

Terça-feira, 4 de janeiro, Epps e seu advogado, o excelentíssimo H. Taylor, Northup, Waddill, o juiz e o xerife de Avoyelles e eu nos encontramos em uma sala na aldeia de Marksville. O sr. Northup declarou os fatos em relação a mim e apresentou a missão que recebera e os depoimentos que a acompanhavam. O xerife descreveu a cena no algodoal. Também fui interrogado por bastante tempo. Por fim, o sr. Taylor assegurou a seu cliente que estava satisfeito e que o litígio não seria apenas caro, mas totalmente inútil. De acordo com tal conselho, um documento foi redigido e assinado pelas partes, em que Epps reconheceu meu direito à liberdade e me entregou formalmente às autoridades de Nova York. Também foi estipulado que o documento fosse registrado no cartório de Avoyelles.

O sr. Northup e eu imediatamente nos apressamos para o porto e, embarcando no primeiro navio, logo descíamos o rio Vermelho, onde, com pensamentos tão desalentadores, eu havia sido carregado doze anos antes.

capítulo vinte e dois

Chegada A New Orleans – Avisto Freeman
Genois, O Notário – Sua Descrição De Solomon
Chegada A Charleston
Interrompido Pelos Agentes Da Alfândega
Passagem Por Richmond – Chegada A Washington
Burch É Preso – Shekels E Thorn – Seu Testemunho
Burch É Absolvido – Prisão De Solomon
Burch Retira A Acusação – O Tribunal Superior
Partida De Washington – Chegada A Sandy Hill
Velhos Amigos E Cenas Familiares
Encontro Com Anne, Margaret E Elizabeth
Solomon Northup Staunton – Incidentes
Conclusão

Enquanto o vapor seguia em direção a New Orleans, *talvez* eu não estivesse tão feliz – talvez não houvesse dificuldade em me impedir de dançar ao redor do convés –, *talvez* não me sentisse grato ao homem que havia percorrido tantas centenas de quilômetros por minha causa – talvez eu não acendesse seu cachimbo, esperasse para escutá-lo e corresse a seu menor sinal. Se eu não o fizesse, bem, não importaria.

Nós ficamos em New Orleans dois dias. Durante esse tempo, mostrei a localização da senzala de Freeman e a sala em que Ford me comprou. Aconteceu de encontrarmos Theophilus na rua, mas não achei que valesse a pena renovar minha relação com ele. Como cidadãos respeitáveis, constatamos que ele havia se tornado um homem baixo e miserável – um homem falido e de má reputação.

Também visitamos o notário, o sr. Genois, a quem a carta do senador Soule foi endereçada, e o achamos um homem que merece a grande reputação honrosa que ele carrega. Muito generosamente nos forneceu uma espécie de salvo-conduto, com sua assinatura e selo de ofício, e, como contém uma descrição de minha aparência pessoal, pode não ser inadequado inseri-lo aqui. O seguinte é uma transcrição:

"Estado da Louisiana, cidade de New Orleans:
Escritório do notário, segundo distrito.
A todos a quem os aqui presentes podem chegar, certifico que Henry B. Northup, cavalheiro do condado de Washington, Nova York, apresentou provas plausíveis da liberdade de Solomon, um

mulato, com cerca de quarenta e dois anos, um metro e setenta e um centímetros, cabelo lanoso e olhos castanhos, nativo do Estado de Nova York. Que como o dito Northup está levando o citado Solomon ao seu lugar de origem, pelas rotas do Sul, as autoridades civis são convidadas a deixar o homem de cor Solomon passar sem ser molestado, se se comportar bem e corretamente.

Atesto sob meu punho e o selo da cidade de New Orleans
7 de janeiro de 1853,
[L.S.] Th. Genois, notário."

No dia 8 chegamos a Lake Pontchartrain, por via férrea, e, no devido tempo, seguindo a rota habitual, chegamos a Charleston. Depois de embarcar no barco a vapor e pagar nossa passagem nessa cidade, o sr. Northup foi chamado por um funcionário da aduana para explicar por que ele não havia registrado seu criado. Ele respondeu que não tinha criado – que, como agente de Nova York, acompanhava um cidadão livre daquele Estado da escravidão à liberdade e não desejava nem pretendia fazer qualquer registro. Entendi, dessa conversa e de suas maneiras, embora eu possa estar completamente enganado, que não seriam necessários grandes esforços para evitar qualquer dificuldade que os funcionários de Charleston pudessem criar. Por fim, porém, fomos autorizados a prosseguir e, passando por Richmond, onde avistei a senzala de Goodin, cheguei a Washington em 17 de janeiro de 1853.

Certificamo-nos de que tanto Burch quanto Radburn ainda moravam na cidade. Imediatamente, uma queixa foi registrada com um magistrado da polícia de Washington contra James H. Burch, por me sequestrar e me vender como escravo. Ele foi preso após um mandado emitido pelo juiz Goddard e apresentou-se perante o juiz Mansel. Sua fiança foi fixada no valor de três mil dólares. Ao ser preso, Burch ficou muito abismado, demonstrando muito medo e alarde. Antes de chegar ao escritório da Justiça na avenida Louisiana e de saber a natureza exata da queixa, implorou à polícia que lhe permitisse consultar Benjamin O. Shekels, um comerciante de escravos há dezessete anos e seu ex-parceiro. Este último se tornou seu fiador.

Às dez horas, no dia 18 de janeiro, as duas partes compareceram perante o magistrado. O senador Chase, de Ohio, o Excelentíssimo Orville Clark, de Sandy Hill, e o sr. Northup atuaram como advogados da promotoria, e Joseph H. Bradley, da defesa.

O general Orville Clark foi chamado, prestou juramento e testemunhou que me conhecia desde a infância e que eu era um homem livre, assim como meu pai antes de mim. O sr. Northup então testemunhou o mesmo e comprovou os fatos relacionados com sua missão a Avoyelles.

Ebenezer Radburn então prestou depoimento perante a promotoria e declarou ter quarenta e oito anos; que ele era residente de Washington e conhecia Burch há catorze anos; que em 1841 ele cuidava da senzala de Williams; que ele se lembrava de meu confinamento na senzala naquele ano. Nesse ponto, foi admitido pelo advogado do acusado que eu havia sido colocado no cativeiro por Burch, na primavera de 1841, e, então, a promotoria fez uma pausa.

Benjamin O. Shekels foi apresentado como testemunha pelo prisioneiro. Benjamin é um homem grande, de aparência grosseira, e o leitor talvez tenha uma concepção um tanto correta ao ler a linguagem exata que ele usou em resposta à primeira pergunta do advogado do réu. Ele foi questionado sobre de onde era, e sua resposta, proferida de uma maneira informal, foi com estas mesmas palavras:

"Eu nasci no condado de Ontário, Nova York, *e pesava seis quilos*!"

Benjamin era um bebê imenso! Ele também declarou que cuidava do Hotel Steamboat em Washington em 1841, e me viu lá na primavera daquele ano. Ele ia declarar o que ouviu de dois homens, quando o senador Chase objetou que as declarações de terceiros, como boatos, não eram provas. A objeção foi anulada pelo juiz, e Shekels continuou, afirmando que dois homens foram ao hotel e disseram que tinham um homem de cor à venda; que tinham uma entrevista com Burch; que vinham da Geórgia, mas ele não se lembrava do condado; que contaram o que seria a história completa do rapaz, dizendo que era pedreiro e tocava violino; que Burch comentou que o compraria se eles aceitassem; que eles saíram e trouxeram o rapaz para dentro, e que essa pessoa era eu. Ele testemunhou ainda, com tanta despreocupação como se fosse verdade, que eu havia dito que nascera e crescera na Geórgia; que um dos jovens comigo era meu senhor; que eu parecia muito descontente por me separar dele e acreditava que "estava em lágrimas!" – no entanto, insisti que meu senhor tinha o direito de me vender; que ele *queria* me vender; e que a incrível razão que dei foi, de acordo com Shekels, que ele, meu senhor, "estivera jogando e na farra!".

Ele continuou nestas palavras, copiadas das atas: "Burch interrogou o rapaz da maneira usual, disse-lhe que, se o comprasse, o mandaria para o Sul. O rapaz teria dito que não tinha objeção, que na verdade gostaria de ir para o Sul. Burch pagara seiscentos e cinquenta dólares por ele, que eu saiba. Não sei qual nome lhe foi dado, mas acho que não foi Solomon. Não sabia o nome de nenhum dos dois homens. Estavam na minha taverna há duas ou três horas, durante as quais o rapaz tocou violino. A nota de venda foi assinada no meu bar. Era um recibo em branco, preenchido por Burch. Antes de 1838, Burch era meu parceiro. Nosso negócio era comprar e vender escravos. Depois disso, foi sócio de Theophilus Freeman, de New Orleans. Burch comprava aqui – Freeman vendia lá!".

Shekels, antes de testemunhar, ouviu minha declaração sobre as circunstâncias relacionadas à visita a Washington com Brown e Hamilton, e, portanto, foi por isso que ele falou de "dois homens" e sobre o violino. Tal era a sua invenção, totalmente falsa, e ainda assim foi encontrado em Washington um homem disposto a corroborá-lo.

Benjamin A. Thorn testemunhou que estava no estabelecimento de Shekels em 1841 e viu um rapaz negro tocando violino. "Shekels disse que ele estava à venda. Ouviu seu senhor dizer que o venderia. O rapaz admitiu que ele era um escravo. Eu não estava presente quando o dinheiro foi entregue. Não posso jurar com certeza que é ele. O senhor *chegou quase a derramar lágrimas; acho que o rapaz chorou*! Tenho trabalhado no negócio de levar escravos para o Sul, de um lado para o outro, faz vinte anos. Quando não consigo, faço outra coisa."

Fui então oferecido como testemunha, mas, mediante objeção, o tribunal decidiu que minhas provas eram inadmissíveis. Fui rejeitado unicamente com base no fato de que sou negro – uma vez que o fato de eu ser um cidadão livre de Nova York não estava em jogo.

Como Shekels testemunhou que havia uma nota de venda, Burch foi chamado pela acusação para apresentá-la, uma vez que corroboraria o testemunho de Thorn e Shekels. O advogado do prisioneiro viu a necessidade de exibi-lo, ou dar alguma explicação razoável para não o fazer. Para isso, o próprio Burch foi oferecido como testemunha a seu favor. Foi defendido pelo advogado que tal testemunho não deveria ser permitido – que era contra a regra de evidências, e, se permitido, acabaria com os fins da Justiça. Seu testemunho, no entanto, foi ouvido pelo tribunal! Ele fez um juramento de que tal nota havia sido feita e assinada, mas que *a havia perdido e não sabia onde estava*! Em seguida, foi solicitado que o magistrado despachasse um policial para a residência de Burch, com instruções de trazer seus livros, contendo os recibos de vendas de 1841. O pedido foi aceito e, antes que qualquer medida pudesse ser tomada para impedi-lo, o oficial havia obtido os livros e os levado ao tribunal. As vendas de 1841 foram encontradas e cuidadosamente examinadas, mas não havia recibo de minha venda, a quem quer que fosse!

Com base nesse testemunho, o tribunal decidiu que Burch havia chegado inocente e honestamente até mim e, assim, foi dispensado.

Uma tentativa foi então feita por Burch e seus aliados de colocar em mim a acusação de que eu havia conspirado com os dois homens brancos para defraudá-lo – com sucesso ela pode ser vista em um extrato tirado de um artigo no *New York Times*, publicado um dia ou dois após o julgamento:

"O advogado do réu havia redigido, antes de o réu ser dispensado, uma declaração assinada por Burch, e tinha um mandado contra o homem negro por uma conspiração com os dois homens brancos antes mencionados, para defraudar Burch de seiscentos e vinte e cinco dólares. O mandado foi cumprido e o homem negro foi preso e levado ao oficial Goddard. Burch e suas testemunhas apresentaram-se no tribunal, e H. B. Northup apresentou-se como conselheiro do homem negro, afirmando que estava pronto para agir como advogado da parte do acusado, e pedindo que não houvesse atraso. Burch, depois de consultar Shekels em particular por um breve período, declarou ao magistrado que desejava retirar a queixa, pois não iria mais adiante com ela. O advogado do réu declarou ao magistrado que, se a reclamação fosse retirada, deveria ser sem o pedido ou consentimento do réu. Burch então pediu ao magistrado que lhe deixasse ver a queixa e o mandado, e os pegou. O advogado do réu objetou a isso, e insistiu que deveriam permanecer como parte dos registros do tribunal, e que o tribunal deveria endossar os procedimentos que haviam sido executados no processo. Burch os entregou, e o tribunal proferiu uma decisão de desistência mediante pedido do querelante, e arquivou o processo."

***

Talvez haja quem acredite na declaração do comerciante de escravos – pessoas em cuja mente suas alegações pesarão mais que as minhas. Eu sou um homem negro pobre – de uma raça humilhada e degradada, cuja voz humilde não pode ser ouvida pelo opressor –, mas, *conhecedor* da verdade, e com um sentido pleno da minha responsabilidade, declaro solenemente perante os homens e diante de Deus que qualquer acusação ou afirmação sobre eu ter conspirado direta ou indiretamente com qualquer pessoa ou pessoas para me vender; que qualquer outro relato de minha visita a Washington, minha captura e meu cativeiro na senzala de Williams, que possa estar contido nestas páginas, é total e absolutamente falsa. Eu nunca toquei violino em Washington. Eu nunca estive no Steamboat Hotel e nunca vi Thorn ou Shekels, que eu saiba, em minha vida, até janeiro passado. A história do trio de comerciantes de escravos é uma invenção tão absurda quanto vil e infundada. Se fosse verdade, eu não teria me desviado no caminho de volta para a liberdade com o propósito de processar Burch. Eu o teria *evitado* ao invés de buscá-lo. Eu teria sabido que tal passo teria me tornado infame. Sob aquelas circunstâncias – ansioso como estava para ver minha família e exultante com a perspectiva de voltar para casa –, é uma afronta à probabilidade supor que eu teria corrido o risco, não apenas de me expor, mas de um processo criminal e condenação, colocando-me voluntariamente nessa posição, se as declarações de Burch e seus aliados tivessem uma parcela de verdade. Eu me esforcei para procurá-lo, confrontá-lo em um tribunal, acusando-o do crime de sequestro; e o único motivo que me impeliu a isso foi uma noção clara do mal que ele me infligira e o desejo de levá-lo à Justiça. Ele foi absolvido da maneira descrita. Um tribunal humano permitiu que ele escapasse; mas existe outro tribunal superior, onde o falso testemunho não triunfa e onde eu estou disposto, pelo menos no que diz respeito a essas declarações, a ser enfim julgado.

* * *

Deixamos Washington em 20 de janeiro e, prosseguindo pela Filadélfia, Nova York e Albany, chegamos a Sandy Hill na noite do dia 21. Meu coração transbordou de felicidade enquanto eu olhava em torno de velhas cenas familiares, e me encontrei no meio de amigos antigos. Na manhã seguinte, parti, em companhia de vários conhecidos, para Glens Falls, residência de Anne e de nossos filhos.

Quando entrei no confortável chalé, Margaret foi a primeira a me receber. Ela não me reconheceu. Quando a deixei, ela tinha apenas sete anos, uma menina tagarela, brincando com seus brinquedos. Agora ela estava adulta – estava casada e tinha ao seu lado um menino de olhos brilhantes. Não se esquecendo do avô escravo e desafortunado de seu filho, ela nomeara a criança de Solomon Northup Staunton. Quando lhe disseram quem eu era, ela foi tomada pela emoção e foi incapaz de falar. Logo Elizabeth entrou na sala e Anne veio correndo do hotel, tendo sido informada da minha chegada. Eles me abraçaram e, com lágrimas escorrendo pelo rosto, se penduraram no meu pescoço. Mas lanço um véu sobre a cena que pode ser melhor imaginada do que descrita.

Quando a violência de nossas emoções diminuiu até uma alegria sagrada – quando a casa se reuniu em torno do fogo que emitia seu conforto quente e crepitante a toda a sala, conversamos sobre os mil eventos que ocorreram – as esperanças e os medos, as alegrias e as tristezas, as provações e os problemas que experimentamos durante a longa separação. Alonzo estava ausente, na parte Oeste do Estado. O rapaz escrevera à mãe pouco tempo antes, sobre a perspectiva de conseguir dinheiro suficiente para comprar minha liberdade. Desde seus primeiros anos, esse fora o principal objetivo de seus pensamentos e ambições. Eles sabiam que eu estava em escravidão. A carta escrita a bordo do brigue e o próprio Clem Ray lhes deram essa informação. Mas onde eu estava, até a chegada da carta de Bass, era mera especulação. Elizabeth e Margaret retornaram da escola certo dia – Anne me informou – chorando amargamente. Ao indagar sobre a causa da tristeza das crianças, constatou-se que, numa aula de geografia, sua atenção fora atraída para a imagem de escravos trabalhando em um algodoal com um feitor seguindo-os com

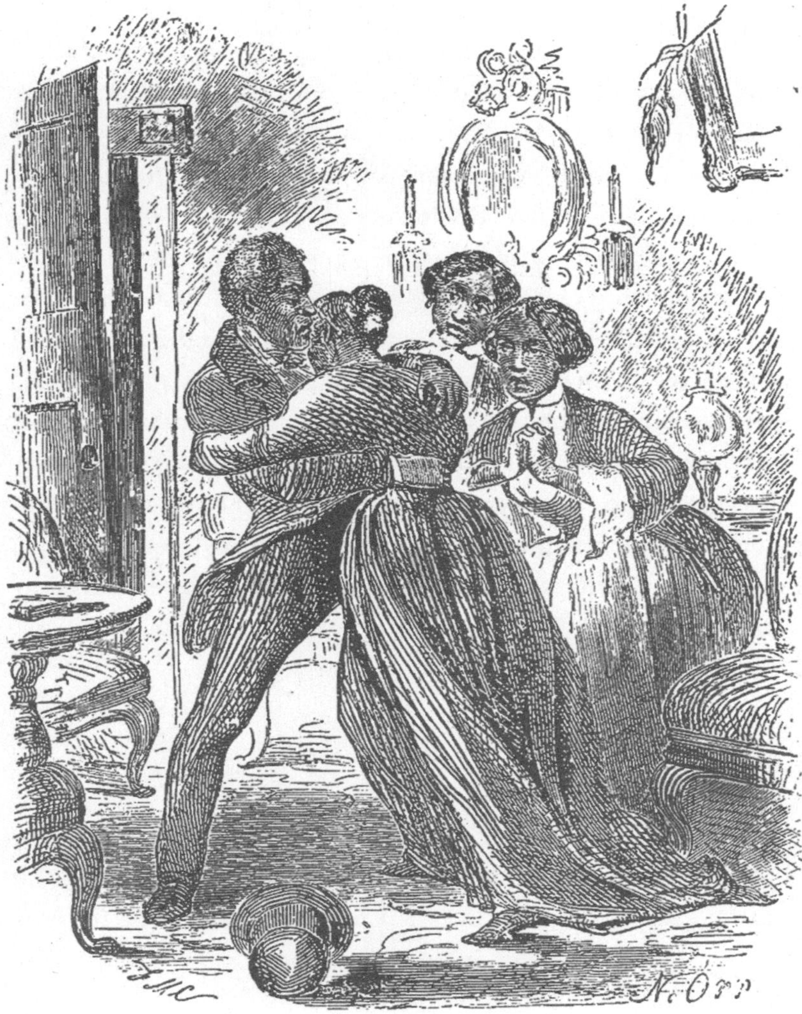
N. Orr

seu chicote. Lembrou-as dos sofrimentos que o pai poderia estar enfrentando, e que, na verdade, *estava*, no Sul. Numerosos incidentes como esses foram relacionados – incidentes que mostravam que ainda me mantinham em lembrança, mas talvez não de interesse suficiente para o leitor para serem recontados.

Minha narrativa chega ao fim. Não tenho comentários a fazer sobre o assunto da escravidão. Aqueles que leem este livro podem ter as próprias opiniões sobre essa "instituição peculiar". Como pode ser em outros Estados, não quero saber; como é na região do rio Vermelho, é verdadeira e fielmente contada nestas páginas. Não é ficção, não é exagero. Se falhei em alguma coisa, foi em apresentar ao leitor com exagero o lado positivo de tudo. Não duvido que centenas tenham sido tão infelizes quanto eu; que centenas de cidadãos livres foram sequestrados e vendidos como escravos e estão, neste momento, esgotando a própria vida em fazendas no Texas e na Louisiana. Mas me abstenho. Castigado e subjugado em espírito pelos sofrimentos que suportei e agradecido ao bom ser, por cuja misericórdia fui restaurado à felicidade e à liberdade, espero daqui em diante levar uma vida reta, porém humilde, e descansar no pátio da igreja onde dorme meu pai.